Isabel Varell
Die guten alten Zeiten sind jetzt

Isabel Varell

Die guten alten Zeiten sind jetzt

Wie ich das Leben jeden Tag
neu erfinde

PIPER

Mehr über unsere Autorinnen, Autoren und Bücher:
www.piper.de

Von Isabel Varell liegen im Piper Verlag vor:
Die guten alten Zeiten sind jetzt
Mittlere Reife

In Fällen, in denen möglicherweise die Persönlichkeitsrechte Dritter verletzt werden könnten, wurden Namen und Gegebenheiten verändert. In anderen Fällen wurden die Klarnamen verwendet.

Inhalte fremder Webseiten, auf die in diesem Buch (etwa durch Links) hingewiesen wird, macht sich der Verlag nicht zu eigen. Eine Haftung dafür übernimmt der Verlag nicht.

ISBN 978-3-492-06300-5
© Piper Verlag GmbH, München 2021
Satz: Fotosatz Amann, Memmingen
Gesetzt aus der Albertina MT Pro
Litho: Lorenz & Zeller, Inning am Ammersee
Druck und Bindung: CPI books GmbH
Printed in the EU

INHALT

Vorwort von Birgit Schrowange **9**

KAPITEL 1 Im früheren Leben war ich Ameise – Über den Mut,
Angst zu haben **11**
Ich habe vor nichts Angst? • Man stirbt nicht so
schnell • Ab ins kalte Wasser • Oooom • Peitsche
ohne Zuckerbrot • Ungeahnte Kräfte

KAPITEL 2 »Hairspray« – Vom Höhenflug und vom tiefen
Fallen **36**
Kampf oder Flucht? • Der Arsch auf Grundeis • Bloß
keine Unsicherheit zeigen • Aufgeben gilt nicht •
Don't worry be happy • Einfach fallen lassen •
Immer wieder neue Wege • Jeder Tag ist eine offene
Tür • Das ist das Leben – nur schneller als sonst

KAPITEL 3 Coach dich selbst – Wer bin ich eigentlich? **77**
Etwas muss sich ändern • Zurück auf die Schulbank
• Bunter und reicher • Die Aktie Mensch • Ein Schritt
aufeinander zu • Ein Muster unter meiner Haut •
Hier ist die großartige Angela Miebs! • Ich bin Isabel
• Schritt für Schritt

KAPITEL 4 Er hieß Marc, und er liebte Kekse – Knutschen, egal wer zuguckt **110**
Schätze im Wachstumstresor • Er gefällt mir •
Für immer 14 • Gewagt und gewonnen • Allein •
Ich war da

KAPITEL 5 Live nach neun – Bin ich zu alt oder etwa zu jung? **128**
Nur keinen Hunger mehr • Da mache ich nicht mit •
Alt genug? • Der frühe Vogel … • Herausforderungen verleihen Flügel • Traum oder Albtraum? • So eine coole Socke • Zum Lernen ist man nie zu alt • Die Königsdisziplin • Gut lachen • Zwei Doofe, ein Gedanke • Die Chance zu scheitern

KAPITEL 6 Gott sei Dank hatte ich keinen Erfolg – Ganz allein am Ballermann **171**
Nur zu Besuch • Es singt für Sie – das Niveau •
Der Countdown läuft • Betreutes Trinken •
Charmant, schmuddelig und schillernd • Noch schlimmer als allein • Hör auf deine innere Stimme

KAPITEL 7 Keine Spritzen! – Mein Beautyrezept für ein glückliches Älterwerden **199**
Ab wann ist man alt? • »Sie sehr, sehr alt« • Meine Zehn Gebote für ein glückliches Älterwerden • Du bist, was du isst • Mein Erlebnis mit Ayurveda • Ein lieb gewonnenes Ritual • Finger weg von Skalpell und Spritze • Laufen und genießen

KAPITEL 8 Freundschaft – Die Musik meines Lebens **231**
Freundschaft ist ... eine Herausforderung •
Freundschaft ist ... es wert, darum zu kämpfen •
Freundschaft ist ... ein gemeinsamer Horizont •
Freundschaft ist ... auch mal abzustauben •
Warum ich dieses Buch geschrieben habe –
Die guten alten Zeiten sind JETZT!

Dankeschön **254**

Textnachweis **255**

Vorwort von Birgit Schrowange

Seit fast 40 Jahren heißt meine beste Freundin Isabel Varell.

Ich kann mich noch genau an unser Kennenlernen erinnern – es war Liebe auf den ersten Blick – sie als blutjunge Sängerin, damals von Frank Elstner entdeckt und ich in meinem ersten Jahr als Fernsehansagerin beim ZDF.

Wir trafen uns auf einer Veranstaltung in Wiesbaden. Ich moderierte ihren Auftritt an und war sofort fasziniert von ihrer unglaublich präsenten Art, ihrer tollen Stimme und vor allem von ihrem Humor und ihrer unverwechselbaren Lache. Von da an waren wir quasi unzertrennlich, haben Urlaube zusammen verbracht, in Düsseldorfer Diskotheken die Nacht zum Tage gemacht und das Leben, unsere Jugend in vollen Zügen genossen. Besonders gern erinnere ich mich an gemeinsame Auftritte bei Galas und Messen, bei denen wir die Veranstalter oftmals an den Rand eines Nervenzusammenbruchs brachten, z. B. als wir einmal die Rollen vertauschten und sie blitzschnell meine Rolle als Moderatorin übernahm und mich als »Sängerin« ankündigte. Für Lacher im Saal war gesorgt. Wir hatten Flausen im Kopf, waren jung, ausgelassen und ein Zweiergespann, das bei vielen sicherlich auch ein Kopfschütteln hervorrief.

Sie wurde eine Freundin fürs Leben. Freundschaft bedeutet ihr alles. Auch wenn wir uns heute nicht mehr so oft sehen wie in unserer Jugend, ist es bei einem Treffen so, als hätten wir uns erst gestern gesehen. Sie ist da, wenn ich sie brauche, und auch umgekehrt, und wir haben schon so manches »Seelenleid« miteinander durchgemacht. Ich kann mit ihr lachen, mich mit ihr streiten, aber auch weinen und tiefgründige Gespräche führen. Ihr Leben war kein Zuckerschlecken. Davon erzählt sie im Buch. Ungewöhnlich offen »lässt sie die Hosen herunter«, berichtet von der traumatischen Scheidung ihrer Eltern, vom Verlust ihres Stiefvaters, der übergriffigen narzisstischen Mutter, ihren tief sitzenden Ängsten, dem immer wiederkehrenden Gefühl, nicht zu genügen, der Unruhe und Rastlosigkeit, die sie manchmal befallen.

Sie gehört wie ich der Generation der »Kriegsenkel« an, die oftmals die Ängste, das Sicherheitsdenken und die emotionale Unerreichbarkeit der Eltern, die im zweiten Weltkrieg noch Kinder oder Jugendliche waren, übernommen haben.

In den 60er-Jahren galten Gehorsam, Disziplin und Pflichterfüllung als oberste Tugenden. Körperliche Züchtigung war gesellschaftlicher Konsens und bis in die 70er-Jahre die wohl häufigste Erziehungsmethode.

Sie berichtet von ihrer Einsamkeit als junges Mädchen, dem »Nichtgesehenwerden«, und setzt sich damit auseinander, warum sie ist, wie sie ist.

Sie nimmt uns mit auf eine wunderbare Reise durch ihr bewegtes Leben, lässt uns tief in ihre Seele blicken.

Obwohl ihr Lebensweg nicht immer einfach war, hat sie sich ihren Optimismus bewahrt, ihre Begeisterungsfähigkeit und ihre Toleranz. Sie ist eine Frauenfrau, nicht stutenbissig und neidisch, sondern zugewandt, hilfsbereit, ehrlich und authentisch.

Bei der Lektüre habe ich gelacht und geweint. Sie schreibt schonungslos, offen und immer auch humorvoll, so wie sie eben ist.

Ich habe das Buch in einem Rutsch gelesen und mich oft »wiedergefunden«. Es ist ein wunderbar ehrliches, tiefgründiges und authentisches Buch, mit vielen noch nicht bekannten Episoden und Einblicken aus ihrem Leben, das Sie, liebe Leser*innen, sicherlich genauso in seinen Bann ziehen wird wie mich.

Viel Vergnügen beim Lesen,

Ihre Birgit Schrowange

Im früheren Leben war ich Ameise – Über den Mut, Angst zu haben

Ich könnte im Boden versinken. Wie bin ich in diese Horrorsituation nur reingeraten? Ich möchte auf der Stelle sterben. Nein, doch lieber nicht sterben. Wer stirbt schon gerne splitterfasernackt und dann noch vor Leuten?

Ja, ich bin nackt – ganz ohne ein einziges Kleidungsstück. Nicht mal ein Höschen habe ich an. Keinen BH, keine Schuhe – nichts! Ich befinde mich in einem nüchternen Konferenzraum. Einer dieser typischen Räume, die in Hotels für Firmen bereitstehen. Am ovalen Tisch, der Platz für 20 Leute gehabt hätte, sitzen acht bis neun Menschen. Eine Frau und der Rest Männer. Ich traue mich nicht, die Männer durchzuzählen. Mein Blick ist starr auf die Tischkante gerichtet. Als wenn einen niemand sehen könnte, wenn man selbst nicht guckt.

Ich kenne keinen dieser Anzugtypen hier an diesem Tisch – außer meinen langjährigsten besten Freund Hape. Er thront mittendrin. Er scheint hier der Grund zu sein, warum diese Leute zusammensitzen und sich besprechen. Aber was hat das alles mit mir zu tun?

Hape ist wie immer schlunzig gekleidet. Ein Karohemd in der

Modefarbe Schlamm, dazu ein beiger Schal, Sportkäppi, obwohl er keinen Sport macht, unterm Tisch wahrscheinlich wieder die Levis 501 in Lkw-Fahrer-Schlabbergröße. Und ich bin nackt.

Alle scheinen mich zu ignorieren. Sogar Hape. Er tut fast so, als würde er mich gar nicht kennen. Das tut weh. Ich fühle mich fürchterlich. Was tue ich hier? Wer sind diese Leute? Ich zittere. Nicht, weil mir kalt ist, sondern weil ich mich so schäme. Ich möchte fliehen. Aber wie komme ich hier weg, ohne die Aufmerksamkeit des kompletten Tisches auf mich zu ziehen?

Ich suche Hapes Augen. Für eine Sekunde treffen sich unsere Blicke. Ich merke: Er schämt sich, mich zu kennen. Was denkt er denn jetzt über mich? Wahrscheinlich, dass ich hier an diesem Tisch im Mittelpunkt stehen will. Aber das Gegenteil ist der Fall. Ich will Luft sein. Nebel. Ich will gar nichts sein. Noch nicht mal mehr Isabel will ich sein.

Hape wendet sich begeistert und lachend dieser einen Frau am Tisch zu. Sie sitzt direkt neben ihm und trägt ein feuerrotes Latex-Outfit. Sie strahlt Selbstbewusstsein aus und Erfolg. Wahrscheinlich plant Hape einen Film mit ihr in der Hauptrolle. Vielleicht wird sie die neue Frau an der Seite von Horst Schlämmer. Sein neues »Schätzelein«.

Ich schäme mich so sehr. Als eine Frau von 60 Jahren habe ich dementsprechend schon ein paar Schwachstellen an meinem Körper. Mein Busen ist für mein Alter noch ganz okay, aber wenn ich den Bauch einziehe, wird's schon schrumpelig. Also so eher etwas faltig.

Ich bete zum Himmel, dass ein Wunder passiert. Lieber Gott, mach, dass ich hier wegkomme.

Ich habe vor nichts Angst?

Zwei Wecker klingeln in diesem Moment. Ich schrecke hoch und setze mich auf die Bettkante. Ich atme schwer und schaue an mir herunter. Ich bin immer noch nackt. Aber ich bin in meinem Schlafzimmer. Kein Konferenzraum. Alle sind weg. Hape, die Dame in Latex und die ganzen Männer in Anzügen. Alles nur ein Traum. Ich könnte in die Luft springen vor Erleichterung. Ich muss später Hape anrufen und es ihm erzählen. Er wird sich kaputtlachen.

Ich stehe auf und schalte die beiden Wecker aus. Ich brauche immer zwei Wecker. Dann kann ich besser schlafen. Seit ich für die Sendung »Live nach neun« im Ersten morgens um 4:48 Uhr aufstehe, muss ich sicher sein, dass ich wenigstens einen Wecker höre.

Aber trotz meiner Erleichterung, dass ich nur nackt bei mir zu Hause bin und nicht mehr in diesem Konferenzraum, begleitet mich dieser Traum durch den ganzen Tag. Was ist da bloß los in meinem Unterbewusstsein?, frage ich mich. Man müsste einen Traumdeuter fragen.

Stattdessen frage ich Dr. Google nach »Nacktheit im Traum«:

Das Nacktsein kann in Träumen eine wichtige Rolle spielen. Viele Menschen träumen davon, nackt zu sein ...

Aber ich doch nicht! Ich scrolle weiter. Ah:

Häufig sind Träume von Nacktheit, in denen sich der Träumende sehr unwohl fühlt und sich verstecken oder bedecken möchte. Hierdurch kommt die Angst zum Ausdruck, im realen Leben bloß-gestellt zu werden. Der Betroffene schämt sich, beispielsweise für ein bestimmtes sexuelles Bedürfnis.

Nein! Das trifft auch nicht auf mich zu. Ich war mit meiner Sexualität eigentlich immer ziemlich im Reinen. Ich lese weiter. Wir kommen der Sache langsam näher:

Der Träumende ist meist nicht selbstbewusst genug, offen zu allen Bereichen seines Lebens oder seines Charakters zu stehen, und fürchtet sich vor einer abschätzigen Meinung seiner Mitmenschen.

Dem Psychoanalytiker Sigmund Freud zufolge sind Träume vom Nacktsein ein Ausdruck einer unbewussten Sehnsucht: Der Träumende wünscht sich die Unbeschwertheit seiner Kindheit zurück.

Oooh nein! Das kann es bei mir nicht sein. Ich fühle mich wohl im Hier und Jetzt. Was aber sicherlich stimmt, ist, dass ich Ängste in mir habe. Angst, nicht anerkannt zu werden. Angst, zu versagen. Angst, nicht geliebt zu werden. Angst, zu verlieren.

Für diese Selbstdiagnose brauche ich keine Psychoanalyse – im Älterwerden wird mir immer mehr klar über mich selbst. Vor allem gestehe ich mir inzwischen ein: Ich HABE Ängste. Ich hatte schon immer Ängste. Dabei habe ausgerechnet ich diesen Satz quasi erfunden: »Ich habe vor nichts Angst!«

Tja, das stimmt natürlich überhaupt nicht. Es tut aber gut, ihn zu sagen. Egal wo. Im privaten Leben genauso wie auf dem beruflichen Feld. Dieser Satz beeindruckt das Gegenüber. Es lässt dich erfolgreich wirken. Alle sollen bitte schön denken: Die ist selbstbewusst. Die kippt nicht um. Die können wir nehmen, die kann das. Sieger erkennt man am Start. Verlierer auch.

Mir sagen so viele Menschen: »Isabel, du bist immer so mutig. Du traust dich was.« Ja, ich finde mich auch manchmal ganz schön mutig – und zwar deshalb »mutig«, weil ich mich überwinden muss, weil ich Ängste habe. Denn Mut gibt es nicht ohne Angst. Wenn man keine Angst hat, muss man ja nicht mutig sein. Dann macht man einfach alles – ohne nachzudenken.

Ich empfinde es heute als etwas Befreiendes, meine Ängste anzuerkennen. Sie auszusprechen und zu ihnen zu stehen macht mich in diesem Moment angstfrei. Das wäre mir früher nicht in den Sinn gekommen.

Ich habe so viel Schönes und Berührendes erfahren während meiner musikalischen Lesungen mit meinem ersten Buch – vor allem durch die Begegnungen mit Menschen, die zu mir gekommen sind. Im Gespräch mit ihnen habe ich gemerkt, wie wichtig es ist, sich zu öffnen und zu seinen Gefühlen zu stehen und sie mit anderen zu teilen. Nur wenn man die Hosen runterlässt, wird man beschenkt mit weiteren neuen Geschichten des Lebens. Und deshalb beschäftige ich mich in diesem Buch mit meinem persönlichen Thema: Ängste. Oder Ängstlichkeit. Was hatte ich in meinem Leben schon die Hosen voll. Du meine Güte!

Ein Grund dafür: Mein Leben ist geprägt von Neuanfängen. Während die meisten Menschen über Jahre einer geregelten Arbeit nachgehen – mit vertrauten Wegen und Kollegen, fange ich immer wieder von vorne an. Die meisten Menschen sind den Großteil ihrer beruflichen Jahrzehnte fest verankert in Zusammenarbeiten und erleben eher selten einen Wechsel. Und ich kann gut nachvollziehen, dass es etwas Wundervolles ist, tiefe Bindungen zu Kollegen aufbauen und pflegen zu können. Dann ist der Beruf das zweite Zuhause und sind die Kollegen die zweite Familie. In meinem Beruf ist es eher so: »Gehen Sie zurück auf Los. Ziehen Sie keine 4000 Mark ein und geben Sie die Ereigniskarte zurück.«

Wenn eine Tournee oder ein Engagement vorbei ist, heißt es jedes Mal Abschied nehmen, die Komfortzone verlassen und schnell die Würfel in die Hand nehmen und hoffen auf einen Pasch. Aber der Pasch lässt manchmal ganz schön auf sich warten. Diese Wartezeiten waren hart und manchmal endlos. Nach einer gewissen Zeit neigt die sensible Künstlerseele dazu, sich wertlos zu fühlen. Die Erinnerung an die eigenen Fähigkeiten und Talente verblassen. Sie faden aus wie das Ende eines Liedes. Bis man von sich selbst und seiner inneren Stimme nichts mehr hört. Stille.

Kaum auszuhalten!

Ich war schon immer völlig ungeeignet, mich in diese Zwangspausen fallen zu lassen. Mir mangelte es an Vertrauen, dass schon alles wieder gut wird. Dass ich es schaffe. Dass bald was Neues kommt. Der Grund dafür liegt in meiner Kindheit. Das habe ich herausgefunden durch Gespräche mit Freunden, aber auch mithilfe einer Therapeutin, die mich auf meinem Weg in die Vergangenheit begleitet hat. Die Kindheit soll und darf natürlich keine Entschuldigung für das gesamte Handeln im Erwachsenenleben sein, aber man findet im »Früher« Erklärungen für sich. Und diese Erklärungen brauchen wir dringend, um uns selbst verzeihen zu können und Verständnis aufzubringen für unser Fühlen, Handeln und Sein.

Der Boden, auf dem ich aufwuchs, war keine gute Erde. Sie gab mir in meine kleinen Wurzeln keine Nährstoffe ab, keinen Dünger für das Selbstbewusstsein, keinen Glauben an mich selbst, weder Zuversicht noch Vertrauen. Ich hatte eine narzisstische Mutter. Sie schaute herab auf andere. Auf Menschen, die sie als nicht würdig und ebenbürtig empfand. Zu dieser Kategorie gehörte auch ich. Nicht immer – aber oft. Dieser Wechsel zwischen überschwänglichen Umarmungen und unkontrollierten Gewaltausbrüchen machte mein Kindsein immer wieder zu einer Tortur. Immer noch frage ich mich, wie ein so junger Mensch so etwas wegsteckt, wenn dir als Kind und Teenager ständig prophezeit wird, dass du es nie zu etwas bringen wirst, weil du nichts kannst. Es ist dann eine Lebensaufgabe, irgendwie die eigene Sicherheit zu finden. Und deine Liebe zu dir selbst.

Ich wusste viel zu lange nicht, dass es nicht schlimm ist, zu scheitern. Ich wusste nicht, dass ich immer wieder auf die Füße fallen kann und werde. Die Muttererde, auf der ich erwuchs, hat mich gehalten und verstoßen – gehalten und verstoßen – gehalten und verstoßen. Ich konnte nicht weg. Ich wäre so gerne weg. Doch die kleinen Wurzelbeinchen blieben stecken in dieser Erde, bis ich mich mit achtzehn selbst entwurzelte, um auf wackeligen Beinen und mit einem ziemlich großen Maul in die Welt zu ziehen. Mein großes Maul brauchte ich, um Ängste zu vertuschen. Nicht bewusst, es war nur ein Instinkt. Mein Instinkt trieb mich nach vorne. Laut und plump. Ganz nach vorne. Nur da wird man gesehen. Vorne in der ersten Reihe – da ist das Feuer am wärmsten. Da müssen die Liebe und der Applaus sein.

Man stirbt nicht so schnell

Heute halte ich erfreulicherweise das Selbstvertrauen und das Vertrauen in meinen weiteren Weg fest in meinen Händen. Ich pflege es fast liebevoll. Ich gieße es wie eine Blume, damit es nicht verwelkt. Ich suche und finde den Sinn in allem, denn alles macht irgendwie Sinn, auch wenn das Schicksal einen mal kurz parkt. In die Warteschleife schiebt. Geduld haben. Das gehört immer wieder zu meinen Entwicklungsfeldern: Geduld üben. Nichts tun – das fällt mir weiterhin schwer. Warten, bis die Würfel wieder fallen mit einem Pasch und man wieder losgehen darf auf das Spielfeld.

Mein Naturell möchte – nein WILL – etwas zu tun haben. Es will ein Blatt durch die Gegend tragen wie eine Ameise.

Vielleicht war ich ja in einem früheren Leben mal eine Ameise. Die müssen auch immer beschäftigt sein. Als Team tragen sie riesig große Blätter von A nach B und haben wahrscheinlich auch danach dieses wunderbare Gefühl, etwas geschafft zu haben. Wertvoll zu sein. Ein großes Blatt irgendwohin zu tragen hat ja auch was Erfüllendes. Jetzt denkt ihr sicher: Eine Ameise fühlt sich doch nicht wertlos oder erfüllt. Oder: Sie fühlt sich gar nicht. Sie ist nur Ameise.

Oh doch! Da habe ich was ganz anderes gehört! Ameisen haben sehr wohl Gefühle.

Wir hatten in unserer Morgensendung Live nach neun mal eine Frau zu Gast, die sich wissenschaftlich mit Ameisen beschäftigt. Sie erzählte uns Verblüffendes über dieses nicht besonders hübsche Tierchen. Ameisen sind sehr soziale Insekten. Sie handeln und leben nicht als Einzelgänger, sondern als Gemeinschaft. Während unsere Ameisenexpertin mit glänzenden Augen leidenschaftlich von ihnen erzählte, merkten wir, wie sehr sie sie liebt. Sie berichtete von einer Ameise, die für eine Kollegin umgedreht und einen 600 Meter langen Weg zurückgegangen ist, weil die Kollegin zu schwach war. Sie hat sie geholt und wieder zu den anderen gebracht. 600 Meter! Bei den kleinen Beinchen ist das umgerechnet in Menschenbeine ein ganzer Marathon. Da müssen doch Gefühle mit im Spiel gewesen sein! Seitdem sind mir Ameisen unglaublich sympathisch.

Bei einer wissenschaftlichen Studie hat man übrigens eine Ameise unter guten, artgerechten Lebensbedingungen, aber alleine beobachtet. Sie ist nach kurzer Zeit gestorben, während Ameisen in der Gesellschaft ein langes Leben bis zu einem Jahr haben können.

Ich habe so viel gemeinsam mit Ameisen. Ich würde auch ein verkürztes Leben haben in der Isolation, selbst wenn es in der luxuriösesten Villa in der Karibik wäre. Ich brauche Artgenossen um mich rum. Und ich bin – wie die Ameise – gerne im Team! In meinem Beruf habe ich sehr häufig völlig neue Leute um mich rum. Und da sind wir wieder bei den Ängsten. Ich spüre gleichermaßen Vorfreude auf neue Kollegen wie auch tief im Bauch brodelnde Ängste. Angst, ich könnte nicht akzeptiert werden. Angst, nicht zu genügen. Angst, ich kann denen womöglich nicht das Wasser reichen.

Ganz besonders geht es mir so vor den Proben für ein neues Theaterstück. Wenn dann der erste Probentag kommt, stehe ich plötzlich vor einem Haufen fremder Menschen, mit denen ich die nächsten zwei Monate täglich zusammen sein werde. Da ist es dringend notwendig, dass man sich gut versteht im Ensemble und einen Sympathie-Draht zueinander hat. Denn wenn's losgeht, heißt es: Hose runterlassen. Auch wenn ich die Kollegen gerade erst kennengelernt habe. Und irgendwie ist man an jedem Anfang wieder ein bisschen nackt …

Wenn man ein neues Theaterstück einstudiert, braucht man Mut. Mut, dem wildfremden Regisseur etwas anzubieten, aber auch Mut, den noch nicht vertrauten Mitspielern Ideen »vorzutanzen«. Es fühlt sich an wie auf ganz dünnem Eis. Denn wenn man etwas anbietet, indem man es vorspielt, kann es auch peinlich werden. Wie viel Kritik vertrage ich? Wie ehrlich dürfen wir alle dann sein?

Hält man sich besser zurück und lässt die anderen erst mal machen? Nein, das ist nicht meine Art. Ich überwinde in solchen Momenten meine Ängste, »baden zu gehen«, mich nackt zu machen, doof und unfähig gefunden zu werden. Denn ich gehe hundertprozentig davon aus, dass die meisten Kollegen konstruktive Mitarbeit und Vorschläge erst mal mit Respekt honorieren. Abzuwarten ist feige. Es ist okay – aber feige. Ich brüste mich jetzt mal ganz unbescheiden mit meinen Heldentaten in Sachen »Überwinden meiner Ängste«. Dieses Überwinden geht mir heute natürlich leichter von der Hand. Denn heute weiß ich: Man stirbt nicht so schnell. Egal ob und wie sehr ich mich zum Affen mache, ich gehe daran nicht kaputt.

Ich überlebe es.

Und zwar gut!

Ab ins kalte Wasser

Vor einigen Jahren bekomme ich plötzlich und unverhofft das Angebot eines renommierten Theaters irgendwo in Deutschland – ein Boulevardtheater mit langer Erfolgsgeschichte. Ich habe schon sehr lange davon geträumt, einmal dort zu spielen. Viele bedeutende Schauspieler haben dort gastiert. Als der Theaterleiter Robert Peiners mich anruft und das Buch per E-Mail ankündigt, platze ich förmlich vor Freude.

Er sagt: »Isabel, es wäre so toll, wenn du dabei bist! Ich muss dir allerdings sagen, dass dieses Stück an anderen Häusern ein Flop war. Aber ich habe einen besonderen Regisseur für euch, der überzeugt ist, diese gesellschaftskritische Komödie mit Tiefgang zum Erfolg zu bringen.«

Aha, denke ich. Endlich darf ich dort mal spielen und jetzt krieg ich einen Theaterflop serviert. Na, toll.

Egal – jetzt erst mal freuen! Mich zu freuen ist für mich im Leben extrem wichtig. Mich auf etwas zu freuen beziehungsweise die Freude generell, das ist meine beste Waffe gegen Ängste.

Robert Peiners, der Theaterleiter, ist ein Könner, und er hat für sein Theaterpublikum fast immer ein gutes Gespür. Alleine mein Respekt vor diesem Mann verbietet mir zu sagen: »Danke für das lang ersehnte Angebot, aber melde dich doch bitte wieder mit einem Erfolgsstück – dann komme ich gerne!«

Ich frage: »Wer ist denn der Regisseur, der den Stoff retten will?«

Robert: »Du wirst ihn nicht kennen. Er kommt von der klassischen Literatur, hat auch international gearbeitet und nun aber Lust auf ein Boulevardstück mit Tiefgang.«

Nach unserem Gespräch am Telefon stürze ich mich auf mein Tablet. Seine Mail kommt durchs Universum angeflogen, und ich lese. Ich soll eine Frau spielen, die mit ihrem Ehemann ein Dinner gibt. Sie laden ihre besten Freunde ein, mit denen es im Laufe des Abends immer wieder zu Reibereien kommt. Auslöser dafür sind viel diskutierte Themen wie die Angst vor dem Fremden. Die Wohlstandsgesellschaft wird aufs Korn genommen. Es geht um Falschheit, Lüge und die mangelnde Empathie in unserer Gesellschaft. Das Thema finde ich klasse – außerdem ist die Rolle für mich als Schauspielerin eine reizvolle Herausforderung!

Ich merke trotzdem beim Lesen: Das Buch hat Schwächen, zu wenig Pointen. Es fehlen die Gags, die den tieferen Sinn der Aussage doch in keiner Weise schwächen würden. Im Gegenteil. Mit bissigem Humor kann man die Menschen doch sehr gut zum Nachdenken bringen. Davon lebt das politische Kabarett – genau wie die Satire.

Für mich steht dennoch fest: Ich nehme dieses Angebot an und freue mich wie verrückt auf diesen neuen »Spielplatz« meines Lebens und natürlich ganz besonders auf meine neuen Kollegen: Paula Maria Schraller, Michael Schneidmeier und Olaf Reinler – alle bekannt durch Auftritte bei Theater, Film und Fernsehen, mir allerdings noch nicht persönlich. Das ist also jetzt meine neue Theaterfamilie. Knaller! Ich freue mich schon wieder.

Und natürlich bin ich gespannt wie ein Flitzebogen auf den Regisseur. Robert Peiners hatte ihn mir schon als einen Könner angepriesen. Ist doch toll, denke ich. Ich arbeite gerne mal mit so einem erfahrenen, anerkannten Regisseur aus der Riege »Prädikat wertvoll« und »international erfolgreich«. Wobei ich mit den »Boulevardregisseuren« großartige Erfahrungen gemacht habe, zum Beispiel mit dem guten alten Wolfgang Spier, der ein brillanter Pointen-Inszenierer war – Gott hab ihn selig. Oder Herbert Herrmann, der viele der Stücke, in denen er selbst die Hauptrolle spielte, auch inszeniert hat. Mit beiden habe ich schon mal gearbeitet. Wundervoll war das! Außerdem finde ich es schade, dass Robert Peiners die Regie nicht selbst übernommen hat bei diesem Stück. Alles, was ich von anderen Kollegen über ihn gehört hatte und was ich auch schon auf der Bühne von ihm gesehen habe, ist echt toll!

Ein paar Jahre später habe ich dann doch noch mit ihm gearbeitet – mehrmals. Er hat ein geniales Gespür dafür, wie man Pointen wirkungsvoll platziert. Er macht sogar aus Scheiße Gold. Und wenn er seinen Schauspielern als Regisseur bei den Proben Szenen und Sätze vorspielt, könnte man sich wegschmeißen vor Lachen. Dieser Mann ist der Inbegriff von Boulevard. Boulevard, so wie es *heute* ist. Denn er ist ein – für die Branche – junger Macher. Wir sind übrigens fast ein Jahrgang. Ja, das ist jung!

Das Boulevard, oder sagen wir »die Komödie«, nimmt die Alltagstragödien in die Mangel und hält der Gesellschaft mit Humor, mal entlarvend, mal tiefgründig, den Spiegel vors gelangweilte und verwöhnte Gesicht. Allerdings braucht diese Bühne tatsächlich mehr und mehr Themen, die zeitgemäßer sind. Stücke, die sich mit dem Jetzt beschäftigen. Mit dem Lebensgefühl meiner Generation und deren mittlerweile erwachsenen Kindern. Mit ihren teilweise absurden Herausforderungen des 21. Jahrhunderts. Die Zeit der altbackenen Stücke, in denen die Rolle der Frau dem früheren Bild der alles ertragenden und ewig betrogenen Ehefrau entspricht – die ist definitiv vorbei.

Erster Probentag.

Wir wuseln aufgeregt um uns herum und beschnuppern uns wie junge Hunde an den Rheinwiesen. Das Stück ist ein Ensemblestück. Das heißt: Alle vier Rollen sind gleichberechtigt. Bei Schauspielern geht das Kennenlernen meistens im Schnellverfahren. Jeder von uns bemüht sich, den Kolleg*innen sehr zügig zu signalisieren, dass er kein Stinkstiefel ist. Wir alle zeigen uns von unserer besten Seite – fröhlich und bereit, sich auf dieses neue Abenteuer einzulassen. Na ja, und jeder gibt ein bisschen an, was man davor für ein tolles Projekt gespielt hat.

Ein neues Theaterstück ist immer ein neues Abenteuer. Wie in der Wildnis treffen sich die unterschiedlichsten Tiere am Wasserloch. Friede, Freude, Eierkuchen am Wasserloch ist das Beste – für Tiere, für uns und auch für das Publikum. Ich bin überzeugt: Harmonie im Ensemble spürt das Publikum. Ohne Harmonie kann ein Stück zwar durchaus auch erfolgreich werden, aber so richtig durch die Decke geht die Sache nur, wenn alle an einem gemeinsamen Strang ziehen. Alle machen auf mich einen supernetten Eindruck. Nur mein Spiel-Ehemann Olaf wirkt noch ein wenig distanziert. Ach, das wird schon, denke ich mir.

Und da ist also noch dieser wichtige Regisseur. Nennen wir ihn Werner Reelind. Am ersten Tag habe ich noch nicht gemerkt, was für eine Katastrophe da auf mich zukommt. Er ist ein älterer Mann, der vom Olymp herabgestiegen zu sein scheint, um uns kleines Boulevard-Schauspielertrüppchen zu inszenieren – oder sagen wir besser: uns zu regieren, denn Regie (vom lateinischen *regere*) heißt »regieren«. Er ist also von jetzt an unser König. Und wir sind seine Untertanen. Oder sollen es sein.

Nun gibt es ja ergebene Untertanen, die mit leicht nach vorne gebeugter Haltung und devotem Dackelblick in den Augen Hörigkeit demonstrieren. Und es gibt die anderen Untertanen, die aufrecht vor dem König stehen, bereit, seine Order zu hören und umzusetzen, sich selbst dabei aber treu bleiben und mit dem Ziel im klaren Blick durchaus auch mal eine eigene Meinung vertreten. Die Zeit der Peitschenhiebe ist ja vorbei. Es lauert auch keine Arena um die Ecke des Theaters, wo ausgewachsene hungrige Löwen zähnefletschend auf leckere Schauspieler-Gladiatoren warten.

Wir sind im Proberaum. Mit weißem breitem Klebeband werden auf dem Holzboden die Bühnenmaße nachempfunden, sodass wir wissen, bis wohin wir Spielraum haben. Genauso wird die Einrichtung markiert. Man sieht auf dem Boden, wo mal eine Kommode stehen wird. Ein ziemlich stinkiges Sofa dient zum Spielen während der Proben. Später bekommen wir dann ein schönes sauberes. Wir proben aber hier erst mal mit dem Stinksofa. Dann gibt es noch einen Tisch im Zentrum mit vier Stühlen. Der markiert den Esstisch, an dem das Abendessen stattfindet, um das es in diesem Stück geht.

Für den ersten Probentag habe ich mir etwas Hübsches, Feminines angezogen. Man will ja einen guten Eindruck machen und gefallen. Sich aufzubrezeln ist außerdem ein gutes Rezept gegen die Ängste vor dem Neuen. Ab dem zweiten Probentag kommen alle eher schlunzig in Jeans und weitem T-Shirt. So macht uns der wirbelnde Staub um uns rum im Probenraum nichts aus. Wir spielen im Sandkasten. Da wird man dreckig. Das macht Spaß.

Die Aufregung steigt. Ich könnte auch sagen: Das Angstlevel steigt. König Werner Reelind signalisiert mit jeder Geste: Ich bin hier der wichtigste Mann im Proberaum. Seine Körpersprache, seine Blicke – alles deutet daraufhin, dass es hier vergleichsweise anders läuft, als wir das erwarten. Es fehlt mir diese leichte Plauderei im Raum. In seiner Gegenwart traue ich mich nicht, was ich mich sonst traue: loserzählen, Späße reißen, ein bisschen dummes Zeug reden. Oberflächliches Geplänkel hilft mir unglaublich dabei, Ängste abzubauen. Wenn Menschen miteinander zu lachen beginnen, bricht das Eis.

Wenn unser Regisseur Lehrer wäre, würde ich mich jetzt instinktiv in die letzte Reihe setzen, um nicht aufzufallen. Die eigene Wahrnehmung spielt einem ja oft mal einen Streich. Hier nicht. Den Kollegen scheint es nicht anders zu gehen. Die Atmosphäre könnte fröhlicher und leichter sein.

Ach, scheiß auf den ersten Eindruck. Man kann sich ja irren. Ist mir schon passiert.

König Reelind setzt sich wie bei einer Castingshow an einen Tisch vor der Probebühne – etwa einen Meter hinter der Linie, die die Grenze unserer Spielfläche markiert. Mein »Ehemann« Olaf und ich gehen ins markierte Spielfeld. Wir sind auf den ersten Seiten im Buch allein auf der Bühne. Jetzt heißt es für mich, Nervosität überwinden. Die ersten Sätze sind die schwersten. Wird mein Spielpartner mich akzeptieren? Wird er warm mit mir? Ich glaube, man merkt so etwas sofort.

Ein Gefühl überkommt mich: Die Chemie stimmt nicht. Sofort nehme ich mich innerlich an die Kandare und befehle mir: Du irrst dich. Vielleicht hat Olaf Bauchschmerzen. Vielleicht ist er ja nur besonders konzentriert. Vielleicht hat *er* ja Angst, ich könnte ihn nicht mögen.

Sofort signalisiere ich ihm mit einem lachenden Gesicht: Hey, ich freu mich auf unsere Zusammenarbeit! Ich scherze: »Du bist ja jetzt mein Ehemann. Hahaha.«

Schock, da kommt ja gar nichts zurück. Egal – Isabel –, abwarten. Das wird schon. Schön positiv bleiben …

Oooom

Es geht los. Bumbumbum macht mein Puls – bis in den Hals rauf.

Die erste Szene ist für mich die reinste Requisitenschlacht. Ich muss den Esstisch eindecken in Windeseile. So sagt es das Buch, und so will es der Regisseur …

Wir, Olaf und ich, sind spät dran und werfen uns als Ehepaar eilige Sätze zu. In unserem Dialog muss Olaf ein bisschen aufräumen und eine Weinflasche öffnen, während ich Teller, Besteck, Servietten, Kerzen und alles Mögliche von Backstage auf die Bühne trage. Ich renne also hin und her. Einen Tisch schnell zu decken und dabei Text im Dialog zu sprechen, noch dazu mit einem fremden Kollegen, ist ganz schön anspruchsvoll. Das ist wie eine Choreografie. Es muss eine Verbindung entstehen zwischen dem Hirn, Armen und Beinen und allen Fingern und der Zunge! Puh! Irgendwann geht das zwar mal in Fleisch und Blut über – aber jetzt am Anfang entsteht in meinem Kopf sofort Salat.

Während ich also versuche, Text und Tischdeckaktion gleichzeitig gebacken zu kriegen, stoppt mich der König alle naselang, als wolle er testen, was ich mir alles gefallen lasse. Betont wirkungsvoll steht er von seinem kleinen Regietischchen auf und schreitet zum Bühnenesstisch. »Isabel, beim Messer muss die Schneideseite zum Teller zeigen und nicht nach außen.«

Ich glaub, ich werd blöd. Das meint der doch jetzt nicht wirklich ernst, oder? Erstens sieht das doch keiner von da unten – noch nicht mal von der ersten Reihe, und zweitens weiß ich das natürlich. Ich atme durch – Ooom – und antworte tapfer dem König: »Ja, ich weiß das. Ich achte jetzt drauf.«

Kollege Olaf guckt Löcher in die Luft. Warum habe ich gerade das Gefühl, dass hier die Scheiße gleich im Doppelpack auf mich zukommt? Der König und sein Lakai: ein devoter Schauspielkollege, der sich eigentlich zu Höherem berufen fühlt, als mit einer Isabel Varell »Boulevard« zu spielen. Der Kollege ist, wie ich erfahren habe, die Wunschbesetzung des Königs. Ich hoffe, dass sowohl er als auch König verschmerzen können, hier unten mit dem einfachen Fußvolk zu arbeiten. Aber irgendwie muss die Miete ja bezahlt werden.

Wir machen weiter. Ich trage alle meine Requisiten zurück von vorne nach hinten – um sie gleich wieder von hinten nach vorne zu holen. Olaf und ich beginnen erneut den Dialog – ich decke dabei den Tisch. Messer, Gabeln, Löffel, Teller ... ach, die Teller sollen doch zuerst auf den Tisch. Und die Schneideseite der Messer ...

Plötzlich Olaf zu König: »Sie singt. Muss sie so singen? Und sie sieht mich gar nicht an beim Sprechen?«

Hä? Mit wem redet der denn? Ich steh doch neben ihm. Warum spricht er nicht direkt mit mir? Und überhaupt: Ich spiele eine arbeitslose Ehefrau in Eile. Ich spreche, wie im richtigen Leben, auch mal mit dem Rücken zu ihm. Das ist ganz normal – so macht man das doch. Oder seht ihr euch zu Hause beim Reden IMMER an? Nein, oder? Erst recht nicht in einer Stresssituation. Und eine solche Stresssituation soll meines Erachtens die erste Szene deutlich machen. Und singen? Ich singe doch gar nicht?

König sagt zu mir: »Isabel, würdest du bitte nicht so singen beim Sprechen, und schau Olaf an.«

Ach, ich soll also meinen Text sprechen, Olaf dabei angucken, eine Million Requisiten von hinten nach vorne schleppen, den Tisch decken, die Messer mit der Schneideseite Richtung Teller legen ... Wie wär's denn, wenn ich parallel dazu noch den Bühnenboden feucht durchwische? Nötig hätte er es ja.

Das sage ich natürlich nicht laut, sondern denke mir nur meinen Teil. Ich versuche stattdessen, konstruktiv und besonnen zu reagieren. Mein Puls sagt jedoch was anderes. Ich atme wieder durch – Ooom – und sage an König gerichtet und NICHT an Olaf: »Ich dachte, wenn man in Eile den Tisch deckt und sich als Ehepaar anblökt, dann muss man sich doch nicht konstant ansehen. Aus den Worten geht doch hervor, dass die beiden keine gute Laune haben, in Eile sind, Gäste erwarten. Ich wollte es so machen, wie es sich im richtigen Leben zutragen würde. Und ich singe doch nicht. Ich kann aber gerne versuchen, monotoner zu sprechen.«

König: »Ja bitte.«

Ich spüre, hier braut sich was zusammen. Die Verbindung zwischen dem Regisseur und seinem ergebenen Schauspieler (meinem Spielpartner) vertieft sich. Ich bin raus. Ich fühle mich nicht akzeptiert.

Paula und Michael sitzen ganz ruhig an der Seite und beobachten uns mit ernsten Mienen. Paula ist meine Rettung. Sie erkennt meine Not und versichert mir später nach den Proben, dass ich alles ganz richtig mache und dass aus ihrer Sicht die ständige Kritik, die Unterbrechungen und das feige Nörgeln des Kollegen nicht in Ordnung seien. Sie denkt genauso wie ich: Wenn ich als Schauspielerin etwas beim Kollegen als nicht so gut empfinde, dann richte ich mich mit meinem Feedback direkt an den Kollegen und wende mich nicht so arschkriecherisch an den Regisseur und tue so, als ob der andere Luft wäre. Man sollte immer auf Augenhöhe miteinander reden. Aber so wie das hier abläuft, traue ich mich gar nicht mehr, irgendetwas von mir aus anzubieten. Ich bin völlig eingeschüchtert und sehr verunsichert. Vor allem deshalb, weil ich diese Wand spüre, die beide vor mir aufbauen. Sie zeigen mir: Du bist nicht auf unserer Ebene. Du bist schlechter als wir. Du kommst eben nicht vom großen Schauspiel wie wir.

Und jeden Tag geht es weiter so. Täglich drischt der König verbal auf mich ein. Alle anderen – auch Paula und Michael – sind für ihn immer wieder demonstrativ perfekt. Für mich sind die Proben jedoch eine einzige Leidenszeit. Mein Selbstbewusstsein liegt erschöpft am Boden – die Motivation ist auf dem Nullpunkt. Ich gebe mir wirklich Mühe, ich kann meinen Text, trotzdem könnte ich heulen ohne Ende. Es ist einfach nur entsetzlich. Und manchmal denke ich sogar: Vielleicht hat der Regisseur ja auch recht, und ich bin ihm einfach nicht gut genug. Doch mir ist bewusst: Er hat definitiv kein Recht, mich so zu behandeln.

Ich hatte mich so gefreut auf diese Zeit, und jetzt ist alles so schlimm, dass ich wegrennen könnte. Nicht auszudenken, wenn Paula und Michael nicht dabei wären, die zu mir halten und dem Regisseur nicht in den Hintern kriechen wie dieser Olaf – sondern neutral bleiben. Ich bin ihnen sehr dankbar dafür. Das hilft mir ein wenig, mich täglich aufzuraffen und zu den Proben zu erscheinen.

Wesentliche Momente des Stückes finden über lange Strecken sitzend am gedeckten Esstisch statt. Das heißt: Paula, Michael, Olaf und ich am Tisch. Das ist eine ziemliche Herausforderung. Es sollen ja alle Darsteller für jeden Platz im Zuschauerraum gut sichtbar und hörbar sein. Das ist unbedingt erforderlich, damit die Zuschauer das Stück auch verstehen – und ihren Spaß dabei haben. Es soll ja nicht anstrengen. Es soll sein wie ein Film ohne Kameras – live auf der Bühne.

Der Regisseur muss darauf achten, dass wichtige Aussagen nicht untergehen oder überhört werden. Im Film ist es leicht, den Fokus deutlich zu machen. Durch den Schnitt kann dem Zuschauer nichts entgehen, weder einzelne bedeutende Sätze noch die Reaktion des Gegenübers. Da es auf der Theaterbühne keine Kameras und erst recht keine Leinwand gibt, müssen wir Schauspieler wichtige Aussagen so platzieren, dass sie Wirkung haben. Das erreicht man unter anderem damit, dass zentrale Sätze nach vorne gesprochen werden sollten. So können alle Zuschauer die Aussage samt Gesichtsausdruck erfassen.

Doch langsam kriecht die Frage in mir hoch, warum der Tisch

gerade so ausgerichtet ist, dass ich so gut wie gar nicht von vorne, für drei Viertel des Publikums noch nicht mal von der Seite sichtbar bin. Ein großes Fragezeichen klebt auf meiner Sorgen- oder auch Zornesfalte in der Mitte meiner Stirn. Der wird doch nicht … Der wird doch nicht wirklich … Das wäre doch …

Nein, diesen Gedanken wische ich sofort weg. Nicht nachdenken! Später, wenn wir auf der echten Bühne sind mit allen Möbeln, wird es König schon richten.

Peitsche ohne Zuckerbrot

Kollege Olaf hat das Reden mit mir jenseits seines Rollentextes völlig eingestellt. Kein Blick in meine Richtung. Seine Körpersprache sagt: Ich lasse mich dazu herab, mit dir zu spielen, aber reden werde ich mit dir nicht mehr.

Hilfe, was ist das hier für ein Horror? Paula vermutet bei ihm Neid, weil er seit Jahren keine bedeutenden Fernsehrollen mehr hatte. Das sagt sie zumindest mir gegenüber bei einem Pausenkäffchen. Vermutlich liegt sie richtig. Vor Jahren war er wirklich sehr bekannt, spielte Charakterrollen in Filmen und Krimis. Nun muss der arme Kerl mit mir in den Ring. Sorry.

Es eskaliert. In einer Szene relativ am Ende des Stückes muss Michael mit einer Waffe schießen. Bei einer Diskussion zum Thema Fremdenfeindlichkeit gerät er so sehr in Rage, dass der passionierte Hobbyjäger wutentbrannt seine Waffe zückt und in die Luft schießt. Sie ist natürlich nur mit Platzpatronen geladen, aber wenn er abdrückt, gibt es einen ohrenbetäubenden Knall, dass man sich die Ohren zuhalten muss, um sein Trommelfell zu schützen. Der erste »Probeschuss« hat uns alle ganz schön aus dem Konzept gebracht. Für einen kleinen Moment sind wir wieder wie Kinder auf dem Spielplatz und staunen. Michael hat sichtlich Spaß daran, in dieser Szene alle zu überraschen. Er ist ein wirklich sympathischer Kollege. Ich mag ihn sehr – genauso wie Paula. Wäre doch Olaf ein anderes Wesen, frei von Arroganz und Dünkel einer Kollegin wie mir gegenüber.

Wieder und wieder proben wir diese Szene. Jedes Mal der Horror-Knall.

Ich frage in die Runde: »Sagt mal, hättet ihr was dagegen, wenn wir den Schuss bei den Proben jetzt nur andeuten? Das ist so laut, dass ich mir ein bisschen Sorgen mache um unsere Ohren.« Für mich als Sängerin ist mein Gehör quasi mein Kapital.

Ich ernte Verständnis bei meinen Kollegen – nur nicht bei Olaf. Ich kann ja sagen, was ich will, es ist immer Scheiße in seinen Augen.

Sein Blick und der des Königs treffen sich. Sie schütteln beide seltsam synchron den Kopf. Ich ahne: Sie meinen wieder mich. Schweigen. Olaf geht von der Bühne, König steht auf – und sie verlassen vereint den Proberaum. Es wird nebenan getuschelt. Ich schnappe durch die offene Tür nur Fetzen von Sätzen auf: »So geht das nicht. Sie kann es nicht.«

Es ist so demütigend. Dieser Regisseur verhält sich menschenverachtend. Oder frauenverachtend. Oder einfach nur Isabel-verachtend. Ich habe kein Psychologiestudium absolviert – aber vielleicht hasst er sich ja selbst?

Von dieser Art Regisseure hatte ich schon oft gehört. An den größten Bühnen inszenieren solche Männer – ja, es waren früher fast NUR Männer in diesen Positionen –, die die Schauspieler erst mal runterputzen. Klein machen. Ihnen jede Würde nehmen. Sie demütigen sie, bis sie als kleines, jämmerliches Häufchen Elend wimmernd am Boden liegen, um dann anschließend angeblich das Beste aus ihnen rausholen zu können. So nach dem Motto: Wenn du einen Schauspieler brichst, seelisch einknicken lässt, dann wird er gefügig und spielt dir alles, so wie du es willst. Und erst dann sind sie brillant. Peitsche ohne Zuckerbrot – das ist die Methode dieser narzisstischen Machtmänner, die es erfreut und befriedigt, wenn sie die Menschen beherrschen können. Dadurch fühlen sie sich groß.

Aber eins steht fest: Bei MIR funktioniert das nicht. Diese Spielchen haben bei mir genau den gegenteiligen Effekt. Ich laufe nur zu Höchstleistungen auf, wenn ich respektvoll behandelt werde. Wenn mir vertraut wird, kann ich mich öffnen und abliefern. Dann kann ich fallen und wieder aufstehen.

Fiese Regisseure, die ihre Machtposition unter Beweis stellen, indem sie Schauspieler erniedrigen, gibt es heute Gott sei Dank nur noch ganz selten. Eine Ära, die verblasst.

Wir anderen stehen bedröppelt da und schauen uns ratlos an, während nebenan noch getuschelt wird. Minutenlang. Wir reden kaum. Die Luft ist dick und giftig. Gleich passiert was Schlimmes – ich ahne es.

König und Olaf kommen zurück. König setzt sich und öffnet seinen Mund so weit wie nie zuvor. Er brüllt mich an, als wäre ich ein kleines Kind, das seine wertvolle Briefmarkensammlung in den brennenden Kamin geworfen hat: »Du bist unprofessionell. Du bist keine richtige Theaterschauspielerin. Sonst wüsstest du, dass du als Schauspielerin einen Schuss aushalten können musst.«

Es geht ein Donnerwetter auf mich nieder, wie ich es seit Kindertagen nicht mehr erlebt habe und auch nicht mehr erleben wollte. Ich dachte, mit 18 hört das auf, dass ein Erwachsener dich quälen, demütigen, ausschimpfen, beleidigen, anschreien und bloßstellen darf. Egal, wie man meine Leistungen als Schauspielerin wahrnimmt, die Art und Weise, wie hier mit mir umgegangen wird, macht diesen Mann zu einem Unmenschen.

Ein schreckliches Angstgefühl macht sich breit in meiner Brust. Es fühlt sich an, als ob mein Brustkorb gleich platzt. Als hätte dieser Mann so viel Gift über die Wochen in mich hineingeflößt, dass daraus zwischen meinen Organen ein Alien entstanden ist, der jetzt rauswill aus meinem Körper. Meine Augen füllen sich mit

Tränen. Diese Behandlung, dieses Schreien – das kenne ich noch von ganz früher. Das triggert mein tiefstes Unterbewusstsein.

Nein, das reicht.

Ich verlasse das Spielfeld und ziehe mich auf die Toilette zurück. Ich sehe mich im Spiegel an und bitte mein Spiegelbild, mich aus diesem Albtraum zu wecken. Es muss was passieren. Ich bin nicht der Typ, der aufgibt. Hier sind ein paar Menschen dabei, die es wert sind, dass ich für sie weitermache.

Ich fasse einen Entschluss: Ich werde Robert Peiners anrufen. Der Leiter des Theaters muss jetzt erfahren, was hier los ist. Und wenn ich nie wieder einen Fuß auf den Theaterboden bekomme, ich werde mich wehren. Ich habe nicht nur vertragliche Pflichten – ich habe auch Rechte! Ich lasse mir das nicht gefallen. Das Schlimme ist: Wir sind mittlerweile nur eine Woche vor der Premiere!

Ich wähle Roberts Nummer.

»Hallo Robert, ich brauche dich eine Minute. Muss ich mir gefallen lassen, dass er mich anschreit?«

Robert: »Nein!«

»Ich mache einen guten Job, das weiß ich! Muss ich mir gefallen lassen, dass er mich seit Wochen schlecht behandelt und demütigt?«

»Nein! Du verlässt sofort die Proben!«

»Robert, die Premiere ist in einer Woche! Das gefährdet die Premiere in deinem Theater!«

»Das ist egal. Du lässt dir das nicht gefallen! Du verlässt sofort die Proben! Ich rede mit ihm!«

»Danke. Tschüss.«

Ich gehe zurück in den Probenraum. Ich fühle meinen Rücken – er ist fest und gerade.

Alle Kollegen samt König sind im Proberaum verteilt. Niemand spricht. Ich gehe an ihnen vorbei aufs Spielfeld. Ihre Blicke verfolgen mich schweigend. Im Vorbeigehen sage ich laut und deutlich, ohne dabei jemanden anzusehen: »Ich bin auf der Bühne. Wir können weiterproben.«

Mein Herz rutscht mir in die Hose. Hab ich das gerade wirklich gesagt? Ich bin doch keine Masochistin! Hau doch ab. Robert hat's dir erlaubt.

Nein, ich zieh das hier durch. Robert hat mich gerade gestärkt. Sein Verständnis und das Signal, dass ich gehen kann, wenn ich es nicht mehr aushalte, haben mir Flügel verliehen. Sein Vertrauen in mich, dass ich nicht übertreibe mit meiner Darstellung, gibt mir das Gefühl, dass ich in diesem Moment nicht allein bin. Das werde ich ihm nie vergessen.

Langsam tröpfeln die Kollegen auf die markierte Bühne zurück, und wir setzen die Proben fort. Ich habe Mühe zu atmen. Ich möchte überall auf der Welt sein – nur nicht hier. Aber ich werfe nicht das Handtuch. Den Gefallen tue ich ihm nicht. Er würdigt mich keines Blickes.

Paula und Michael leiden mit mir mit. Ich sehe es ganz deutlich in ihren Augen. Wir lassen seit Tagen sowieso nur noch Blicke sprechen. Alles andere hat hier keinen Sinn. Die Solidarität der zwei ist spürbar – dennoch müssen auch sie hier ihren Job erledigen.

Nach Probenschluss merke ich, wie sich mir der Regisseur nähert. Er tritt auf mich zu, ist schon ganz nah, öffnet seinen Mund, um mir irgendwas zu sagen, und mein Puls klopft schon wieder Alarm. Ich wende mich ihm zu und sage, bevor aus ihm überhaupt ein Ton rauskommt, langsam und deutlich mitten in sein unsympathisches Gesicht: »Ich rede mit dir ab jetzt kein einziges Wort mehr.«

Mit diesen Worten drehe ich mich um und bin weg. Ich höre ihn noch fluchen und schimpfen in meinen Rücken. Aber es prallt ab.

Ich lerne mich gerade neu kennen. War das gerade ich, die ihn da wie abtropfenden Quark hat stehen lassen? Wie habe ich es nur geschafft, so entgegengesetzt zu meinem inneren Gefühl zu handeln? In mir drin die pure Panik und nach außen der gerade Blick.

Ungeahnte Kräfte

Das Stück wird kein Erfolg. Es ist nicht witzig genug. Das haben wir als Ensemble schon lange realisiert. Mehr und bessere Pointen hätten uns und dem Stück und auch dem Publikum gutgetan.

Nach der Premiere mit Höflichkeitsapplaus beeilen wir uns, schnell unsere Freunde zu begrüßen, die gekommen sind, um uns hier zu bewundern und zu unterstützen. Im Foyer umarmt mich Hape und nimmt mich sensibel zur Seite, um mir ins Ohr zu flüstern: »Du warst großartig – aber du musst aufpassen, dass du nicht so viele deiner wichtigen Sätze nach hinten sprichst. Sprich doch mehr nach vorne Richtung Publikum. Deine Rolle in diesem Stück ist doch entscheidend.«

Ich antworte – fast ein bisschen zu laut: »Tja, der König wollte es aber so …«

Hape – wieder normale Sprechlautstärke: »Komisch …«

»Ja, in der Tat komisch.«

Ein abschließendes Gespräch mit Robert Peinkers liefert mir schließlich die Erklärung, die mir den Frieden mit diesen harten Wochen zurückgibt. Er verrät mir, dass dieser Regisseur bei jeder Inszenierung eine brünette Schauspielerin auf dem Kieker habe und versuche, sie fertigzumachen. Einfach so. Ist das noch Zufall oder quasi schon ein Hobby?

Robert erzählt mir, das sei nun schon zum zweiten Mal an seinem Haus mit ihm passiert, und verspricht, es sei definitiv seine letzte Zusammenarbeit mit diesem Regisseur. Das hoffe ich inständig – im Sinne der nächsten brünetten Kollegin!

Unsere Spielzeit von acht Wochen wird nach dem Premierenabend nun zur Routine. Von Dienstag bis Sonntag geht pünktlich der Vorhang auf, und ich decke jeden Abend, wie es das Stück verlangt, den Tisch. Die Messer schauen immer in die richtige Richtung, aber ansonsten läuft hier nichts richtig nach meinem Lebensgefühl.

Normalerweise ist das Theater ein Ort, der mir die erfüllende Möglichkeit gibt, den Menschen, die im Dunkeln sitzen und uns zuschauen, einen schönen Abend zu bereiten. Die Chance, mit vollem Einsatz einen Haufen von Leuten in eine Geschichte zu entführen, in der sie ihre eigene Wirklichkeit für zwei Stunden ausblenden können. Hier aber ist während der ganzen Spielzeit alles anders für mich. Nichts macht Spaß. Nichts ist schön. Gar nichts. Mein Kollege, der Untertan des Königs, und ich bleiben außerhalb des Stückes sprachlos miteinander. Mit den anderen hat er auch keinen Kontakt mehr. Das macht ihn ziemlich einsam. Mein Mitgefühl hat Grenzen.

Ich finde das alles unerträglich. Wie soll ich Spielfreude vermitteln, wenn ich mit Bauchschmerzen auf die Bühne gehen muss? Noch während des abebbenden Applauses verschwinde ich jeden Abend durch den Hinterausgang direkt ins Parkhaus und haue ab. Nur weg hier.

Irgendwie stehe ich diese Zeit durch. Aber so etwas will ich nie wieder erleben. Aber DASS ich es erlebt habe, empfinde ich rückblickend als eine wertvolle Lektion in Sachen »Ängste überwinden«. Seit dieser unkomischen Episode meines beruflichen Lebens weiß ich, dass ich über mich selbst hinauswachsen kann. Es entwickeln sich plötzlich ungeahnte Kräfte. Aufgeben war noch nie mein Ding. Umso schöner ist es, wenn man – wie in den meisten Fällen – harmonische Begegnungen hat. Wenn man an einem Strang zieht mit dem gemeinsamen Ziel, etwas Erfolgreiches zu erschaffen.

Ängste sind menschlich – und jeder hat welche!

»Hairspray« – Vom Höhenflug und vom tiefen Fallen

Dumm gelaufen, dass wir Menschen meistens nur in tiefen Tälern schlauer werden. Dabei kann man doch oben auf einem Berg, in der Höhe, viel weiter und klarer sehen, um Erkenntnisse für sich zu gewinnen. Aber es ist nun mal andersrum. Die Abgründe, an die mich das Schicksal entlang meines persönlichen Weges gestellt hat – dort, wo die Angst am größten war abzustürzen –, genau dort und in diesen Momenten bin ich gewachsen.

Vielleicht weil das Schicksal einem genau dann, unten im Tal, eine klare Entscheidung abverlangt. Mitten in einem Moment der Beklemmung, der Angst, hat man ja nur zwei Optionen: untergehen oder die Seelenärmel hochkrempeln – und handeln.

Angst ist nicht zu definieren. Es gibt ja auch keine Angst-Maßeinheit so wie Liter oder Kubikmeter. Schade eigentlich. Freunde und Familie könnten uns vielleicht manchmal besser verstehen, wenn Angst- und Sorgenmomente messbar wären. Wenn eine Maßeinheit wie bei einer Waage, die das Gewicht und sogar den eigenen Körperfettanteil anzeigt, das Ausmaß der eigenen Angst angeben könnte: »Stell dir vor, ich hatte drei Kilo Angst.« Dann gäbe es vielleicht die erhoffte empathische Reaktion des Gegenübers: »Oje – ich hatte mal 800 Gramm Angst. Du Arme – drei Kilo Angst muss ja schlimm sein …«

Keiner von uns kann sagen: »Ich hatte einen härteren Moment als du.« Oder: »Die Situation, in der ich war, war viel bedrohlicher als deine.« Die eigene Wahrnehmung in diesem einen Moment, in dem die Angst in einem hochkriecht und zu galoppieren beginnt, kann niemand anders nachvollziehen. Man kann als Außenstehender vielleicht versuchen, es zu verstehen – aber empfinden kann man eine Situation nur, wenn man selbst Betroffener ist.

Doch warum spreche ich in diesem Buch hier eigentlich so offen über meine intimsten Gefühlsmomente? Über die Momente, die man normalerweise für sich behält, die man überspielt, damit sie bloß keiner mitbekommt? Muss das wirklich sein?

Ich finde: Ja.

Ich erkenne mit jedem weiteren Jahr in meinem Leben immer mehr den Sinn im Mitteilen, im Teilen der Freude, des Leids, des Wissens, der Gefühle und der Träume. Denn Mitteilen heißt wachsen. Wenn ich meine Geschichten mit euch … Ihnen … ach, wir bleiben jetzt beim Du, oder? Also, wenn ich meine Geschichten mit euch teile, treffen sie vielleicht hier und da auf jemanden, der Ähnliches durchlebt, gefühlt, erlitten hat. Und das erleichtert mich. Und vielleicht auch euch?

Mir ist es oft so ergangen, dass ich dankbar zuhören durfte bei den Geschichten von nahestehenden oder auch von fremden Menschen, die mit ihrer Offenheit meine Bedenken weggefegt haben, ich wäre mit meinen unterschiedlichsten Lebensgefühlsangstbeklemmungsmomenten allein auf der Welt.

Vielleicht stoße ich beim Teilen auf Verständnis – vielleicht aber auch auf Unverständnis oder sogar Ablehnung. Beides – das weiß ich heute – ist wertvoll. Der Gewinn ist nicht immer nur das Lob, die Streicheleinheit. Auch wenn das viel schöner und angenehmer ist. Es geht für mich um das große Ganze. Wie wachse ich und wie viel wachse ich?

Die Ängste am Arbeitsplatz, die ich aus der Theaterwelt beschreibe, kann wahrscheinlich jeder irgendwie nachvollziehen. Die Angst zu versagen, Angst vor Ablehnung, Angst vor Offenbarung, kennt doch wohl jeder, oder? Jeder hat irgendwo seine »Bühne«. Was in meiner Welt der tiefrote Samtvorhang oder im Fernsehstudio die rote Lampe der Kamera ist, die aufleuchtet, wenn's losgeht, kann bei anderen Menschen durchaus die Tür zum Büro des Chefs oder der Chefin sein. In dem Augenblick, bevor man die Klinke runterdrückt, in dem man kurz durchschnauft – weil die Pumpe rast –, in dem geht auch bei der Sekretärin, dem Buchhalter, der Kassiererin der Vorhang auf.

Doch es geht nicht nur um den Berufsalltag. Den Hörer in die Hand nehmen und eine Nummer wählen. Ein Vorstellungsgespräch. Ein Date. Ein Café betreten. Überall lauern die inneren roten Samtvorhänge, die Situationen, in denen das Schicksal einem das eiskalte Wasser ins Gesicht schleudert.

Doch es wäre schrecklich, wenn mein Berufsalltag nur von Angst geprägt wäre. Ich wäre nicht Schauspielerin geworden, gäbe es nicht eine große Palette von Gefühlen, die sich schrecklich und großartig zugleich anfühlen ...

Kampf oder Flucht?

Gehen wir doch gleich noch mal ins Theater.

Lampenfieber – das hefte ich für mich ab unter »schöne Gefühle«. Adrenalin macht sich breit, vom lieben Gott ursprünglich in die Nebennieren der Menschen eingebaut als Vorbereitung auf Kampf oder Flucht. Und auf der Bühne bleibt mir nur die Flucht – nach vorne. Lampenfieber – das ist die Anspannung, bevor es losgeht. Das ist ein Kribbeln und ein Herzklopfen im ganzen Körper, das meist innerhalb nur weniger Minuten, nachdem sich der Vorhang geöffnet oder die Kamera zu laufen begonnen hat, wieder verschwindet. Und wenn es sich bei mir dann eingepegelt hat, kann ich genießen ohne Angst.

Es gibt viele Menschen, für die Lampenfieber sich zu einer angsterfüllten Beklemmung entwickelt und ein unüberwindbares Problem darstellt. Der kalte Schweiß bricht aus, und die Stimme droht zu versagen – das sind Panikgefühle, die grauenhaft sein müssen. Ich selbst kenne das in dieser Form glücklicherweise nur aus Erzählungen oder weil neben mir ein Kollege solche Belastungen ertragen musste. Da habe ich ganz schön Schwein gehabt. Eine befreundete Kollegin von mir »stirbt« jedes Mal vor dem Auftritt. Sie beschreibt dieses Gefühl als eine echte Lebenseinschränkung. Bei ihr lässt es leider trotz langjähriger Berufserfahrung nicht nach. Das Gefühl kommt in Wellen und begleitet sie während der Arbeit auf der Bühne. Doch obwohl sie es als unerträglich beschreibt, ist sie eine sehr gute Schauspielerin. Sie hat eigentlich gar keinen Grund, diese Ängste vor Versagen zu haben.

Sie wirkt im Privatleben sehr selbstbewusst, sie ist sogar eine eher extrovertierte Persönlichkeit. Also die Sorte Frau, die nichts umhaut. Denkt man. Auch beim Drehen – wir haben zusammen vor der Filmkamera gestanden – merkt man ihr nichts, absolut gar nichts, an. Aber innen drin stirbt sie tausend Tode.

Davon betroffen sind leider viele Menschen – auch in anderen Berufen. Führungskräfte, die in Firmen Vorträge halten müssen, Professor*innen an Universitäten … Die Liste ist lang.

Werfen wir doch mal einen Blick in mein persönliches Adrenalin-Tagebuch. Ich schlage eine Seite auf, auf der meine Nebennieren so richtig viel zu tun hatten in Sachen Ausschüttung des Stresshormons Adrenalin. Denn auch ich habe das »Ich-sterbe-gleich-wenn-der-Vorhang-aufgeht«-Gefühl zumindest im Ansatz kennengelernt. Es war bei dem Musical »Hairspray«.

Der Arsch auf Grundeis

Ich bekomme das Angebot von einem Tourneeveranstalter, in diesem amerikanischen Musical die Rolle der Velma von Tussle zu übernehmen. Das Profil der Rolle: böse, intrigant, herrschsüchtig und rassistisch.

»Hairspray« ist ein wunderbarer Stoff. Die Geschichte spielt in den Sechzigerjahren in Baltimore im Bundesstaat Maryland in den USA. Die schwarze Musik erobert die Kinderzimmer der jungen weißen Teenager und zieht sie in ihren Bann. Während Rassenhass und die Rassentrennung in dieser Zeit für Krawalle in den Straßen Amerikas sorgen, wächst eine neue Generation heran, die offener ist als ihre Eltern.

Im Mittelpunkt dieser Geschichte steht das weiße, übergewichtige, rebellische Mädchen Tracy Turnblad, das keine Grenzen und Vorurteile im Kopf hat. Velma von Tussle ist die Antagonistin des Stücks. Sie ist für die Rassentrennung und quasi im übertragenen Sinn der Nazi des Stücks. Und es ist die Musik, die die Macht hat, Grenzen zu sprengen.

Vier Monate bevor ich in diese Produktion einsteigen soll, geht es für das Ensemble – zunächst noch ohne mich – erst einmal durch die kleineren Orte. Für die anschließende Tournee durch die großen Städte engagiert das Unternehmen den Musicalstar Uwe Kröger für die Rolle der Edna Turnblad, die Mutter von Tracy, und mich für die Rolle Velma von Tussle. Mit unseren bekannten Namen ist es für das Tourneeunternehmen einfacher, Werbung zu machen. Das hat am Ende nicht unbedingt mit unserer Qualität zu tun – sondern einzig und allein mit unserer Popularität, die auch wir ja erst über viele Jahre erlangt haben.

Ich freue mich sehr darauf, mal nicht wie gewohnt den sympathischen Part in einem Stück zu mimen, sondern die Böse, die mit mir und meinen Ansichten so ganz und gar nichts zu tun hat.

Immerhin sind die fiesen Charaktere nicht selten die interessantesten Figuren zum Spielen. In der erfolgreichen Verfilmung von »Hairspray« wurde diese Rolle gespielt von Michelle Pfeiffer. Wenn das nicht ein tolles Vorbild ist …

Trotzdem schrillen meine inneren Alarmglocken, und Zweifel mischt sich in meinen Stolz über dieses Angebot: Ist das nicht eine Nummer zu groß für dich?

Gespannt fahre ich, zusammen mit meinem langjährigen Freund Phil, nach Gummersbach, um die Show dort anzusehen. Phil begleitet mich immer sehr gerne ins Theater. Er ist musisch hochinteressiert, hat aber mit meiner Branche nichts zu tun – deshalb schätze ich seine unparteiische Meinung umso mehr. Jetzt gleich werde ich meine zukünftigen Kollegen auf der Bühne sehen, die ich alle noch nicht kenne. Und ich kann meine Rolle sehen, von jemand anderem gespielt. So eine Situation hatte ich auch noch nie zuvor.

Es geht los. Der Vorhang geht auf, und wir sehen 25 Musicaldarsteller singen, tanzen und über die Bühne wirbeln. Ein buntes, atemberaubendes Spektakel in den lustigen, farbenfrohen Outfits und Perücken im Stil der Sechzigerjahre. Phil und ich reißen unsere vier Augen ganz weit auf und können nicht genug bekommen von den Menschen, die da gerade alles geben. Die Musik des Liveorchesters bringt den Saal zum Beben, und das Stück nimmt immer mehr an Fahrt auf. Immer wieder suche ich im Getümmel die Kollegin im rosa Kleid. Das ist meine Rolle: Velma von Tussle. Meine Gefühle rasen hin und her zwischen Vorfreude, Angst, auf diesem künstlerischen Level nicht bestehen zu können, und dem Mitgefühl für die Kollegin, die für mich demnächst aussteigen muss. Wie fühlt sie sich wohl dabei?

Beim Zugucken wird mir klar: Ich kann ihr tänzerisch bei Weitem nicht das Wasser reichen. Gesanglich ist sie auch perfekt – und wahrscheinlich viel besser als ich für das große Solo-Lied der Velma geeignet. Meine Augen suchen immer wieder meine zukünftige Rolle. Oje, Velma ist ja ständig in Aktion und immer auf der Bühne dabei. Selbst in den Szenen, in denen sie nicht im Zentrum der Handlung steht, singt und tanzt sie irgendwo auf der Bühne mit den anderen. Eine tolle Inszenierung – aber wie soll ich das alles bloß in mein Hirn hineinkriegen? Ich erkenne viele komplizierte Choreografien. Puh – eine anspruchsvolle Aufgabe!

Phil und mir fliegen vor Begeisterung die Ohren weg. Ich bin überwältigt. Das ist amerikanisch. Das ist perfekt und ganz groß. Und da soll ich mitmachen? Phil amüsiert sich wie Bolle, und mir geht, während wir da sitzen in Reihe zwölf auf Platz sieben und acht, der Arsch auf Grundeis.

Phil beobachtet das gesamte Geschehen. Gefesselt lacht er immer wieder laut auf – wir wissen gar nicht, wo wir zuerst hingucken sollen auf dieser großen Bühne. Meine Augen suchen aber nur sie: Velma in ihrem rosa Kleid.

O Gott – eine Hebung!

Ich sehe, wie drei Musicalkollegen Velma während ihres großen Solo-Liedes hochheben. Velma sitzt in der Höhe nur noch auf einer einzigen Männerhand – scheinbar völlig unbeeindruckt und mit Leichtigkeit. Und dann singt sie auch noch in dieser Höhe in den höchsten Tönen, und jeder Ton stimmt. Phil kreischt: »Das sollst DU auch machen? Der arme Kollege!«

Danke!, denke ich. Das baut mich ja sehr auf. Im selben Augenblick muss ich aber selbst lachen. Das nennt man wohl Galgenhumor. Na ja, vielleicht lassen sie ja, wenn ich einsteige, die Hebung weg, hoffe ich im Stillen. O Gott, schon wieder eine Hebung. Am Ende ihres Songs wird sie noch mal von drei Tänzern gepackt und liegend, einen langen hohen Ton singend von der Bühne getragen. Ich weiß nicht, ob ich das kann. Ich musste bis jetzt im Leben nur stehend singen. Oder mal mit einer Pobacke auf einem Barhocker sitzend. Ich beruhige mich – da ist das letzte Wort noch nicht gesprochen. Leichtsinnig hoffe ich, dass die Regie sich auf meine körperlichen Grenzen umstellen kann.

In der Pause gehe ich mit Phil hinter die Bühne. Das Ensemble weiß, dass ich in der Vorstellung sitze, und da möchte ich unbedingt Hallo sagen. Meine Panik behalte ich aber zunächst für mich. Besonders wichtig ist mir die Begegnung mit der Darstellerin der Velma von Tussle. Ich möchte sie kennenlernen und ihr deutlich machen, wie sehr ich ihre Leistung bewundere.

Hinter der Bühne tauche ich ein in das von mir so geliebte Wuseln eines Musical-Ensembles samt Team aller möglichen Gewerke. Ich liebe diese dunkle, staubige Welt hinter den Scheinwerfern. Sie ist meistens nicht so schön wie die Theaterfoyers, die ja nur ein paar Meter entfernt sind. Hinten bei uns gibt es nur kahle Gänge, in denen es nicht so gut riecht – auch unsere Toiletten stinken mehr als die Toiletten für die Zuschauer –, aber das hier ist MEINE Welt.

Große Boxen stapeln sich rechts und links auf der Seite – für die aufwendige Technik. Unzählige Schränke stehen direkt hinter der Rückwand des Bühnenbildes, um ein schnelles Umkleiden möglich zu machen. Mehrere Dresserinnen räumen schon auf und hängen die Kleider zurück, die nach der ersten Hälfte abgespielt sind.

Ich bin etwas unsicher und fühle mich wie ein Eindringling. Obwohl mir diese Atmosphäre so vertraut ist, habe ich jetzt das Gefühl, hier eigentlich nicht sein zu dürfen. Ich bin ein Störenfried. Wenn ich selbst spiele, finde ich es auch nicht gut, wenn Leute backstage auftauchen, die gar nichts mit dem Team zu tun haben. Viele von uns laufen dann nämlich halb nackt durch die Gegend auf der Suche nach ihren Schuhen oder Handys. Techniker wühlen in den BHs – natürlich am Rücken –, um die Batterien der Mikrofone zu wechseln, damit sie durchhalten bis zum großen Finale.

Die Musiker des Orchesters bahnen sich ihren Weg zum Catering. Von denen dreht sich auch keiner mehr um, wenn da eine junge, hübsche Musicaldarstellerin fast oben ohne steht. Das

haben die Drummer, Keyboarder, Gitarristen, Bassisten, Percus-
sionisten und sämtliche Bläser schon tausendmal gesehen. Es
riecht nach Schweiß und Haarspray – Letzteres bei diesem Musical ganz besonders. Aus jeder Ecke hört man Stimmübungen. Die
Tonleiter rauf und runter. Kleine Oasen zum Durchschnaufen in
der Pause sind wichtig. Dieses Areal ist eigentlich tabu für alle, die
nicht beteiligt sind.

Im Halbdunkel kommt plötzlich Tracy auf mich zu. Bezie-
hungsweise die Kollegin Beatrice Reece, die sie darstellt. Sie strahlt:
»Hey, Isabel, freu mich, dich kennenzulernen! Schön, dass du die
Show guckst. Du bist ja quasi schon eine von uns.«

Ich bin erleichtert. Was für ein sympathischer Empfang! Ich
sprudle drauflos: »Wow, ihr seid so klasse! Ich hoffe, ich ziehe den
ganzen Laden nicht runter, wenn ich einsteige. Haha!« Da sind sie
wieder: meine dummen Sprüche, um meine Unsicherheit zu über-
spielen. Oder ist das vielleicht der beste Weg, die eigene Angst zu
besiegen, indem man sich selbst erst mal runterputzt: Ich bin viel
schlechter als ihr. Ihr seid ja alle so viel besser. Die Reaktion, die
man sich dann erhofft, ist ja die Gegenreaktion: Aber nein! Du bist
doch kein bisschen schlechter als wir. Im Gegenteil – du bist doch
ein alter Hase …

Beatrice mustert mich neugierig – aber liebevoll.

Ich frage: »Wo ist denn die Kollegin, die die Velma spielt. Darf
ich sie besuchen?«

»Klar. Ich bring dich zu Nicole.« Ich tapere hinter Beatrice her –
und Phil tapert mit. Seine Augen scannen die Tänzer ab. Die
männlichen – vor allem die dunkelhäutigen. Phil liebt Männer,
und er ist hier hinter der Musicalbühne in seinem ganz persönlichen Schlaraffenland. Schon ist er im Gespräch mit einem sehr
attraktiven Tänzer – um Phil muss ich mich also ab jetzt nicht
mehr kümmern.

Unseren Weg begleiten Hallos von allen Seiten. Was für eine
liebe, aufmerksame Truppe! Beatrice schiebt mich in eine Garde-

robe hinein. Ein Raum, den sich vier bis fünf Kolleginnen miteinander teilen. Es herrscht ein wüstes Chaos. Berge von Klamotten hängen über den Stühlen. Die Tische quellen über vor Schminke: Farbtöpfe, falschen Wimpern, Spray- und Puderdosen, Glitzer, Haarklammern, kahle Perückenköpfe. Der Boden liegt voller Schuhpaare. Netzstrumpfhosen und Slips fliegen durch die Luft. Wer räumt das denn bloß nach der Show alles wieder weg, und wie findet man hier denn seine eigenen Sachen wieder?

Alle sehen auf einmal gleich aus – gekleidet in einheitliche Sträflingskostüme. Schwarz-weiße quer gestreifte Overalls. Sie sehen aus wie die vervielfachte Reinkarnation der Panzerknacker. Das ist schon das Outfit für die erste Szene nach der Pause, erklären sie mir nach herzlichen Willkommensbegrüßungen.

Die Geschichte des Stückes ist: Nach einer Revolte der Schwarzen und deren weißen Sympathisanten wurden alle von der Polizei eingebuchtet – auf Betreiben der rassistischen Velma von Tussle (meine Rolle).

Nicole Rössler, die Darstellerin der Velma, begrüßt mich genauso herzlich wie schon Beatrice. Dennoch ist die Situation irgendwie komisch – für uns beide. Schnell ergreife ich das Wort, und wir reden kurz miteinander. Sie verspricht mir, dass ich sie mal anrufen darf, wenn ich für die Übernahme der Rolle einen Rat brauche.

Ich verneige mich bei der Verabschiedung noch mal vor allen und ihrer Leistung und sage Adieu – bis bald in Graz, wo ich dann viele Wochen später, Mitte Januar, meine Premiere haben werde.

Bloß keine Unsicherheit zeigen

Ich habe keinen Dezember in diesem Jahr. Normalerweise liebe ich den Dezember. Mir geht das Herz auf, wenn ich mit Freunden über Weihnachtsmärkte schlendere, Glühwein trinke, nach Zeug stöbere, das keine Sau braucht. Entschleunigung in der besinnlichen Weihnachtszeit. Das ist normalerweise mein Dezember. Aber dieser Dezember ist anders. Dieser Dezember ist der »Angst-vor-Hairspray-Dezember«. An jeder Glühweinbude steht in großen Lettern HAIRSPRAY drauf! Und jedes Mal, wenn ich es vor meinem inneren Auge sehe, macht es *WUMPF!* in meiner Magengrube.

Ich sehe meine Freundin an. Auf ihrer Stirn steht HAIRSPRAY: *WUMPF!*

Ich gehe ins Kino – auf der Leinwand steht riesengroß HAIR-SPRAY. *WUMPF!*

Am Heiligabend beim Raclette: In jedem Pfännchen liegen eingeschmolzen im Käse die Buchstaben HAIRSPRAY. *WUMPF!*

Wir stoßen Silvester an um Mitternacht. Das Feuerwerk zeichnet die Buchstaben HAIRSPRAY in den Kölner Himmel. *WUMPF!*, macht es wieder in der Magengrube.

Ich habe solche Angst, dass ich wahnsinnig werden könnte. Warum habe ich bloß zugesagt?

Irgendwann ist endlich Januar. Die Proben sind in Berlin. Jetzt fragt ihr euch sicher, wie geht Proben in Berlin, während das Ensemble auf Tournee ist? Keine Ahnung! Ich weiß nur: Ich probe allein! Nur die Regisseurin Katja Wolff wird da sein mit ihrem Regieassistenten, und dann gibt es noch den Choreografen und den musikalischen Leiter. Wie das gehen soll, ist mir schleierhaft. Ich habe eine schlechte, sehr krisselige Videoaufzeichnung auf DVD zugeschickt bekommen, die mir helfen soll, mich auf die Proben ab Anfang Januar vorzubereiten.

Aber vorerst gehe ich zu Hause wieder und wieder – mit dem Buch in der Hand – das Video durch. Ich habe einmal gehört, dass sich professionelle Musicaldarsteller Rollen ALLEIN mit Video draufschaffen können. Komplett! Inklusive Choreografien. Visuelles Lernen oder fotografisches Gedächtnis nennt man das wohl. Wie um Gottes willen geht das?

Ich verfluche den Tag, an dem ich geboren wurde, und mache

im Wohnzimmer Platz, um vor dem Laptop Choreografien nachzutanzen. Teppiche, Kerzenständer, Ängste – alles schiebe ich beiseite. Ich bin jetzt Musicalstar – ich muss üben!

Doch es geht nicht. Das ist unmöglich!

Erstens sind die Choreos höchst anspruchsvoll und zweitens auf dem Bildschirm aus dieser Kameraperspektive auch noch seitenverkehrt. Wenn in meinem Laptop die ganze Truppe nach rechts tippelt, tipple ich auch nach rechts – müsste aber eigentlich umgekehrt im Wohnzimmer nach links tippeln. Ich versuche, mit dem Rücken zum Laptop zu tanzen, verrenke mir dabei aber meinen Hals – schließlich sehe ich sonst nichts. In meinem Kopf entsteht ein unfassbares Kuddelmuddel. Und wenn ich mal ausnahmsweise in die richtige Richtung tanze, pralle ich gegen das Fenster.

Ich rufe die Regisseurin an: »Hallo Frau Wolff, ich habe Probleme, die Choreografien alleine einzustudieren. Reicht das nicht, wenn ich in Berlin mit dem Choreografen arbeite?«

Stille am anderen Ende der Leitung. Dann: »Na ja, es wäre schon von Vorteil, wenn Sie gut vorbereitet kämen. Wir haben nicht viel Zeit …«

Mein Herz rutscht in die Trainingshose. Ich hatte gehofft zu hören: »Frau Varell, wir freuen uns so auf Sie! Machen Sie sich überhaupt keine Sorgen. Das schaffen Sie schon. Wir haben hier die besten Leute, und die können zaubern – selbst mit einer Bewegungslegasthenikerin, wie Sie es sind.«

Ich: »Ich versuche mein Bestes.«

Es wird Januar.

Ich finde mich wieder in Berlin. Ich wohne in einem schönen Hotel in Charlottenburg – in einer Seitenstraße des Kurfürstendamms. Hier bin ich am liebsten in Berlin! Um mich herum die nettesten Kneipen und Restaurants – ach, das Leben könnte so schön sein. Dabei habe ich vor meinem inneren Auge nur eins: HAIRSPRAY! Und die Erinnerung an eine tolle Show, die ich in

Gummersbach gesehen habe. *WUMPF!* Nun wird es ernst, und ich muss abliefern.

Ich gehe gedankenversunken durch die Straßen, meine Augen kleben auf dem Bürgersteig. Die sind in Berlin anders als überall auf der Welt. In anderen Städten sind die Bürgersteige gewöhnlich. Nicht in Berlin. Dort sind sie ein bis zwei Nummern breiter. Und großzügiger. Es ist auch ein ganz anderes Muster als sonst wo auf der Welt. Hier in der Hauptstadt tanzt die Welt auf einem ganz besonderen Parkett: große, ungleiche Granitplatten, eingesäumt von kleinen grauen Pflastersteinen. Auf diesen Platten und Steinen bewegt sich das urbane Leben zwischen den Häuserzeilen.

Die Gehwege sind Adern. Hier pulsiert das Blut. Das Blut sind wir – die Menschen. Die Berliner, die Touristen, die Migranten, die Zugereisten, die Geschäftsleute. Wir alle sind kleine rote Blutkörperchen. Ein Herzschlag nach dem anderen pusht mich weiter Richtung S-Bahn. Mit dem nächsten Herzschlag bin ich schon eine Station weiter. Aus der Tiefe der unterirdischen Adern tauche ich wieder auf, und mein Pflichtbewusstsein ist stärker als die Angst. So sollte es sein. Wenn es so ist, ist wohl alles in Ordnung mit mir. Wenn es so ist – dann packe ich Berlin und das Ganze, was jetzt vor mir liegt: HAIRSPRAY!

WUMPF!

Der Proberaum ist in Berlin-Steglitz in der Stagefactory. Meine Knie werden weich, als ich durch den ersten Torbogen in den Hinterhof gehe. Mit einem Lastenaufzug, in den ein großer Steinway-Flügel reinpassen würde, fahre ich in den dritten Stock. Eine Fahrstuhlwand ist verspiegelt. Ich überprüfe meine Zahnzwischenräume – keine Speisereste zu sehen. Ich putze mir immer die Zähne vor Proben oder vor Vorstellungen. Beim Singen reißt man ja den Mund ganz weit auf, bis man sogar ganz hinten das Zäpfchen sehen kann. Dieser »Rachenraum« sollte gut geputzt sein. Die Zunge wiederum ist der rote Teppich für die Töne, der ja dann auch »schön ordentlich gesaugt« sein sollte.

Der Gedanke an so banale Dinge hilft mir nur wenig, mich von dem, was da jetzt kommt, abzulenken. Da ist sie wieder – die Angst! Gleichzeitig versuche ich, mich zu beruhigen: Die sind ja selber schuld, wenn sie mich genommen haben.

Die Fahrstuhltür öffnet sich, und ich schließe mit einem Ruck die Tür zu meinem Rachenraum.

Die Stagefactory – das sind kernsanierte ehemalige Fabrikhallen mit meterhohen Decken. Die Wände hängen voller Musical-Plakate, von denen vermutlich viele hier geprobt wurden. In der Lobby stehen mehrere großzügige Couchgarnituren. Hier weht ein internationaler Wind. Das schüchtert mich etwas ein.

Wer bin ich?, frage ich mich. Darf ich hier wirklich sein?

Und schon meldet sich die innere mutige Isabel und flüstert mir leise zu: Was sind denn das für Gedanken? Du hast doch schon so viele große Herausforderungen bewältigen können – sogar meistens locker –, also reiß dich zusammen! So ist dein Künstlerleben nun mal. Hier ist dein neuer Spielplatz!

Schnell richte ich mich auf und mache mich innerlich groß. Ich bin nur einen Meter sechzig, aber ich versuche da jetzt noch ein Schöppchen draufzulegen. Und wenn's nur ein gefühlter Zentimeter ist.

Alles hier erinnert mich an den Film »Flashdance«. Ich erinnere mich an die ergreifende Szene, in der Jennifer Beals als die Schweißerin Alex Owens vor einer Jury um ihr Leben tanzt. Durch die hohen Fabrikfenster – genau solche wie die hier – wirft die Sonne ein kariertes Muster auf ihren perfekten Körper, der nur bekleidet ist mit einem knappen schwarzen Body. Wir alle haben im Geiste in den Kinosesseln mitgetanzt und gehofft, dass sie den Job bekommt. Ich kann nicht einen Bruchteil von dem, was Jennifer Beals konnte, und habe den Job schon in der Tasche. Wow! Fast schäme ich mich ein bisschen.

Ich werde schon erwartet und in einen riesigen Tanzraum geführt. Ich sehe verspiegelte Wände – in der Ecke ein großer Flügel. Alles vom Feinsten. An einer der Spiegelwände erstreckt sich eine Ballettstange über die komplette Seite.

Die Regisseurin Katja Wolff kommt auf mich zu und heißt mich freundlich willkommen. Sie ist eine sehr attraktive Frau in Blond, etwa mein Alter. Fester Händedruck, feste Stimme – da muss ich parieren –, das wird mir jetzt klar. Sie ist wirklich sehr freundlich, kann aber bestimmt auch anders, ohne ich.

Sie stellt mir ihren Regieassistenten vor: »Das ist Thomas, er ist mein Assistent. Er wird dir die anderen Rollen reinsprechen.«

Sie duzt mich wie selbstverständlich. Gut so – das schafft Nähe. Thomas ist ein junger, agiler, schlanker, hübscher Mann und ganz offensichtlich schwul. Und das ist auch gut so. Im Ernst: Es sollte ja eigentlich egal sein, wer mit wem schläft, aber schwule Männer sind für Frauen ein Glück. Das klingt sehr pauschal, ist aber eine Tatsache. Mit einem schwulen Mann kann man vertraulich reden, man kann ihm nahekommen, ohne dass man sich als Frau dabei einen Kopf machen müsste, er könnte sich angemacht fühlen. Man kann drauflosflirten – und es wird nie falsch verstanden. Das liebe ich sehr.

Ich lache über alle vier Backen und tue so, als würde ich mich auf die Proben freuen. Bloß keine Unsicherheit zeigen! Zwar ist da schon echte Freude mit dabei – aber wir reden hier von etwa zehn Prozent. Der Rest ist nackte Angst.

Aufgeben gilt nicht

Jetzt bin ich mal gespannt, wie das gehen soll. Dieses große Musical mit einem 25-köpfigen Ensemble auf der Bühne – das soll ich jetzt hier ganz alleine einstudieren?

Katja erklärt mir den Ablauf der kommenden fünf Probentage. Ich werde von morgens bis abends in drei Kategorien vorbereitet: szenisch, musikalisch und choreografisch. Arbeitszeit: zehn bis

18 Uhr. Eine Stunde Pause fürs Mittagessen. Die Premiere findet in einer Woche in Graz statt. Die Premiere von Uwe Kröger und mir.

»Wo ist eigentlich Uwe Kröger?«, frage ich.

»Uwe hat die Edna in ›Hairspray‹ schon hunderttausendmal gespielt, wenn auch nicht meine Inszenierung. Außerdem geht es nicht anders. Er spielt noch in Wien bis Samstag. Er hat in Graz eine kurze Einweisung.« Aha. Klar. Ist ja Uwe Kröger. Der hat locker fünf bis acht komplette Musicals inklusive Choreos in seiner Birne gespeichert.

Wir beginnen mit der szenischen Arbeit. Katja sitzt, wie bei Regisseuren üblich, an einem Tisch. Das Rollenbuch liegt aufgeschlagen vor ihr. Sie blättert bis zur ersten Szene, in der Velma, meine Rolle, ihren ersten Dialog hat.

So hatte ich es auf der Bühne gesehen: Es ist eine Szene, in der alle auf der Bühne stehen. Velma spielt die Producerin einer Fernseh-Liveübertragung und staucht direkt zu Beginn erst mal das komplette Tanzensemble während einer Werbepause der Livesendung zusammen.

Mir wird klar: Ich darf nicht lange fackeln. Ich muss jetzt zeigen, dass ich das rüberbringen kann. Ich muss sofort auf dem Punkt sein. Unsympathisch, herrschsüchtig und rassistisch. Es fallen Sätze, die mir schwer über die Lippen gehen: »Mister Collins, verschonen Sie uns bitte mit diesem neuen Sound aus Detroit! Für Negermusik gibt es den Negertag!« Neger. Ein Wort, das man nicht sagen darf. Die Generation meiner Eltern benutzte dieses Wort allerdings noch ganz normal in ihrem Wortschatz. Ich erinnere mich noch an die Worte meiner Mutter: »Komm mir nie mit einem Neger nach Hause!« Das hat sie tatsächlich gesagt. Schrecklich!

Ich spreche meinen Text in die Luft. Thomas, der Regieassistent, springt auf der Probefläche herum von einem Punkt zum anderen: »Den Satz sprichst du zu Corny Collins. Ich bin jetzt Corny!«

Corny Collins ist der Moderator der Sendung und mein Gegenspieler. Denn er ist für die neue Musik und auf der Seite der Jugendlichen, die für die Abschaffung der Rassentrennung demonstrieren.

Thomas springt diagonal nach hinten links: »Jetzt bin ich Penny Pingleton!«

Dann sage ich noch Sätze zu Link Larkin, Fender, Shelley und meiner Tochter Amber. Die stehen alle auf der ganzen Bühne verteilt. Wie soll ich mir das bloß alles merken?

»Hier! Ich bin jetzt deine Tochter Amber.« Jetzt springt er drei Meter weiter nach vorne. »Und hier steht Link Larkin.«

Du liebes bisschen – muss ich mir jetzt auch noch die Gesichter von Fotos einprägen, damit ich weiß, wer wer ist?

»Vergiss es«, sagt Thomas. »Die sehen alle anders aus als auf den Fotos, wenn sie erst ihre Perücken tragen. Beruhige dich, du hast in Graz drei ganze Durchläufe zur Vorbereitung. Das schaffst du schon!«

Ich klammere mich an die letzten Reste meines »Scheiß-egal-du-kannst-nicht-sterben«-Gefühl.

Es macht Spaß mit den beiden. Ich bekomme durch Thomas ein Gefühl fürs Timing und auch das Staging – quasi die »Geografie« auf der Bühne. Katja unterstützt mich sehr darin, den Mut zu finden, richtig böse zu werden in meiner Darstellung der Velma. Sie erzählt aus der Zeit vor der Tourneepremiere. Sie sagt, es sei schwierig gewesen für die schwarzen Kollegen, diese Sprache zu ertragen und als »Neger« angesprochen zu werden. Obwohl es nur Szenen sind aus einem Musical, lösten gewisse Dialoge Verletzungen aus. Verständlich.

Die Regisseurin entschied sich aber ganz gezielt dazu, das Wort »Neger« NICHT zu streichen. Es soll dem Publikum vor Augen geführt werden, wie schrecklich diese Zeit in den USA damals war. Und gerade jetzt, in dieser Zeit, in der Rassismus wieder ein zentrales Thema in den aktuellen Nachrichten ist, erst recht! Ich pflichte ihr zu hundert Prozent bei und zucke doch selbst zusammen bei den bösartigen Worten, die ich manchen Kolleg*innen ins Gesicht schleudern muss.

Nach der Mittagspause geht's in die musikalischen Proben. Dominik Franke, der musikalische Leiter, wartet schon in einem anderen Raum auf mich. Jetzt kann ich mal durchschnaufen. Singen kann ich ja schließlich, denke ich leichtsinnig.

Dominik sitzt am großen Steinway-Flügel in einem ebenso riesigen Raum. Wir gehen chronologisch durch das Stück durch. Die ersten Lieder sind keine Soli, das heißt, ich bin nur im Chor dabei. Mit meinem Smartphone nehme ich meine Harmonie-, also Chorstimmen, nacheinander auf und präge sie mir später im Hotelzimmer durch ständiges Wiederholen ein. »Uuuhs« und »Aaahs« sind dabei – auch mal ein »Dideldideldidel« –, aber auch Textstellen, die zu lernen sind. Ganz schön viel. Mir wird schlecht, wenn ich nur daran denke, dass ich die Kolleg*innen nur zwei Tage um mich herum habe, bevor der Lappen hochgeht. An die Choreografie, an die ich mich dann parallel zu den mehrstimmigen Gesängen auch noch erinnern soll, mag ich gerade gar nicht denken.

Da macht sich plötzlich eine eigenartige Ruhe in mir breit. Je schlimmer das Lernpensum wird, desto entspannter werde ich gerade. Was ist los mit mir? Ist das so eine Art inneres Aufgeben? Nach dem Motto: Das ist doch alles nur ein Witz. So was schafft man nicht. Nicht, wenn man wie ich keine ausgebildete Musicaldarstellerin ist. Aus die Maus!

Aber aufgeben gilt nicht.

Jetzt ist mein Solo-Lied dran. Es ist musikalisch sehr anspruchsvoll – kein leichter Brocken, aber ich bin textsicher. Es läuft richtig, richtig gut. Dominik und ich fliegen erfreut durch das Lied. Dann fällt es mir siedend heiß ein: Da war doch irgendwann diese Hebung, die ich in Gummersbach auf der Bühne gesehen habe. Wann kam die noch mal?

Dominik: »Wenn du die Zeile ›Wie mit hunderttausend Volt strahlte ich als Miss Baltimore Crabs!‹ singst, hast du die erste

Hebung. Also genau gesagt in dem Wort ›Crabs‹ – der lange Ton vor der Bridge.« Na klar, am höchsten längsten Ton soll ich balancieren auf einer Männerhand in schwindelerregender Höhe. Und dabei noch den Bauch einziehen.

»Und die zweite Hebung …«

Ach ja, da waren ja zwei Hebungen. In mir steigt die Lust auf einen Lachkrampf. Albernheit macht leicht und locker. Ich denke für einen kurzen Moment an Kamele. Ich weiß, das macht jetzt nicht unbedingt Sinn, aber ich denke an Kamele. Kamele sind süß, und wenn sie essen, schiebt sich der Unterkiefer kreisförmig nach vorne und nach hinten. Ich bin nah am Wahn.

Don't worry be happy

Okay, ich höre auf, von Kamelen zu erzählen. Aber es hilft, an sie zu denken, wenn man perspektivlos ist oder glaubt, es zu sein. Dominik merkt nicht, an welche Tiere ich gerade denke. Und ich weiß Gott sei Dank nicht, an was Dominik gerade denkt.

In diesem Augenblick öffnet sich die große Flügeltüre des Saals. Ich schrecke herum und sehe IHN. Im Türrahmen steht ein stämmiger, kraftvoller rothaariger Mann Anfang/Mitte dreißig mit Sporttasche. Das muss Nigel Watson sein, der Dance-Captain, der für das Einstudieren der tänzerischen Bewegungsabläufe verantwortlich ist.

»*Hello Kids, how are you?*«

Ohne eine Antwort abzuwarten, ist er schon in der Ecke und zieht sich die Jeans aus. Englische Beine kommen zum Vorschein. Ich starre sie an.

Das Kamel ist weit weg. Wow! Nigels Beine sind durchtrainiert ohne Ende.

Schwupps, ist der Entspannungsmoment schon vorbei, und er streift sich die Jogginghose über. Seine Haare sind gegelt wie bei

Elvis. Seine Wimpern sind rothaarig. Ich starre alles an ihm an. Aber nicht im sexuellen Sinn – nein, auch er ist definitiv schwul! Es macht einfach Spaß, diesen Mann anzugucken. Auch wenn ich ahne, dass mir dieses Vergnügen bald flöten gehen wird. Ich wurde vorgewarnt: »Nigel ist der Dance-Captain. Dem entgeht nichts. Der ist streng!« Von mir nimmt er keine große Notiz. Er schnürt sich die Tanzschuhe zu. Er kennt es wohl, erst mal das »Anstarr-Objekt« zu sein.

Als Dance-Captain ist Nigel für die »Sauberkeit« der Choreografien verantwortlich. Es ist sein Job, Fehler zu entdecken und zu spüren, ob das Ensemble schlurrt oder müde wird. Die Perfektion steht an oberster Stelle. Und er muss für alles eine Lösung vorbereitet haben, zum Beispiel wenn ein Ensemblemitglied überraschend krank wird. Er hat alle Schritte drauf – von jedem Einzelnen! Alle Choreos. Einfach ALLES! Er ist selbst Teil des Ensembles. Er spielt den Fender. Für die Zeit der Proben mit mir wird er auf der laufenden Tournee ersetzt durch wechselnde Springer. Springer sind Kollegen im Ensemble, die sich – zum Beispiel für Krankheitsfälle – fast jede Rolle draufschaffen. Ich ziehe den Hut vor diesen Künstlern! Wie gut, dass ich »nur« meine Rolle mit allem Drum und Dran lernen muss.

Die Tanzproben mit Nigel bringen mich an den Rand der Verzweiflung. Nigel ist ein echt sympathischer Vertreter seiner Zunft, aber er kennt kein Erbarmen. So hart wie er mit sich selbst umgeht – und das ist ziemlich hart –, so hart ist er mit denen, die das umsetzen sollen.

Ich bin so dankbar über meine körperliche Ausdauer, die ich mir über Jahre draufgeschafft habe durch meinen Laufsport! Dadurch habe ich eine gewisse Grundkondition – immerhin habe ich bereits an acht Marathonläufen teilgenommen. So habe ich gelernt durchzuhalten, nicht aufzugeben. Eine innere Einstellung, die mir in genau diesem Augenblick unglaublich hilft. Doch Nigel schafft mich. Er ist ein Tier.

Wieder und wieder ertönt sein Einzählen im Militärton: »*Five, six, seven, eight!*« Ich realisiere: Mein Getippel zu Hause vor dem Esstisch mit dem schlechten Video hat nicht wirklich geholfen. Ich fange gefühlt an bei »null Komma fünf«. Wieder und wieder und wieder tanzen wir uns durch sämtliche Schritte. Er erklärt, wer noch neben mir in der Reihe stehen wird. Auf ein Neues. »*Five, six, seven, eight. Again and again and again. Isabel – do it! Come on. Five, six, seven, eight.*« Wie Peitschenhiebe durchschneiden seine Worte die stickige Luft im Raum. Mein Deodorant versagt. Selbst wenn er mir den Rücken zudreht, sieht er die Fehler, die ich mache. Ist er vielleicht doch kein Engländer, sondern eine Fliege? Die haben doch Facettenaugen und sehen einmal um sich selbst herum, oder? »*Five, six, seven, eight! Head up! Shoulders down! Faster! Come on!*«

Mit Lob ist Nigel sparsam, er lächelt nicht viel. Aber irgendwie mag ich diesen Typ! Er hat ein Ziel: Er will, dass es gut wird. Er will, dass ICH gut werde. Wenn er mal aufs Klo geht, lege ich mich sofort auf den Parkettboden und strecke alle Glieder von mir. Ich spüre sie schon gar nicht mehr. Ach was – ich spüre die ganze Isabel nicht mehr.

Schon wieder steht er in der Tür. »*And now we do the lift!*« Ach ja! Da war ja noch die Hebung. Beziehungsweise die beiden Hebungen während meines Solosongs mit den hohen Tönen. Er holt Thomas, den Regieassistenten. Auch er kann tanzen.

Ich beginne zu singen. Nigel kennt das Lied in- und auswendig. Plötzlich packen mich beide, und ich sitze etwa zwei Meter 30 höher im Raum auf seiner Hand. Es ging so schnell, dass ich die Hebung gar nicht richtig mitbekommen habe. Er setzt mich vorsichtig ab.

»*Let's do it again! Isabel, sing!*« Ich singe. Eigentlich freue ich mich gerade, aber mir fehlt die Kraft, es zu zeigen. Ich habe soeben meine erste Hebung geschafft. Ich fühle mich wie eine dieser Grazien, die im Friedrichstadtpalast in der ersten Reihe tanzen. Ich wünschte, ich hätte jetzt eines dieser pfauenförmigen Federteile, die einen großen Kreis um den Kopf zeichnen. Wie ferngesteuert singe ich drauflos. Dieses Mal will ich die Hebung genau miterleben. Eben ging mir das alles zu schnell. Wieder greifen die beiden zu an der gleichen Stelle im Lied. Und zack – ich hänge wieder in der Luft, fühle mich wie der allergrößte Broadwaystar aller Zeiten!

Es ist ein großartiges, unglaubliches Gefühl. Nigel macht weiter, als sei nichts gewesen. Wir machen es noch drei Mal. Immer setzt er mich sanft wieder ab. Dann ist irgendwann auch seine Kraft am Ende. Immerhin wiege ich 56 Kilo. Okay 57. Plus Angst, und die wiegt extra.

Er erklärt mir, dass ich später auf der Bühne in der Vorstellung von ihm und zwei anderen Kollegen aufgefangen werde. Das heißt auf Deutsch: Ich muss mich fallen lassen.

Von da oben? Einfach fallen lassen? Oje – das heißt: Vertrauen haben! Nicht denken – nicht jetzt!, sage ich mir.

Nigel: »*We're doing this in Graz. Don't worry.*«

Klaro. *Don't worry – be happy.*

Einfach fallen lassen

Nun habe ich sie alle durch: den kompletten »Isabel-Einarbeitungstrupp«. Und vier Tage geht es so weiter. Von morgens zehn bis abends 18 Uhr. Jeden Abend falle ich erschöpft wie nach einem Marathon ins Bett – todmüde, aber glücklich. Die nächste Hürde ist aber schon greifbar. Am Ende der Woche fliege ich mit Katja, Thomas und Nigel nach Graz, um mich dem Ensemble anzuschließen. Unser erstes flüchtiges Aufeinandertreffen in Gummersbach ist ja inzwischen schon viele Wochen her.

Die musikalische Leitung übernimmt dort Andrew Hannan. Wenigstens kenne ich den schon. Er ist der Ex von Ursula, einer meiner liebsten Freundinnen. Sie lebt in Berlin. Doch weder Ursula noch irgendwelche anderen Freunde aus Berlin habe ich nach der Probe in der Stagefactory getroffen. Nicht ein einziges Mal. Ich bin abends nach den Proben auf allen vieren in die nächstgelegene Pizzeria gekrochen und habe eine Pizza fast am Stück inhaliert. Dann Dusche und Bett. So ist das im Leben einer »viel beschäftigten Musicaldarstellerin«.

Wir haben einen frühen Flug nach Graz. Kurzes Einchecken im Hotel. Dann ab in die Halle. Zack – da ist es wieder: dieses widerliche, vertraute Panikgefühl. Es kriecht in mir hoch wie Fieber. Ich fühle mich auf einmal so entsetzlich allein. Gleich steht da ein Haufen routinierter Leute vor mir, die alles können, weil sie es schon circa sechzig Mal gespielt haben, und blicken mich an mit riesengroßen Fragezeichen auf ihren Stirnen: »Mal gucken, was die Neue so draufhat.«

Der Empfang ist herzlich, wie bei der ersten Begegnung in Gummersbach. Alle wuseln herum, umarmen mich, gehen wie selbstverständlich mit der Situation um. Und plötzlich wird mir klar: Sie haben so etwas ja alle schon selbst einmal erlebt: die oder der »Neue« zu sein. Sie bauen mich auf. Sagen: »Keine Angst. Wir sind immer da. Wir stützen dich, wenn irgendwas ist. Das wird toll!« Ich erkundige mich nach meiner Vorgängerin: »Wie geht's Nicole?«

»Sie ist okay. Wir kennen das alle. Umbesetzungen sind normal. Hey, willkommen!«

Jetzt werde ich zum ersten Mal nicht mehr allein auf der Bühne sein. Die echten Mitspieler werden da sein, sie werden mit mir reden, singen, tanzen. 25 routinierte Könner. Alle in Probenklamotten. Es ist wie im Film »A Chorus Line«. Musicaldarsteller haben dieses Talent, wie der letzte Hänger angezogen zu sein, und dabei trotzdem irre sexy auszusehen. Wie machen die das bloß? Diese Leggings. Allein das Wort »Leggings« macht einen doch lustlos für Wochen! Oder Yoga-Pumphosen. Darüber T-Shirts, deren Ausschnitt sie selbst mit einer Schere vergrößern. Dadurch sind die Ränder fransig, und der Stoff fällt lässig über eine Schulter. Darunter Tanktops oder Tops mit Spaghettiträgern.

Daneben fühle ich mich schrecklich unsexy. Aber mich selbst sexy finden war schon immer eines meiner bedeutendsten Entwicklungsfelder. Es gibt doch diesen Typ Frau, da merkt man sofort: Die findet sich selbst unwiderstehlich. Diese Frauen habe ich im Stillen immer etwas beneidet. Frauen, die sich bewusst zu sein scheinen über jedes Detail an ihrem Körper. Sie posen ohne Pause – und es wirkt! Ich habe mal als junge Frau versucht, mir so etwas anzutrainieren, aber es hat nicht funktioniert. Das muss man wohl in sich tragen – dieses »Von sich selbst überzeugt«-Gefühl. Es muss toll sein, wenn du vor dem Spiegel stehst und denkst: Wow – bin ich geil, Mann! Tja, dieses Gefühl kenne ich leider nicht.

Ich kenne dagegen das Gefühl, mich vor den Spiegel zu stellen und nur das Problem zu sehen – bei mir sind das zum Beispiel mein Bauchansatz und die fehlende Taille. Und ich sehe im Spiegel NUR die Problemzone! Warum kann ich nicht das große Ganze sehen? Warum ist es mir nicht möglich, erst mal mit den Stellen zufrieden zu sein, die okay sind?

Die gute Nachricht ist: Es wird besser mit dem Alter. Mir fehlt zwar immer noch die Taille, und mein Bauchansatz hat sich zum Bäuchlein entwickelt – aber irgendwie ist es inzwischen okay für mich. Irgendeinen Mechanismus hat die Natur in uns eingebaut, dass sich mit der Zeit in uns fast automatisch eine Akzeptanz für uns selbst einstellt. Eine Akzeptanz, so zu sein, wie man ist. Ich werde sicherlich meine Eitelkeit behalten und habe das Bedürfnis, weiterhin gut und attraktiv auszusehen, aber perfekt zu sein ist aussichtslos. Das habe ich erkannt – und ich strebe auch nicht mehr danach.

Doch genug über meinen Bauch nachgegrübelt, denn da steht er: Uwe Kröger. Der große Uwe Kröger. Der wohl größte Musicalstar, den es hierzulande gibt. Fast jedes Musical steht in seiner endlos langen Vita: Er spielte den Tod in »Elisabeth«, Marius in »Les Misérables«, Jesus in »Jesus Christ – Superstar«, Frank N. Furter in »The Rocky Horror Show«, Chris in »Miss Saigon«, das Biest in »Die Schöne und das Biest«, Zaza in »La Cage aux Folles« und viele, viele Rollen mehr.

Er steht am Bühnenrand. Die Aura eines Stars ist regelrecht greifbar. Der steht nicht einfach nur da. Er ragt auf wie ein Fels und sieht unglaublich sexy aus. Tief dekolletiert schreitet er nun auf die Bühne und begrüßt einen nach dem anderen. Viele scheint er bereits zu kennen. Tja, die Musicalwelt ist klein. Nur ich bin hier der Neuling.

Ich reihe mich ein in das Begrüßungskomitee. Als ich dran bin, sagt Uwe sofort begeistert: »Ich hab schon so viel von dir gehört von der Jenny! Lass dich umarmen!« Jenny ist eine meiner besten Freundinnen. Die beiden kennen sich schon lang und sind auch engstens befreundet. So klein ist die Welt. Er packt mich mit beiden Händen, und schon steckt meine Nase tief drin in seinem Dekolleté und drückt sich platt auf seiner rasierten Brust. Ich genieße den Moment, obwohl ich kaum Luft kriege. Einfach jetzt hierbleiben und langsam einen schönen, sanften Erstickungstod sterben an der braun gebrannten Brust von Uwe Kröger. Ich flehe ihn im Geiste an: »Nicht loslassen. Dann bleibt mir doch die Premiere erspart.« Ich hoffe auf die schöne grüne Wiese mit dem Licht, von der alle erzählen, die mal ein Nahtoderlebnis hatten. Er lässt mich los, und ich atme weiter. Also doch weiterleben. Na dann.

Horrorszenarien entstehen in meinem Kopf. Wie er später womöglich am Telefon zu Jenny sagt: »Deine Freundin Isabel ist ja eine Knuffige, aber auf der Musicalbühne hat sie doch wirklich nichts verloren. Wir tragen sie durchs Stück. Es muss irgendwie gehen.« O GOTT!

Die allgemeine Begrüßung zieht sich. Da ist noch das Orchester: zehn Mann aus Rumänien. Die ganze Technikcrew. Ein unglaublicher Apparat an Licht und Technik steht hier in der

Helmut-List-Halle rum. Und das muss alles von Menschenhand bedient werden. Stimmübungen und Lachen erfüllen die kalte Mehrzweckhalle. Ich blicke in das Meer von leeren Stühlen vor mir. Wenn die Welt nicht mir zuliebe jetzt sofort stehen bleibt, wird hier übermorgen ein großes Publikum sitzen. *WUMPF!*

Nachdem alle Darsteller verkabelt sind, macht sich das gesamte Team bereit für den Stop-and-go-Durchlauf. Das bedeutet, dass die Regisseurin nicht durchspielen lässt, sondern immer dann stoppt, wenn etwas nicht so ist, wie es sein soll. Dieser Durchgang ist auch gleichzeitig wichtig für die Technik als Soundcheck.

Nigel kommt auf mich zu: »*Don't run away after the show. Rehearsals! We do the lifts again!*« O ja – die Hebungen. Puh!

Mir entgeht trotz Herzklopfen bis zum Hals nicht, dass Uwe Kröger superentspannt wirkt. Er hat ja das Stück schon zigmal gespielt. Unglaublich, wie man so einfach von einem Stück ins nächste reinspringen kann. Vor ein paar Tagen stand er in Wien noch mit »Tanz der Vampire« auf der Bühne, jetzt ist er Edna, die Mutter von Tracy. Diese Rolle spielt übrigens immer ein Mann – auch in der Hollywoodverfilmung. Im Film war es John Travolta. Er hat dafür den Golden Globe Award bekommen – eine der bedeutendsten Auszeichnungen in Amerika.

Vielleicht spielt Uwe in diesem Moment ja aber auch schon. Ich meine diese Ruhe und Ausgeglichenheit. Vielleicht geht ihm ja auch – so wie mir – der Arsch auf Grundeis. Neue Kollegen sind schlimmer als jedes Publikum! Ich überspiele ja auch gerade meine Panik. Hier allerdings nicht mit meinen üblichen dummen Sprüchen. Die sind mir vergangen. Ich stehe einfach nur herum und atme und gucke. Irgendwohin. Ich stehe in der Gasse. Das sind die schmalen Abgänge direkt neben der Bühne rechts und links hinterm Vorhang. Da wird man aus dem Zuschauerraum nicht gesehen, kann aber alles auf der Bühne verfolgen, obwohl ich bei der Ouvertüre noch gar nicht dran bin.

Nigel, unser Dance-Captain, überprüft das Staging und zeigt

mit dem Daumen nach oben. Von seiner Seite aus ist alles bereit. Dann setzt er sich mittenrein in den Pulk auf der Bühne. Der musikalische Leiter Andrew bekommt über Kopfhörer von der Technik das Go, und die Musik startet. Mit einer ungeheuren Wucht kommt die Livemusik des Orchesters wie eine Welle auf uns zu. Alle singen mit. Ich kann gar nicht in Worte fassen, wie ich mich in diesem Moment in das komplette Ensemble verliebe. Es ist unfassbar, wie sie dort – in einer allererersten Bühnenprobe – alles geben, als wären sie Teil einer weltweiten Liveübertragung. Ein solches Engagement – bei jedem Einzelnen – finde ich unglaublich beeindruckend.

Sie könnten doch wirklich mal mit halber Kraft spielen – nach so vielen Vorstellungen. Aber nein, sie geben ALLES! Das rührt mich irgendwie zutiefst. Diese Menschenkinder sind alle erwachsen. Sie sind Persönlichkeiten. Sie haben alle ihre eigene Geschichte im Koffer im Hotelzimmer zurückgelassen und sind nur noch für dieses Projekt hier: für »Hairspray«! Mein Herz fliegt ihnen zu.

Nun bin ich dran. O – wer war noch mal Cornie Collins? Ach ja, der mit dem schwarz-weiß gestreiften Oberteil. Und Amber, meine Tochter, war die Blonde da drüben.

Ich aktiviere meinen Mut. Ich schalte auf Autopilot und sage mir: Du kannst nicht abstürzen. Dein Leben ist nicht in Gefahr! Also mach dich frei. Stell dir vor, sie haben dich alle lieb, so wie du sie lieb hast. Mein Verliebtsein in diese Truppe hilft mir, über alle Hürden hinwegzukommen. Und es ist ja noch ohne Publikum! Ein erster Durchlauf.

Irgendwie schaukele ich mich durch. Ich erlebe sogar schon klitzekleine Momente des Glücks, wenn ich merke, dass eine Szene funktioniert, weil mein Gegenüber und ich uns richtig reinhängen. Zum Beispiel wenn mich Cornie Collins, mein Gegenspieler, gespielt von Janko Danailow, hasserfüllt ansieht. Ja, genau so muss es sein. Mit diesem tiefen Hass in seinem Blick zeigt er mir sein ganzes Gefühl. Er will mir sagen: »Spiel! Wir geben dir das ganze Brett, damit du echt sein kannst!«

Danke!, denke ich im Stillen. Man ist nur so gut wie sein Gegenüber. Alleine kannst du nicht gut sein. Alle geben alles, und der Durchlauf zeigt mir: Ich schaffe diesen Berg! Wir sind eine Bergsteigertruppe – verbunden mit einem unsichtbaren Rettungsseil. Gemeinsam kommen wir bis ganz nach oben.

Uwe Kröger ist für mich ein Phänomen! Meine Freundin Jenny hat mir nicht zu viel versprochen: Er ist ein Schatz. Warme Blicke treffen mich. Aufmunterndes Lächeln. Er ahnt, wie es mir geht.

Nach dem Durchlauf stehe ich erschöpft mitten in einem verschwitzten Durcheinander. Einzelne schlagen mir im Vorbeigehen auf die Schultern: »Du machst das klasse!« Das bedeutet mir unendlich viel. Denn hier geht es nicht nur darum, gemocht zu werden, sondern um die aufrichtige Hoffnung, zu genügen – was die Qualität betrifft. Du kannst ein noch so guter, lieber Mensch sein, wenn du keine Leistung bringst, bist du zwar immer noch ein guter, lieber Mensch, aber eben nur für die Kneipe. Nicht für die Bühne.

Nigel wirft mir einen eindeutigen Blick zu. Seine Augen sagen: »Nein, es ist jetzt keine Pause! Jetzt wird geputzt!«

»Putzen« heißt in der Welt des Musicals nicht, den Veranstaltungsort zu fegen, sondern Ungenauigkeiten und Schwächen in der Choreografie auszubügeln. Und Nigel ist Perfektionist. Er trommelt die beiden anderen Kollegen, die mit ihm die Hebung der Velma – also meiner Wenigkeit – machen, zusammen. Ich wickle mir schnell einen Schal um den verschwitzten Hals, und wir gehen durch lange, nüchterne Gänge auf der Suche nach einem ungestörten Plätzchen. Nigel findet es in einem weiteren Raum – nein, Saal –, fast so groß wie die Halle, in der wir morgen Abend Premiere haben.

O Gott! Morgen Abend schon! *WUMPF!* Wir verkrümeln uns in die diagonal entgegengesetzte Ecke – also gegenüber vom Catering. Dort stehen lange Tische für das Buffet, Kaffeemaschine und Teekocher sind vorbereitet, Ingwer und Honig locken zum sofortigen Zuschlagen. Hier haben wir Ruhe und genügend Abstand vom ziemlich lauten Getöse und Gewusel und der allgemeinen Geräuschkulisse, die immer und überall herrscht. In einer Ecke hat das Tourneeunternehmen sein mobiles Büro aufgeschlagen, mehrere Mitarbeiter*innen sitzen laut telefonierend an Laptops und checken den Ticketverkauf.

Das sind die Momente, in denen mal wieder eine Welle der Panik in mir hochschwappt. Mir wird klar: Das hier ist kein Traum – das kommt mit großen Schritten auf mich zu. Es ist dieses schrecklich schöne Gefühl der Herausforderung.

Ich kann mich nicht entscheiden, was ich mir mehr wünsche: aufzuwachen in meinem eigenen Bett und das hier ist alles gar nicht real oder das Abenteuer anzunehmen und meine Flügel auszubreiten, um loszufliegen. Ich fühle mich auf einmal so allein. Alle kennen sich schon – teilweise fast innig. Und ich habe niemanden, dem ich mal sagen kann: »Puh, ich glaub, ich sterbe vor Angst.« Ich habe Hunger, mein Körper tut überall weh, und ich ertrinke für eine Sekunde im Selbstmitleid, und mein Mut will Koffer packen und abreisen.

Eine feste Stimme aus England reißt mich raus aus dem Loch: »*We start with the first lift.*« Nigel! Zu dritt werden sie die Hebungen nun mit mir üben. In dieser Konstellation wird es von nun an immer sein.

Nigel erklärt mir das Vorgehen: Ich soll mich aus höchster Höhe fallen lassen und darauf vertrauen, dass sie mich auffangen. Ich habe sofort Bilder der Eiskunstlaufolympiade der Paare im Kopf. Der doppelte Rittberger oder die Todesspirale. Da fliegen die Frauen weit durch die Luft und landen unsanft auf dem Eis … O Gott! Doch Nigel kennt keine Gnade. Alle sind konzentriert. Auch ich bin wieder voll bei der Sache. Allerdings erlaube ich mir nebenher meine kleinen dummen Späßchen. Die brauche ich dringend zum Runterkommen von meinen Panikwellen. Ich ernte zwar nicht viel Reaktion – aber es hilft MIR! Wie ein Schutzschild. Ich soll mich zwei Meter tief fallen lassen? Null Problemo! Haha …

Wir haben keine Musik. Nigel zählt wieder den Takt ein – im gewohnten Befehlsoffiziersregimentsanführerton: »Five, six, seven, eight!« – und schon stehe ich da wie ein Zinnsoldat, bereit zu parieren und zu singen. Aye, aye, Sir!

Ich singe los. Und zack – ich fliege bei meinem hohen langen Ton wieder Richtung Decke. Wow, mit drei Männern ist das ja noch geiler! Sorry – aber es ist wirklich ein Hammergefühl! Drei Männer haben eine irre Kraft, und ich schnelle in null Komma nix in die Höhe – es ist großartig!

Nigel schreit: »Now keep the energie while you fall!« Alles klar – immer Spannung halten. Ich spüre, wie sechs Hände mich wie einen Ball noch ein Stück höher werfen und dann loslassen. Ich halte die Luft an. Im freien Fall lande ich liegend in sechs Armen.

Auweia, wenn das mal schiefgeht und ich denen durch die Hände flutsche. Ob es hier in der Nähe wohl ein Krankenhaus gibt? Ich würde mir sämtliche Knochen brechen. Als Erstes wäre das Steißbein zertrümmert, dann die Kreuzbeinspitze – im weiteren Verlauf die Kreuzbeinbasis, der obere Gelenkvorsatz samt Seitenteilen. Ich gehe im Geiste meine Versicherungen durch:

Krankenhauszusatzversicherung: ja

Chefarztbehandlung: ja

Berufsunfähigkeitsversicherung: ja

Rechtsschutzversicherung: ja – allerdings nur für Miet- und Kfz-Angelegenheiten.

Testament: ja

Patientenverfügung: ja

Spinne ich eigentlich jetzt komplett?

»While you're falling you would help us a lot if you stay like sitting in the air. Don't straighten your body!« Im Sitzen fliegen und fallen? O. k., – wenn's weiter nichts ist. Ich stell mir in der Luft einfach vor, ich hätte einen Stuhl unterm Hintern.

Alle drei Kerle sind außer Atem. Ich lächele sie entschuldigend an, als wenn ich etwas dafür könnte, dass sie das alles machen müssen: mich packen, hochheben, hochwerfen und dann auffangen. Mein zweiter Vorname ist »Schuldgefühl«. Aber dafür ist in diesem Augenblick kein Platz. Ich vertraue jetzt mal dem Leben und nehme mir vor zu genießen. Ich darf meine Angst auf keinen Fall zeigen – die könnte sich auf die drei Kollegen übertragen und sich dort womöglich in Vorsicht umwandeln. Wobei, Vorsicht wäre ja okay – aber Unsicherheit, wie ich sie fühle, sollten die Jungs nicht haben … Das wollen wir beide nicht: mein Steißbein und ich!

Und während ich zum was weiß ich wievielten Mal sitzend in die Armen von drei jungen, durchtrainierten und obendrein sehr attraktiven Herren falle, spüre ich ein ungeheures Glück in mir aufsteigen, dieses Erlebnis geschenkt bekommen zu haben – auch wenn ich Panikmomente von Stufe 1 bis 10 durchlebe. Zwar habe ich sicherlich meinen Teil dazu beigetragen durch Lust, Talent und harte Arbeit – sonst hätten sie mich ja nicht engagiert; so richtig geschenkt bekommt man ja eigentlich nichts im Leben –, aber ich bin echt sehr dankbar. Ja, ich bin hier gefühlt noch eine ziemlich einsame Wölfin, aber alle Zeichen stehen auf Grün, dass ich in den Hotelbars auf Tournee nicht alleine sitzen werde. Die Sympathien hängen wie kleine Weihnachtskugeln von der Decke herunter. Ich male mir mit dieser Fantasie mein eigenes schönes Bild. Das stärkt und gibt Kraft – und die brauche ich jetzt. Denn das Wort »Pause« ist hier ein Fremdwort. Ich lasse mich erneut fallen. Sehe ich da Anerkennung in Nigels Augen?

Das Leben könnte schlechter sein.

Immer wieder neue Wege

Als Nächstes steht die Kostümprobe an. Ein neues rosa Kleid wurde nach meinen Maßen eigens für mich genäht. Nun muss ich es nur noch anprobieren. Ein kleiner Stich hier, ein kleiner Abnäher da, dann sitzt es perfekt. Hoffentlich hält es auch die Hebungen und Flüge aus ... Meine Schuhe – High Heels natürlich – haben Katja, die Regisseurin, und ich schon in Berlin gekauft. Ich habe von Anfang an mit ihnen geprobt und getanzt – damit die Füße sich an die Schmerzen gewöhnen.

Dann Maskenprobe. Die Maskenbildnerin Bine schließe ich im Nu ins Herz. Sie ist eine zierliche, am kompletten Körper tätowierte junge Frau mit einem süßen, hübschen Gesicht, das ich zu gerne ansehe. Sie trägt IMMER schwarz, rockige Fetzen – steht ihr super!

Ihr Reich ist ein Raum voller großer Kisten. Sie braucht viel Platz für ihre Utensilien. Zehn mobile Schminktische mit Licht, über dreißig Perücken und Berge von Make-up. Bine ist die Ruhe selbst. Eine junge und trotzdem alte Tourneehäsin. Ich habe sie später in der gesamten Tourneezeit nicht ein einziges Mal nervös erlebt.

Während der letzten beiden Stunden vor jeder Vorstellung ist bei ihr unglaubliches Getümmel. Alle 13 Frauen wollen am liebsten gleichzeitig geschneckelt werden. Schneckeln ist nichts Unanständiges. Schneckeln findet auf dem Kopf statt. Die eigenen Haare müssen in kleine Schnecken gekringelt und mit Millionen kleiner Haarklammern am Kopf festgetackert werden, bevor dann ein enger Strumpf drübergezogen wird. Dann kommt noch eine Art Verband um den ganzen Kopf am Haaransatz entlang – so fest, dass das Hirn 20 Prozent seiner Leistung einbüßt. Das Ganze wird noch mal mit weiteren 1000 Haarklammern zusammengenietet. Und dann wird die Sechzigerjahreperücke darübergestülpt, die wiederum mit mehreren großen Haarnadeln fixiert wird, die einem scheinbar durch die Schädeldecke gestochen werden. Das macht alles zusammen gefühlte zehn Kilo auf dem Schädel. Und ich muss für alle »Nichtschauspieler« hinzufügen: Das alles passiert dann täglich!

Bine ist mit dieser Aufgabe völlig allein – mitten in einem Haufen verrückter Musicaldarsteller, die alle ihre Launen haben. Von 13 Damen in unserem Ensemble haben mindestens sechs gleichzeitig ihre Tage. Da gibt's natürlich auch mal Empfindlichkeiten, die zu Streitigkeiten führen. Mal hat die eine Heimweh, eine andere Liebeskummer durch die lange Trennung von ihrem Freund, der kein Geld hat, sie auf Tournee irgendwo im Hotel zu überraschen – mal gibt's einfach nur ganz normale Zickereien, es wird auch mal eine Runde laut geheult. Ja, ja – die Nerven. Jung sein ist nicht immer leicht – ich erinnere mich noch genau. Zum Heulen braucht Mann oder Frau nicht immer einen triftigen Grund, und die perfekte Bühne für alle erdenklichen Gefühlswelten ist nun mal der Maskenraum. Die Diven versammeln sich genau dort. Alleine im Hotelzimmer sieht das ja keiner. Der Mensch braucht Publikum. Auch Hysterie braucht Aufmerksamkeit, sonst prallt sie gegen Theaterwände. Und Musicaldarstellerinnen brauchen immer Aufmerksamkeit hoch zehn. Musicaldarsteller auch. Ja, auch bei den Männern haben mindestens sechs gleichzeitig ihre Tage!

Das alles hält Bine aus. Dafür wird sie bezahlt. Make-up ist ihre Leidenschaft. Nach der Show packt sie ihre großen Kisten, lädt sie zusammen mit den Roadies auf den Sattelschlepper und fährt mit ihnen durch die kalte Nacht in die nächste Stadt, um dort alles für den nächsten Auftritt vorzubereiten, während wir in der Hotelbar beim einen oder anderen Feierabendbierchen chillen und uns dabei ganz viel erzählen. Wenn wir am nächsten Tag – meistens nachmittags – in der nächsten Stadt in die Halle kommen, steht alles wieder bereit. So als hätte es dort nie anders ausgesehen.

Stadt für Stadt – Tag für Tag. Erst gegen Mittag holt sich die Crew dann eine dringend nötige Mütze Schlaf.

Ungerechterweise gehören diese unverzichtbaren Teammitglieder dann auch noch zu den schlechter honorierten Gewerken auf der langen Liste der Mitarbeiter*innen einer solchen Tour. Doch es ist nicht das Geld, um das es ihnen in erster Linie geht. Das ist ihr Leben. Das ist das Leben, das sie leben wollen. Das freie Leben.

Ob sie wohl auch eine Art Lampenfieber haben, bevor sich der Vorhang öffnet? Kennen sie dieses süchtig machende Glücksgefühl nach der Show? Das Gefühl, etwas geschafft zu haben? Teil einer Familie auf Zeit zu sein? Ich glaube schon. Sie tragen so viel Verantwortung. Wenn wir Künstler dann am Ende im Applaus baden, macht sich auf der anderen Seite der Show, wo kein Scheinwerferlicht hinfällt, auch Erleichterung breit. Wir haben in solch einem Moment alle das gleiche dankbare Glücksgefühl. Der Tontechniker lehnt sich zurück – keine Pannen, Sound war perfekt. Die Beleuchter sind erleichtert, dass Lampen und Computer das gemacht haben, was sie ihnen befohlen haben. Die Anerkennung der Zuschauer durch den Beifall bleibt aber uns Darstellern vorenthalten. Deshalb applaudiere ich an dieser Stelle laut für diese Kolleg*innen, die für mich genauso Künstler sind, und sage: DANKE!

Vor allem eine Sache haben wir alle – egal ob hinter oder auf der Bühne – gemein: Wir wollen *on the road* sein. Niemand würde »die Straße« gegen das warme, sichere Büro eintauschen, gegen ein Leben im geregelten Rhythmus. Ich brauche immer wieder neue Wege, immer wieder diesen Sprung ins kalte Wasser.

Ich möchte mich damit aber nicht über die Menschen erheben, die sich entschieden haben, ihr Leben auf vertrauten Wegen zu gehen. Im Gegenteil. Denn auch das erfordert Mut, Durchhaltevermögen und eine enorme soziale Kompetenz. Es ist ganz sicher nicht immer der bequeme Weg.

Meine Freundin Hannelore ist eine meiner engsten Vertrauten

seit über 30 Jahren. Sie ist Arzthelferin aus Leidenschaft. Sie ist genauso alt wie ich und hat bis jetzt nur zwei Arbeitgeber in ihrem Leben gehabt. Jeden Arzt, bei dem sie beschäftigt war, hat sie bis zu seiner Rente begleitet. Und damit natürlich auch seine Patient*innen. Das ist ihr Leben – das ist ihre Geschichte und ihr Bedürfnis.

Ihre Urlaube verbringt sie seit Jahren mit ihrem Lebensgefährten am gleichen Fleck auf der Erde: in Finsterbergen im Thüringer Wald. Sie liebt diesen Ort und diesen Wald, die Stille und die Menschen dort.

Wir beide werden gemeinsam als Freundinnen älter, und immer mehr wird mir bewusst, dass ich nicht unbedingt mehr erlebe als sie, wenn ich über den Wolken Tausende Kilometer weit nach Sri Lanka zur Ayurveda-Kur, nach Mallorca zum »Schnellentspannen«, nach Paris zum Genießen oder nach New York zur Horizonterweiterung fliege. Denn Hannelore schätzt die kleinen Dinge. Die für sie wichtigen Dinge. Sie ist es, die mir oft vor Augen führt, wie viel ich übersehe.

Mein Schwenkblick ist durch die Digitalisierung enger geworden. Während ich mir einbilde, den Überblick zu haben, weil ich mich mit allen technischen Möglichkeiten ausgestattet habe, sieht sie das vermutlich Wichtigere – vielleicht das Größere, das, was bleibt. Sie braucht kein Internet, um mitzuhalten oder sich in andere Leben zu beamen. Sie verknüpft sich selbst mit den Menschen, die ihr wichtig sind – ganz ohne Kabel, Bluetooth und Akku. Sie begleitet diese Menschen im wahrsten Sinne des Wortes. Ganz fürsorglich und analog. Hannelore merkt, wenn es irgendwo brennt. Dafür braucht sie keine WhatsApp und kein WLAN. Sie greift einfach zum Hörer und ruft an. So einfach geht das.

Wenn Hannelore und ich 95 Jahre alt sind (wir sind beide Baujahr 61), sitzen wir noch zusammen im Park auf der Bank, und wahrscheinlich wird dann unser Gespräch wie folgt laufen:

Ich: »Hannelore, ich bekomme nächste Woche mein neues Handy zugeschickt.«

Hannelore: »Schon wieder ein neues Handy?«

»Ja.«

»Warum denn. Ist dein altes kaputt?«

»Nein. Äh … Der Akku schwächelt … Ich muss es alle fünf Stunden an den Strom anschließen. Und das neue Smartphone, das gerade auf den Markt kommt, ist super!«

»Was kann denn das Neue besser?«

»Es kann meinen Blutdruck messen und bimmelt, wenn ich zu viele Kalorien gegessen habe. Und es hat eine noch bessere Kamera drin.«

»Und was willst du fotografieren? Dich? Wozu brauchst du in deinem Alter überhaupt noch Selfies?«

»Die poste ich in den Sozialen Netzwerken. Instagram – Facebook. Vielleicht krieg ich ja noch mal ein Angebot beim Fernsehen … Ich bin doch noch nicht alt …«

»Doch – bist du! Wozu können die dich denn noch gebrauchen? Genieß doch mal die Ruhe…«

»Vielleicht gibt's ja noch mal ein Musical, in dem eine 95-Jährige mitspielt. Oder eine 80-Jährige. Auf der Bühne geh ich dafür noch locker durch. Die Hebung, die ich vor über 30 Jahren bei ›Hairspray‹ gemacht habe – du, die könnte ich heute auch noch!«

Hannelore verzieht ihr Gesicht: »Ja, vielleicht, aber es würden heute keine drei Männer mehr ausreichen. Du bräuchtest 'nen Gabelstapler.«

»Na und? Jedenfalls bleibe ich dran. Ich hab bei Instagram schon 600 000 Follower, die meine Sachen liken.«

»Und die mögen dich? Die kennen dich doch gar nicht. Ich mag dich. Weil ich dich kenne.«

»Ja, aber sie möchten wissen, was ich gerade mache.«

»Von deinen 600 000 Mögern sind wahrscheinlich 388 000

schon tot und haben sich da vorher nicht mehr gelöscht, weil sie vergessen haben, wie das geht.«

»Ja, ja, is ja gut. Grrrrrr…«

»Ich dreh uns mal eine. Guck mal, wie schön die Sonne scheint.«

Hannelore und ich bestaunen uns gegenseitig für unser Anderssein. So wie sie sich freut, von meinen Reisen hautnah zu hören, freue ich mich immer auf ihre Klarheit und ihre Fähigkeit, mich runterzuholen auf den kleinen Fleck der Erde, auf dem wir gerade ein Gläschen trinken und uns eine Drum drehen. Und dieser Flecken wird dann zu meiner Welt. Die ist in solchen Momenten nirgendwo größer oder besser. Das Einzige, was die Welt groß und bedeutend macht, ist der Mensch, mit dem du gerade auf diesem kleinen Fleck gemeinsame Zeit verbringst.

Wo war ich stehen geblieben?

Ach ja – in Graz. Und schon schnellt mein Puls hoch. Da meldet sie sich wieder, meine vertraute Begleiterin – die Angst. Morgen ist Premiere. Und Hannelore geht wandern …

Aber will ich es anders? Nein! Ich bin süchtig nach dem Gefühl, meine Angst zu überwinden. Es ist das Gefühl, über sich selbst hinauswachsen zu können. Es ist das Gefühl, überhaupt etwas zu können.

Jeder Tag ist eine offene Tür

Die Premiere ist ein voller Erfolg. Mit meiner gefühlt zehn Kilo schweren Perücke und meinem engen rosa Kleid stehe ich pünktlich um 19:55 Uhr – wie jeden folgenden Abend während der kompletten Tournee – aufgeregt in der Gasse, um den Anfang nicht zu verpassen, obwohl ich erst zehn Minuten später dran bin. Ich liebe den Anfang dieses Stückes: das Lied »Good Morning Baltimore«. Ein Lied, das so viel Mut macht.

Sie singen (übersetzt):

»*Jeder Tag ist wie eine offene Tür.*
Jede Nacht ist eine Fantasie.
Jedes Geräusch ist wie eine Symphonie.
Guten Morgen, Baltimore!
Die Ratten auf der Straße tanzen um meine Füße.
Sie scheinen zu sagen:
›Hey, es liegt alles in deinen Händen!
Heute werden meine Träume wahr.‹
Und ich verspreche dir, Baltimore:
Eines Tages wacht die Welt auf und sieht mich!
Sieht Baltimore und mich!«

Ist es nicht ein wundervoller Gedanke: Jeder Tag ist wie eine offene Tür! Ja, selbst der trübste Regentag im November ist wie eine offene Tür und steckt voller Chancen. Man muss nur durch diese offene Tür hindurchgehen. Jenseits der Schwelle ist das Leben. Da liegen die Möglichkeiten.

Diese Schwelle kann für jeden von uns eine Herausforderung sein. Eine Hürde, die es zu überwinden gilt. Ich weiß jedenfalls für mich, dass die Belohnung sicher ist, wenn man sich überwindet, wenn man seine Ängste besiegen kann. Also gehe ich immer wieder, jeden Tag aufs Neue durch diese offene Tür. Mal fällt es mir leicht – mal schwer.

Ich zum Beispiel mache eine völlig neue Erfahrung in diesem Stück. Die böse Velma von Tussle, anstatt der sympathischen Rollen, die mir sonst zufallen, zu spielen ist von nun an jeden Abend ein spannendes Abenteuer. Und für mich eine allabendliche Herausforderung. Ich gewöhne mich NIE daran, gewisse Sätze und Ausdrücke meinen dunkelhäutigen Kolleg*innen an den Kopf zu werfen. Und ich spüre: Auch das Publikum mag Velma nicht. Ich betone: Es mag Velma – und nicht MICH – nicht.

Ich erlebe es hier zum ersten Mal, dass ich mich als Mensch von meiner Rolle löse, und genieße mit jeder Vorstellung mehr, das Böse aus dieser Figur herauszukitzeln. Jetzt erst recht! Sie sollen mich nicht mögen. Sie sollen mich hassen und sehen, wie widerwärtig diese Art Mensch ist, die auch heute überall in der Gesellschaft unter uns lauert. Es gibt heute und überall zwischen uns diese Velma von Tussles, die den Nachbarn verraten würden. Menschen, die darauf lauern, andere zu denunzieren, zu mobben und sie ans Messer zu liefern. Ich schleudere meine bösen Sätze genüsslich in den Saal. Das ist meine Aufgabe! Das ist mein Auftrag.

Allerdings kann das Publikum meine Rolle nicht ganz so gut von mir trennen wie ich selbst. Es gibt ja dieses Phänomen, dass Serienschauspieler gehasst werden und sogar Morddrohungen erhalten, weil sie ihre Rolle so überzeugend spielen. Erinnert ihr euch an J. R. Ewing in dem Siebzigerjahrestraßenfeger »Dallas«? Seine schmutzigen Tricks machten ihn weltweit zu einem verhassten Monster. Der arme Larry Hagman – so sein richtiger Name – hatte hoffentlich genug Geld mit dieser Serie verdient, um sich auf Lebenszeit die besten Psychiater und Bodyguards leisten zu können. Gott hab ihn selig.

Am Ende unserer Premiere im großen Finale, wenn jeder seinen Einzelapplaus bekommt, werde ich nicht wirklich bejubelt. Das irritiert mich zunächst – doch mit jeder weiteren Vorstellung kann ich besser damit umgehen. Ich bin sogar ein bisschen stolz drauf. Und irgendwie beruhigt es mich, dass der Großteil der Menschen doch das Böse ablehnt. Erschreckenderweise gibt es Abende, an denen Velma Zustimmung aus dem Zuschauerraum erhält. Das wundert und schockiert mich – es ist aber Gott sei Dank nur ganz selten vorgekommen.

Das ist das Leben – nur schneller als sonst

Von nun an genieße ich die »Hairspray«-Tournee in vollen Zügen. Jeden Tag fahren wir stundenlang mit einem großen Reisebus durchs Land. Immerhin kommen wir zusammen mit unserem

Orchester auf 40 Menschen. Der Bus hat jeden erdenklichen Komfort – und glücklicherweise auch eine Toilette. Das ist besonders für mich erleichternd, weil ich ziemlich oft muss.

Jetzt stellt euch mal vor, die Isabel sagt alle 50 Kilometer quer durch den Bus: »Ich muss mal! Wann kommt die nächste Tankstelle?« Da werden doch die Kollegen verrückt. Da gehe ich doch lieber – auch wenn es dort nicht lecker riecht – in dieses fahrende Reiseklo. Und glaubt mir: Das ist nicht einfach da drin, wenn der Bus ruckelt und bremst und man versucht, mit einem in der Luft hängenden Popo nichts zu berühren. Dann muss man ganz schön aufpassen, dass dabei nichts danebengeht.

Der Busfahrer muss alle zwei Stunden 30 bis 45 Minuten Pause machen. Gesetzlich vorgeschrieben. Dadurch sind wir manchmal bis zu acht Stunden unterwegs von A nach B. Dann geht es meistens direkt in die Halle zum Proben und Soundcheck. Einchecken im Hotel ist dann erst nachts.

Ja, ihr habt richtig verstanden: Proben! Warum Proben nach der Premiere?

Während der Tournee haben wir mehrmals Umbesetzungen. Mal wegen Krankheit, mal, weil es geplant war und ein neuer Kollege übernimmt. Es fasziniert mich immer wieder aufs Neue, wie leicht neue Kollegen in dieses aufwendige Stück hineinfinden. Einmal springt eine Kollegin aus Schweden ein, die Nigel kennt. Sie kommt über Nacht in einer Rettungsaktion, weil ein Ensemblemitglied bei uns krank geworden ist. Einen Tag lang studiert sie die Choreografien und Lieder auf DVD und spielt am nächsten Abend die Show. Ich staune Bauklötze. Sie hat zwar keinen Text zu sprechen, ist aber bei allen Tänzen und auch Gesängen im Chor dabei. Die Show läuft reibungslos, und sie wird von uns anschließend gefeiert.

Ja, von »uns« – denn ich bin inzwischen vollwertiges Mitglied der Crew. Jede Nacht freue ich mich auf die Hotelbar. Uwe Kröger und ich verstehen uns großartig. Am Abend nach den Auftritten mümmeln wir beim Feierabendbier lecker Brezeln. Und mit der Zeit wird Uwe für mich ein Freund fürs Leben. Er bringt mich laufend zum Lachen. Kurz vor der Show kann man ihn noch nach dem besten Rezept für Knödel fragen – er ist halt ein »alter Hase«, den nichts mehr aus der Ruhe zu bringen scheint. Und wenn dann der Vorhang sich öffnet und er ins Scheinwerferlicht tritt, geht bei ihm eine innere Lampe an, und er strahlt bis in die letzte Reihe. Die Leute lieben ihn – zu Recht.

Über das Leben auf Tour könnte man eine Fernsehserie drehen. Das ist das Leben. Nur schneller als sonst. Es entstehen Lager, es gibt Liebespaare, Trennungen – es wird im Tourbus gelacht und geweint. Da wir alle fast rund um die Uhr zusammen sind, passiert alles im Zeitraffer. Andere brauchen für diese Prozesse, die wir innerhalb weniger Wochen durchlaufen, mehrere Monate. Das hat seine Vor-, aber eben auch Nachteile.

Ich sage DANKE, dass ich diese Zeit erleben durfte. Nie wieder vergesse ich diesen Haufen engagierter Menschen, die Kummer, Schmerz, Heimweh und sonstige persönliche Gefühle hinter der Bühne lassen und im Licht alles, aber auch wirklich ALLES geben für das Publikum. Sie sind berufen dazu und gesegnet mit unbeschreiblichem Talent.

Diese »Hairspray«-Geschichte bleibt für immer in meiner inneren Akte »Angst erfolgreich überwunden«. Und falls ich also mal vergesse, welche verborgenen Schätze an Mut und Angstüberwindung in mir schlummern, dann blättere ich darin und hole sie mir zurück für die nächste Herausforderung.

Coach dich selbst –
Wer bin ich eigentlich?

Ich gestehe, ich schüttle nicht selten den Kopf über mich.

Wie kann es sein, dass ich in meinem Alter in bestimmten Lebenssituationen gelegentlich immer noch nicht erwachsen reagiere? Dafür bin ich doch weiß Gott zu alt. Wobei ich mit »erwachsen reagieren« meine, dass man Souveränität ausstrahlt – dass man ruhig, gelassen, besonnen und vernünftig reagiert. Das Wort »Vernunft« mag ich zwar eigentlich gar nicht, aber es ist in Konfliktsituationen nicht so ganz blöd, auch mal die »Vernunft« walten zu lassen.

Leider passiert es mir auch heute noch, dass ich in gewissen Situationen empfindlich reagiere, regelrecht überempfindlich. Außerdem bin ich extrem nah am Wasser gebaut. Anders ausgedrückt: Ich bin auch gerne mal so eine richtige Heulsuse. Also nicht wirklich »gerne« – aber es passiert mir eben. Und dann ärgert es mich, dass ich mich darüber auch noch ärgere. Und ich schäme mich noch obendrein.

Darf man mit Falten im Gesicht und an den unmöglichsten Stellen am Körper immer noch reagieren wie ein kleines Mädchen, das gerade vom Fahrrad gefallen ist und sich die Knie aufgeschlagen hat? Einerseits: Warum eigentlich nicht – älter werden schützt einen ja nicht vor Gefühlen. Andererseits: Sollte man ab einem gewissen Alter nicht eine übergeordnete Sichtweise einnehmen und alles mit einer gewissen entspannten Distanz sehen können? Wenn kindliche Tränen über das an Spannkraft verlorene Faltengewebe rund ums Auge laufen, dann wird es doch langsam peinlich, oder? Das muss in den Griff zu bekommen sein, denke ich mir.

Es könnte alles so einfach sein, denn ich fühle mich nicht alt. Zumindest nicht, wenn ich nicht in den Spiegel gucke. Dann sehe ich, dass es bergab geht. Innerlich komme ich mir allerdings manchmal vor wie ein junges Ding. Also lass ich das doch mal sein mit dem In-den-Spiegel-Gucken. Aber wenn mir zwischendurch plötzlich mein Alter so richtig bewusst wird und ich bei irgendwas mit den Tränen kämpfe, schäme ich mich schon ein wenig.

Warum ist das eigentlich so? Wer sagt denn, dass man im Alter nicht verletzlich und empfindlich sein darf? Wer sagt denn, dass wir Menschen uns unbedingt ein dickes Fell anschaffen sollen?

Viele von uns sind bei der Verteilung des dicken Fells nicht besonders reich bestückt worden. Ich gehöre eindeutig zu denen – möchte aber gerne an mir arbeiten und die lockeren Schrauben in mir finden, um sie festzuzurren. Vielleicht kann man ja wirklich die eigene Empfindlichkeit verändern. Sich selbst positiv ummodeln.

Wie komme ich also auf diese berühmte Metaebene, diese höhere Ebene, auf die man sich mental begibt, um Geschehnisse, Störungen, Konflikte, Verletzungen oder Aufwühlendes quasi von oben – mit einer gesunden Distanz – zu betrachten und zum eigenen Frieden zu finden? Hilfreich in allen Lebenslagen.

Einen Fahrstuhl da rauf gibt es jedenfalls nicht – so eine Art Meta-Lift – und auch kein Treppenhaus. Man muss es geistig schaffen, sich in seiner eigenen Aura Stufen zu bauen, die man hinaufklettern kann. Allerdings ist meine Metaebene noch im

Rohbau und hat leider das eine oder andere Loch im Boden, sodass ich regelmäßig wieder zurück in die Realität plumpse.

Es ist mir sehr unangenehm – fast peinlich –, wenn mir meine Schwachstelle in beruflichen Situationen passiert. Mit zunehmendem Alter schleicht sich ein Gefühl ein, dass es nicht mehr sein darf, dass eine reife Frau übersensibel reagiert. Es müssen mir »Eier in der Hose« wachsen! Aber wie? Kann man die sich antrainieren?

Gerade als mich einmal wieder diese Gedanken quälen, erlebe ich eine Schlüsselsituation, die in mir einiges ins Rollen bringt. Rückwirkend betrachtet also ein echter Glücksfall für mich – auch wenn sich das in der Situation selbst ganz anders angefühlt hat …

Etwas muss sich ändern

Ich habe eine Besprechung mit meinem früheren Management. Wir wollen uns zusammensetzen nach einem »verunglückten« Vertragsabschluss, um einen Weg zu finden, wie es weitergehen kann. Bei diesem Vertrag ist vonseiten des Managementbüros einiges schiefgelaufen – milde ausgedrückt. Es geht um einen Plattenvertrag. Dabei wurde aus meiner Sicht an der falschen Stelle gespart – sprich beim Einsatz eines Fachanwalts. Wir hätten viel mehr Expertise im Musikrecht benötigt. Also wurde Wichtiges übersehen, was mich zu vielen Dingen verpflichtet, die ich so nicht erwartet hatte – und das über einen zu langen Zeitraum. Das hätte anders laufen sollen. Um es deutlich zu sagen: Mein Management hat aus meiner Sicht mächtig Scheiße gebaut. Ich habe Gesprächsbedarf.

Wir sind im Konferenzraum insgesamt sechs Personen. Mein Manager, drei mir bekannte Mitarbeiter*innen und ein neuer Assistent meines Managers.

Nach einer kurzen, gut gelaunten Begrüßung falle ich direkt mit der Tür ins Haus und spreche das Vertragsproblem an, das uns in den vergangenen Tagen etwas durchgeschüttelt hat: »Können wir kurz mal eben klären, was da los war mit diesem Vertrag. Ich …«

Weiter komme ich nicht. Denn der Chef, also der Manager, unterbricht mich – für mein Gefühl in einem zu schroffen Ton, der mich erschreckt: »Das brauchen wir nicht mehr zu besprechen. Das haben wir intern geklärt. Das ist Schnee von gestern.«

Sein Ton und seine Körpersprache erinnern mich an die Kommunikation zwischen Herrchen und Hund. Ich fühle mich hier gerade wie der Hund. Und hier beginnt mein persönliches Problem: Augenblicklich bildet sich in meinem Hals ein Kloß. Ich kann nicht mehr sprechen, will losweinen, so ungerecht fühle ich mich behandelt.

Jetzt bloß nichts anmerken lassen. Durchatmen und Kloß abbauen. Mein Inneres schaltet um auf Notprogramm. Doch der Kloß schmerzt weiterhin. Meine Kehle schnürt sich zu. Verdammt.

Die Besprechung nimmt ihren Lauf. Ich finde meine Sprache erfreulicherweise irgendwann wieder und mache gute Miene zum bösen Spiel, um relativ schadlos und einigermaßen aufrecht diese Situation zu meistern. Es scheint zu funktionieren. Gott sei Dank hat wohl niemand bemerkt, wie es in mir ausgesehen hat. Damit tröste ich mich vorübergehend. Und was den vermasselten Plattenvertrag betrifft, ist sowieso nichts mehr zu retten. Der Drops ist gelutscht.

Zu Hause angekommen beginnen meine Gedanken wieder um mich und mein labiles Nervenkostüm zu kreisen. Wieso schaffen es schon die kleinsten Anspannungen, mich derart aus dem Gleichgewicht zu bringen? Ich latsche doch fast problemlos auf jede Bühne. Auch in Livesendungen im Fernsehen bin ich immer stabil und relativ angstfrei, wohl wissend, dass Millionen von Menschen gerade kritisch zusehen. Da stehe ich einfach drüber. Aber woher kommt denn bloß dieser Kloß in meinen Hals?

Ja, das Verhalten meines Managers war nicht in Ordnung – aber meine Reaktion eben auch nicht. Kann ich da nicht mal erwachsen reagieren? Warum kann ich nicht einfach und besonnen sagen: »Ich möchte aber über dieses Thema noch mal in Ruhe mit euch reden?« Stattdessen sitze ich da mit einem Kloß im Hals – wie ein Kind, das Schimpfe von der Mutter bekommt.

Wie entsteht eigentlich so ein Kloß im Hals? Ich gebe im Browser ein: »Kloß im Hals«.

»Der sogenannte Kloß im Hals (med. Globussyndrom oder Globusgefühl) kommt sehr häufig vor und zeichnet sich aus durch ein Fremdkörpergefühl oder ein Gefühl der Enge im Rachen beziehungsweise im Hals. Ein Kloßgefühl im Hals kann sowohl organische, funktionelle oder psychische Ursachen haben.«

Okay, das ist einfach … Bei mir trifft ja wohl ganz klar die »psychische Ursache« zu. Ich brauche einen Coach!, sage ich mir. Heute gibt es doch für alles – und jeden – einen Coach: den Mental-Coach, den Business-Coach, den spirituellen Coach, den systemischen Coach – gibt es nicht auch einen Coach gegen den berühmten Kloß im Hals?

Ich beobachte mich selbst immer kritischer. Alles pauschal auf die Vergangenheit zu schieben und Erlebtes aus der Kindheit an die Oberfläche zu ziehen liegt mir einfach nicht. Wir tragen alle unsere Koffer mit uns rum, manche vielleicht sogar ein mehrteiliges Kofferset. Letztendlich ist jeder – ab einem gewissen Alter – für sich selbst verantwortlich und hat die Verpflichtung, an sich zu arbeiten. Und ich will und muss an mir arbeiten.

Schnell weicht der Gedanke »Ich gehe zu einem Coach« einem anderen: »Warum werde ich nicht selbst Coach?« Denn wenn man Zusammenhänge erst einmal verstanden hat, kann man sie doch prima auch auf sich selbst übertragen, oder?

Zurück auf die Schulbank

Die Vorstellung, in meinem Alter noch mal die Schulbank zu drücken und eine Art »Ausbildung« zu machen, begeistert mich plötzlich. Etwas Neues auszuprobieren ist genau mein Ding – denn das erweitert meinen Horizont. Den Beruf wechseln will ich auf keinen Fall, aber ich will lernen, Raum zu schaffen für meine persönliche Weiterentwicklung.

Aber wie und wo kann ich lernen, ein Coach zu werden?

Ich wandere durch das Netz und lande auf den Seiten eines Instituts in Norddeutschland, das einen sogenannten Kompaktkurs für »systemisches Coaching« anbietet, das sich auf allgemein berufliche und private Problemstellungen bezieht. Hier können Menschen wie ich, die als Selbstständige arbeiten, unkompliziert nebenbei an zwei Tagen pro Woche über einen Zeitraum von vier Monaten einen »Crashkurs« absolvieren. Also perfekt für mich.

Wenn ich erst einmal begonnen habe, mich mit einer Sache auseinanderzusetzen, entscheide ich mich schnell. Ich buche den Kurs, und mein Mann Pit versteht die Welt nicht mehr. Doch er unterstützt mich auf meinem Weg – schon ein paar Wochen später soll es losgehen …

Unweigerlich schleicht sich in meine Vorfreude auch schon wieder ein kleines bisschen Angst ein vor einer Seminarsituation mit wildfremden Menschen, denen ich mich womöglich offenbaren muss. Allerdings ist für mich der Gedanke auch aufregend, eine Art studentisches Leben kennenzulernen, während ich diesen Kurs mache.

Ich habe seit meinem 18. Lebensjahr immer gearbeitet, um meinen Lebensunterhalt zu verdienen. Bevor sich mein Traum erfüllt hat, Sängerin zu werden, jobbte ich als Kellnerin, als Hostess auf Messen, als Mannequin für Konfirmationsmode und für Camel als Zigarettenschachtelverteilerin auf der Straße und in Discos. Ich habe nie studiert. Ich habe nie in einer WG gelebt. Ich kenne das alles nicht. Zeit, dass sich das ändert! Es ist nie zu spät dafür! Ich erkläre mich zur »Spätstudentin« und mache mich auf die Suche nach einem Zimmer.

Bei wildfremden Leuten wohnen? Oha! Ich lebe seit Jahrzehnten in Hotels. Oft komme ich sogar in den Genuss von Übernachtungen in Luxushotels, ich bin aber auch gerne in den Motel Ones. Hauptsache, gepflegt. Und nun ein Zimmer in einer Privatwohnung? Warum nicht? Das kann man ja wohl mal ausprobieren, oder?

Ich lade mir die Airbnb-App runter und beginne zu suchen. Es gibt natürlich auch die Möglichkeit, eine Wohnung alleine für sich zu haben, aber das wäre jetzt feige. Nein, es muss die »WG« sein! Aber eine Frauen-WG! Bei meinen nächtlichen Gängen zur Toilette möchte ich keinen fremden Männern begegnen. Bei meiner anstehenden allererersten WG-Erfahrung übe ich jetzt erst mal mit Mädels.

Ich finde ein Angebot mit tollen Fotos und nehme Kontakt mit einer jungen Frau auf, die sich mir als die Tochter der Vermieterin vorstellt. Sie kümmert sich um den »Check-in«, da ihre Mutter wochentags beruflich nicht in der Stadt ist. Ich frage, ob es Kaffee gibt oder ob man sich den selbst mitbringt. Und wie sieht es mit Milch aus? Ich erhalte nur gefaselte Antworten. »Weiß nicht — manchmal ist Kaffee da, manchmal nicht.«

Also reise ich mit meiner Kapselkaffeemaschine an – ich habe extra gefragt, ob ich sie in der Küche aufstellen darf –, dazu noch eine Flasche Rotwein als Mitbringsel. Über die Gepflogenheiten von Airbnb lese ich, dass von Vermieterseite viel Wert auf gute Kommunikation zwischen Gast und Gastgeber gelegt wird. Kein Problem – wenn eine das kann, dann ich!

Ich stehe pünktlich vor dem Haus. Es ist sehr spät – quasi schon Nacht. Die Tochter, eine etwa 22 Jahre junge Frau, öffnet mir die Tür. Ich bekomme, wie verabredet, die Schlüssel und überreiche ihr die Rotweinflasche als Zeichen meiner Dankbarkeit, hier Gast sein zu dürfen. Ich frage sie, ob sie Lust hat, noch etwas mit mir zusammen zu trinken.

»Nö«, murmelt sie ausweichend vor sich hin. Na ja – schade –, aber egal.

Es fühlt sich komisch an, mitten in der Nacht in eine fremde Privatwohnung einzudringen. Eilig stelle ich noch ein paar organisatorische Fragen, bevor sie in ihrem Zimmer verschwindet: Wann duscht wer? Ich plane meinen Kaffee zum Aufwachen für sieben Uhr, und dann pünktlich um halb acht ab in die Dusche. Dann irgendwo auf der Straße ein Brötchen auf die Hand, und um neun Uhr geht es los in Barmbek mit Coaching.

»Kein Problem«, murmelt sie. Sie könne ausschlafen. Ich denke: Prima, dann habe ich ja Küche und Dusche morgen früh für mich allein.

Mein Zimmer ist genauso schön wie auf den Fotos in der App. Das Bett ist frisch bezogen, und ein großer Flachbildschirm steht bereit. Ich bin ein bisschen stolz auf mich, dass ich das hier so durchziehe. Ich erfreue mich an meiner jugendlichen Flexibilität und spiele mir selbst ein bisschen Leichtigkeit vor. Gleichzeitig habe ich natürlich ein wenig Bammel vor dem nächsten Tag. Was mich wohl erwartet?

Der nächste Morgen fühlt sich an wie der erste Schultag. Also erst mal einen schönen Kaffee im Bett trinken zum Wachwerden. Ich schleiche zu meiner Kaffeemaschine in die Küche. Laut und duftend läuft mein Lebenselixier in die Tasse. Hmm …

Da sagt plötzlich jemand irgendwas. Eine Männerstimme! Ich drehe mich um. Vor mir steht ein junger fremder Mann. Der Kaffee läuft dröhnend weiter. Ich verstehe kein Wort. Ich bin ja eigentlich auch noch gar nicht richtig wach.

Ich frage: »Was? Wie bitte?«

Der Mann, jetzt lauter: »Kann ich in die Dusche?«

Das glaub ich jetzt nicht! Wo kommt denn der plötzlich her?

Ich suche eilig rum im Alphabet und schaffe es schließlich, die Worte: »Ich muss aber auch gleich in die Dusche!«, hervorzustammeln.

»Kein Problem«, sagt der Typ, der ganz offensichtlich der Freund der murmelnden Tochter der Vermieterin ist, »ich mach ganz schnell!«, und verschwindet im Bad. Mittlerweile ist mein Kaffee durch. Ich nehme meine Tasse und husche, immer noch unter Schock, zurück ins Bett.

Jetzt bin ich sauer. Echt sauer! Entspannte Distanz, innere Ruhe, wo seid ihr? Ich habe diese schlecht gelaunte Schnepfe doch gestern Nacht extra gefragt, ob es etwas gibt, das ich noch wissen muss! Zum Beispiel einen Mann in dieser angeblichen Frauenwohnung?

Vielleicht bin ich doch eher der Hoteltyp ...

Am dritten und letzten Morgen meines Aufenthalts lege ich leise den Schlüssel auf den Küchentisch und verschwinde auf Nimmerwiedersehen aus der Wohnung. Aber was soll's – immerhin habe ich es ausprobiert. Das WG-Leben.

Bunter und reicher

Mein erster Schultag beginnt. Ich stehe überpünktlich um 8:45 Uhr vor dem Institut. Und ich gebe zu: Ich bin aufgeregt. Komisch. Ich treffe doch eigentlich jeden Tag meines Lebens auf neue fremde Menschen! Ich wundere mich über mich selbst. Es ist doch wirklich mein Alltag, mich auf mir völlig unbekannte Menschen einzustellen. Sei es bei Konzerten oder auch am Filmset. Immer wieder lerne ich neue Veranstalter*innen, Regisseur*innen und Kolleg*innen kennen. Ich komme an zu Soundchecks. Für »Aufwärmphasen« ist nie wirklich Zeit. Es geht in meinem Beruf immer sofort zur Sache. Stärke zeigen, Sicherheit ausstrahlen, Lockerheit demonstrieren – ist ein antrainiertes Verhalten geworden. Man wird als Künstlerin und Künstler sehr beäugt. Also – immer schön locker bleiben. Fällt mir auch nicht schwer in gewohnten Situationen. Aber wenn ich das sichere bekannte Terrain verlassen muss, dann geschieht nichts mehr automatisch. Da schaltet sich die Abteilung Zweifel im Kopf dazwischen.

Im Treppenhaus des Instituts auf dem Weg in den zweiten Stock versuche ich locker zu bleiben. Was werden denn da wohl für Menschenkinder sein? Was erwartet mich dort? Und warum noch mal mache ich das hier eigentlich?, frage ich mich zweifelnd.

Ach, das wird schon, beruhige ich mich und weiß tief in mir drin: Immer, wenn ich etwas Neues angefangen habe in meinem Leben, bin ich beschenkt, bereichert und belohnt worden – wenn auch manchmal über einige Umwege. Ich habe es nie bereut, auf meinem Weg mal in eine Seitenstraße abgebogen zu sein, um meine Seele in eine neue Farbe des Lebens einzutunken. Dabei ist mein mentales Fotoalbum bunter und reicher geworden.

Vor der Tür des Instituts angekommen richte ich mich innerlich noch einmal auf. Ich greife ganz tief in eine meiner inneren Schubladen und hole mir dort eine große Handvoll Freude raus – auf die Leute, die ich da jetzt kennenlernen und mit denen ich die nächsten vier Monate an meiner persönlichen Weiterentwicklung arbeiten werde. Die Mut-Schublade in mir öffnet sich plötzlich von allein und ruft mir ins Gehirn: Isabel, den anderen geht es doch wahrscheinlich genau wie dir. Meinst du vielleicht, die haben jetzt keinen erhöhten Puls? Recht hat sie, die Schublade. Ach, was würde ich machen ohne meine vielen wichtigen inneren Schubladen, in denen ich die Erfahrungsschätze meines ganzen Lebens gesammelt habe!

Ich betrete die hellen, freundlichen Räumlichkeiten. Die Dame am Empfang begrüßt mich herzlich. Es sind wohl schon einige der Kandidaten da – denn ich erkenne durch den Gang, dass sich bereits eine angeregt schwatzende Truppe von Menschen vor der Kaffeemaschine tummelt.

Meine Hemmung krempelt die Ärmel hoch, und ich steuere direkt auf den Pulk zu. Hier ist mein neuer Spielplatz mit neuen Kindern, und ich bin auch ein neues Kind!

»Hallo«, sage ich in die Runde, »ich bin Isabel!«

Wir machen uns miteinander bekannt. Es klingelt wieder an der Tür. Wieder jemand Neues. Irgendjemand, der anscheinend von hier ist, erklärt uns den Kaffeeautomaten. Toll, es gibt auch ein ganzes Regal voller Teesorten. Bestimmt mindestens fünfzehn Stück. Tassen, Gläser, ein Schälchen mit italienischen Keksen, diese harten, bei denen man immer denkt, dass ein Zahn solch einen Stein nicht schadlos knacken kann, eine große Schale mit Äpfeln und Bananen – alles ist da. Das gefällt mir. Hier hat jemand kapiert, wie wichtig das Pläuschchen in der »Teeküche« ist. Hier lernt man sich kennen. An solchen kleinen Oasen kann man durchschnaufen. Alles fühlt sich sofort sehr sympathisch an. Ich bin augenblicklich froh über meinen Plan, hier an diesem Ort meinen Horizont zu erweitern.

Den anderen scheint es auch so zu gehen. Alle Augenpaare gucken freundlich und neugierig kreuz und quer. Wir alle sind hier aus irgendeinem persönlichen Grund. Im Laufe der nächsten Monate werde ich jeden einzelnen dieser Menschen in rasender Geschwindigkeit sehr intensiv kennenlernen. Und sie mich umgekehrt auch. Denn genau hier lernt man es, sich auf das Innere des Menschen zu konzentrieren. Gründe, hier zu sein – persönliche Anliegen, Ängste, Ziele, Abgründe, das, was uns hoffen oder verzweifeln lässt –, alles kommt hier ans Tageslicht. Wenn man es schafft, sich zu öffnen und das auch zuzulassen. Mal sehen, wie lange jeder Einzelne von uns hier »Verstecken« spielen wird mit seinem Innersten.

Anne, unsere Trainerin, bittet uns in einen großen Seminarraum, der fortan unser Klassenzimmer sein wird. Acht schwarze Sessel, einer für jeden Teilnehmer, sind im Halbkreis aufgestellt. Ein Sessel für die Trainerin befindet sich vorne an der Stirnseite des Raumes – so wie das Lehrerpult in der Schule. Anstatt einer Tafel stehen hinter diesem Trainersessel mehrere Flipcharts.

Der Raum ist groß und sonnendurchflutet. Wie früher in der Schule beim Start eines neuen Schuljahres geht das Gewusel los. Wer sitzt wo? In der Mitte des Sesselhalbkreises erkenne ich auf dem Boden acht gefaltete Namensschilder. Anne nimmt ihr eigenes Namensschild und stellt es vor ihre Füße. Sie fordert uns auf, das Gleiche zu tun. Wir folgen alle ihrem Beispiel, und jeder stellt brav sein Schild vor sich auf den Boden vor seinen Sessel.

Dann heißt uns Anne offiziell herzlich willkommen in diesem Institut zum Kompaktkurs für die Ausbildung zum »Systemischen Coach«. Sie ist eine brünette Frau Anfang 40 und wach und verschmitzt wie ein Erdmännchen. Sie schlägt vor, dass wir uns selbst einzeln der Reihe nach in der Gruppe vorstellen. Juhu – das könnte hier glatt eine Szene aus einem Stromberg-Film sein. In mir kribbelt alles vor Vorfreude, und ich spüre: Ich habe alles richtig gemacht. Das hier verspricht Menschenstudie pur – und nicht zu vergessen: die Selbststudie! Wie werde ich mich hier verhalten? Ich beobachte weiter amüsiert die anderen und mich selbst.

Christa, eine dezent geschminkte Frau in grauem Pulli und Jeans, die auf mich ruhig und ernsthaft wirkt, ergreift das Wort und startet von sich aus ganz selbstbewusst die Vorstellungsrunde: »Guten Morgen, ich fang einfach mal an. Ich bin Christa, ich bin sechsundvierzig Jahre alt, ich komme aus Frankfurt und habe viele Jahre in einem Lebensmittelkonzern in einer Führungsposition gearbeitet. Es kam dann ein neuer Chef, und mit dem habe ich mich nicht verstanden, und dann wurde ich dort entsorgt. Ich bin jetzt arbeitslos. Ich mache die Ausbildung zum Coach, um Klarheit für mich zu bekommen, ob ich in die Selbstständigkeit gehen soll oder ob ich wieder in einer neuen Firma im Angestelltenverhältnis arbeiten soll.«

Anne sagt: »Danke Christa!«

Dann meldet sich Jens, ein schlanker, gut aussehender sportlicher Typ mit Ringelsocken. Schrillbunte Ringel. Ringel, die man sehen soll. Solche bunten Ringelsocken sollen der Welt etwas vermitteln.

»Hallo, ich heiße Jens Müller-Karf. Ich wohne in Dresden. Ich habe meine jetzige Arbeitslosigkeit selbst gewählt und möchte mich neu orientieren. Ich glaube, dass diese Ausbildung mir helfen wird, einen neuen Weg für mich zu finden. Ich weiß noch gar nicht, wo ich hinwill.«

Und dann bin auch schon ich dran.

»Hallo! Ich heiße Isabel. Ich lebe in Köln, bin Mitte fünfzig. Ich arbeite als Sängerin, Moderatorin und Schauspielerin. Ich mache diese Ausbildung für meine persönliche Weiterentwicklung. Ich habe nicht vor, beruflich als Coach zu arbeiten. Ich bin jetzt einfach nur sehr gespannt, was hier auf mich zukommt und was ich hier für mich und meine Zukunft mitnehmen kann.«

Freundliches Nicken in der Runde. Weiter geht's in der Gruppe.

Einer nach dem anderen stellt sich vor. Heiner, Wiebke, Peter, Lucia, Jochen. Heiner springt mir sofort als möglicher Komplize ins Auge. Man braucht doch immer einen Komplizen. Das war doch in der Schule schon so. Einen Verbündeten, mit dem man Blicke austauschen kann, weil man eine bestimmte gemeinsame Ebene entdeckt hat. Vor allem die Humorebene könnte hier passen. Die ist mir sowieso die wichtigste überhaupt, denn wer Humor hat, der hat in der Regel auch Tiefgang.

Heiners Vorstellung macht mich neugierig. Er scheint superentspannt zu sein und hat den Schalk im Nacken sitzen. Er erzählt uns, er habe Familie, eine Partnerin und drei Jungs. Er war bis vor Kurzem in einer führenden Position in der Automobilindustrie. Auch er hat sich, wie Christa, mit seinem Vorgesetzten überhaupt nicht mehr verstanden und deshalb den Job geschmissen. Er sagt, er könne seine Familie eine Zeit lang durchbringen, ohne sich Sorgen um seine Existenz machen zu müssen. Von seiner Frau erfahre er dabei volle Unterstützung, denn das freie Leben sei für sie beide wichtiger als Karriere. Er schnuppere jetzt mal Coaching-Luft und warte auf ein Zeichen des Himmels, wie es dann für ihn weitergehen soll.

Das Ganze kommt sehr beschwingt aus seinem Mund, und ich kaufe ihm das auch ab. Der wird für Spaß sorgen hier in der Gruppe – da lege ich mich fest.

Ich stelle erleichtert fest, dass meine vorherigen Bedenken völlig unnötig sind, hier womöglich inmitten von intellektuellem Geschwafel unter hochintelligenten Karrieregestalten als dümmliche Schlagertante »abzukacken«. Erstens, weil ich schon mal nicht dümmlich bin – und eine »Schlagertante« sowieso nicht. Aber in neuen Lebenssituationen dieser Art melden sich unerklärbare Ängste und Minderwertigkeitskomplexe eben gerne mal zurück, um mir zu sagen: »Huhu! Wir sind immer noch da!«

Erst in den nächsten Tagen und Wochen erfahre ich bei dem ein oder anderen Kaffeeautomatenplausch, dass doch einige von Anfang an über mich Bescheid wussten und zu Hause bei You-Tube, Wikipedia oder sonstigen Fahndungsportalen ein wenig zu mir »recherchiert« haben. Aber ein bisschen Neugierde macht mir nichts aus. Ich bin ja auch neugierig auf die anderen. Und in diesem Raum sind *good vibrations!* Von allen Seiten. Wiebke möchte schlicht und einfach Coach werden, Peter will seine Konfliktängste bekämpfen. Das alles stellt sich nach und nach im Laufe der kommenden Monate heraus. Tom macht gleich mehrere Ausbildungen parallel und bereitet seinen nächsten Karrieresprung vor. Und Jochen – er hat die Ausmaße eines Billy-Regals von Ikea und versucht relativ erfolglos, mit dummen Sprüchen von seinem inneren, fast aggressiven Brodeln abzulenken – möchte genau dieses Brodeln hier therapieren oder wenigstens ergründen.

Die Aktie Mensch

Der erste Ausbildungsbaustein ist für mich ein echter Volltreffer. Es geht um die menschlichen Unterschiede und deren Auswirkung auf Kommunikation, Beziehungen und Veränderungsdynamiken. Wenn das nicht mal mein Thema ist! Wie bin ich, wie verhalte ich mich und wie wirkt sich das auf mein Gegenüber aus?

Hätte ich die ersehnten »Eier in der Hose« und würde ich das die anderen auch spüren lassen, würde sich dann das Verhalten meines Umfeldes mir gegenüber dadurch verändern? Klar! Schließlich heißt es nicht umsonst: »Wie man in den Wald hineinruft, so schallt es heraus.« Das habe ich natürlich vorher schon gewusst, aber wenn mir diese alten Lebensweisheiten von Oma und Opa im Leben weitergeholfen hätten, wäre ich jetzt nicht hier und müsste nicht viel Geld in diesen Laden schleppen. Schade eigentlich, dass man das hier nicht bei der gesetzlichen Krankenkasse einreichen kann – vielleicht mit der Diagnose: »Keine Eier in der Hose«.

Aber es lohnt sich für mich – das begreife ich sehr schnell. Was ich schon instinktiv im Laufe meines Lebens gefühlt und erforscht habe, bekommt hier plötzlich Namen und Begriffe. Wir lernen, unsere eigenen Verhaltensweisen anhand von Methoden aus der Kommunikationspsychologie zu überprüfen. Es gehen mir Lichter auf, und ich lerne: Was für den einen eine Wohltat ist, ist für die andere eine Zumutung. Nicht, dass ich das nicht vorher schon gewusst hätte, aber hier in diesen Seminaren gehen immer mehr Türen des Verstehens in mir auf. Wir sehen gemeinsam tiefer hinein in die Prozesse. In Zweier- oder Dreiergruppen gehen wir schon in Übungen aus der Coaching-Praxis ans »Eingemachte«. Sehr schnell erkennen wir uns untereinander. Wer ist wie gestrickt.

Schon im ersten »Baustein« stellt uns Anne ein Modell vor, das uns die Vielfalt des menschlichen Seins verdeutlicht und erklärt, warum es aufgrund unserer individuellen Unterschiedlichkeiten nicht selten zu Konflikten kommt.

Im Privatleben kann man sich ganz persönlich entscheiden, mit wem man näheren Kontakt zulassen möchte – in beruflichen Konstellationen nicht. Da wird dir jemand vor die Nase gesetzt, und dann musst du da durch. Wenn dann unterschiedliche Persönlichkeiten zusammengewürfelt werden, kann es schon mal scheppern. Dann ist Toleranz gefordert. Wie geht man zum Beispiel damit um, wenn dir ein Mensch zu nahe auf die Pelle rückt, den du gar nicht sympathisch findest? Oder auch in privaten Beziehungen kann es doch passieren, dass du vielleicht eine kleine Abenteurerin bist, aber deine Partner*in möchte möglichst immer am gleichen Ort Urlaub machen oder am liebsten ganz zu Hause bleiben. Wie geht jeder für sich mit solchen Tatsachen um? Natürlich kannst du dann immer weiter den Kopf über andere schütteln, oder aber du versuchst, die anderen besser zu verstehen und gut mit ihnen auszukommen. Ich möchte jedenfalls, dass mein Verständnis für andere – und für mich selbst – kompetenter wird. Denn für so tolerant ich mich auch halte, da ist noch Luft nach oben.

Außerdem fasziniert es mich, dass ich nun ja schon ziemlich lange auf dieser Welt unterwegs bin und manche Dinge, die hier zur Sprache kommen, immer noch das Potenzial haben, mich vom Hocker zu hauen. Ich habe das Gefühl, dass wir hier unseren vollen Lebensrucksack vor allen anderen auskippen, um Ordnung darin zu schaffen. Was vor aller Augen herauspurzelt, sind jede Menge Fehlverhalten, Vorurteile und vernebelte Gedanken. Wir lassen die Hosen herunter. Niemand ist perfekt. Es ist aber nie zu spät, dazuzulernen.

Vor allem, weil ich in den letzten Jahren gemerkt habe, dass in unserer Gesellschaft die Wertschätzung für ältere Menschen irgendwie und irgendwo verloren gegangen ist. Weiß Gott nicht bei allen – aber schon jetzt spüre ich in meinem jetzigen Alter, dass der Wert der »Aktie Mensch« in unserer Gesellschaft mit dem Älterwerden leider sinkt.

Nun stelle ich mir die Frage: Wo ist mein Platz als älterer Mensch in Zukunft? Und die Antwort darauf ist: Ich möchte die Dinge verstehen können, um ein gutes Leben führen, um Rat geben zu können, um weiterhin ein wertvoller Teil der Gesellschaft zu bleiben, auch wenn ich irgendwann mal nicht mehr das leisten kann, wozu ich die meiste Zeit meines Lebens in der Lage war, wenn Attraktivität, Energie und Kondition irgendwann den Bach runtergehen.

Deshalb möchte ich meine jetzt noch starken Flügel ausbreiten und so weit wie möglich fliegen, um so viel wie möglich kennenzulernen. Ich möchte so viel wie möglich verstehen lernen. So viel wie möglich aufsaugen, was sich mir bietet, um jetzt und später Herzensreichtum weitervermitteln zu können. Nicht als Lehrerin – o nein –, als Mensch immer dann, wenn ein anderer Mensch meinen Weg kreuzt und wir Interesse füreinander verspüren.

Bei unserem ersten Baustein geht es um ein Konzept von Fritz Riemann und Christoph Thomann. Diese beiden Wissenschaftler führen uns auf zwei Dimensionen zurück. Sie gehen davon aus, dass wir Menschen sehr unterschiedliche Vorstellungen davon haben, wie viel Nähe oder Distanz wir benötigen. Zudem haben wir verschiedene Bedürfnisse, was Sicherheit oder Abwechslung angeht. Die beiden Psychologen haben das in ihrem Riemann-Thomann-Kreuz zusammengefasst und veranschaulicht (online findet ihr ganz tolle Darstellungen dieses Kreuzes).

Was bin ich denn für ein Typ? Ich bin wohl weniger in der Distanz angesiedelt. Ich bin eher die, die anderen eher zu früh auf den Schoß krabbelt. Ich werde dadurch vielleicht von dem einen oder anderen Gegenüber als aufdringlich empfunden, je nachdem, wie mein Gegenüber gestrickt ist.

Wir machen einen Test. Jeder von uns bekommt von Trainerin Anne mehrere Zettel mit 40 Aussagen und einem Punktesystem. Das kann man sich fast ein bisschen vorstellen wie den *Brigitte-*

Psychotest von früher. Erinnert ihr euch? Um sich selbst einschätzen zu können, gab es alle zwei Wochen witzige Tests. Zum Beispiel zum Thema: Wie nett bist du wirklich? Frage A: »Würdest du einer älteren Dame die schwere Tüte über die Straße tragen?« Du hattest nur wenige Punkte? Pech gehabt – beziehungsweise die Menschen, die mit dir »befreundet« sind oder denen du im Alltag begegnest.

Die Tests hier sind selbstverständlich ernsthafter und fundierter. Dabei werden wir erfahren, wo jeder von uns in diesem Riemann-Thomann-Kreuz von seiner Mentalität her positioniert ist. Ich ahne es schon, wo ich landen werde ... Hoffentlich stehe ich dann da nicht alleine rum. Aufgeregt kreuzle ich mich durch den Bogen.

»Den Kollegen gegenüber verhalte ich mich oft distanziert. Schließlich bin ich am Arbeitsplatz, um zu arbeiten, und nicht, um private Themen zu besprechen«? Tja, das trifft auf mich ja nun überhaupt nicht zu! Ich vermische gerne das Berufliche und Private – natürlich nicht mit allen, klar, aber schon mit denen, zu denen ich einen guten Draht habe. Ich könnte mir nicht vorstellen, am Arbeitsplatz stur auf die Aufgaben zu gucken ohne das private Pläuschchen in der Teeküche.

Nächste Frage: »Ich stehe gerne im Mittelpunkt. Meine Späße bei Festen sind gefragt. Ich sorge gerne für ausgelassene Stimmung.« Aber klar doch! Diese Aussage trifft voll auf mich zu. Ich war schon immer gerne der Clown am Tisch. Schon damals in der Schulklasse. Auch wenn ich inzwischen weiß, dass das manchmal auch der berühmte Schrei nach Liebe war und ist. Fürs Umfeld kann das manchmal auch ganz schön nervig sein – das Eis breche ich auf diese Art und Weise auf jeden Fall.

Und weiter im Text: »Verrückte Ideen sollte man niemals ablehnen. Man muss im Leben auch mal ein Risiko eingehen können.« Ich mache wieder mein Kreuzchen. Auch das bin ich zu 100 Prozent. Ich liebe den Sprung ins kalte Wasser. Ohne Mut zum Risiko – trotz der Ängste, die mich dabei gelegentlich überfallen – wäre ich nie so weit gekommen.

Endlich! Die Auswertung des Fragebogens!

Es wird viel gelacht, als wir uns in diesem riesigen Riemann-Thomann-Kreuz, das Anne auf dem Boden zwischen den Sesseln ausgerollt hat, positionieren sollen. Wir sind alle hübsch gleichmäßig verteilt im Kreuz. Also alle miteinander sehr konträre Typen. Trotzdem verstehen wir uns sehr gut und nehmen diese Unterschiedlichkeiten mit viel Humor zur Kenntnis. Wir haben uns ja auch nicht getroffen, um eine große Familie zu werden – wir sind da, weil wir neugierig sind!

Wie erwartet stehe ich im linken unteren Quadranten, das heißt: Ich bin der Nähe-Wechsel-Typ. Anne erzählt uns auch gleich, welche die typischen Vertreter dieses Typs sind: Verkäufer, Werbefachleute, Künstler (so, so) und Journalistinnen.

Was lerne ich daraus?

Hier in der Nähe-Wechsel-Ecke, wo ich gelandet bin, tummeln sich auch die Emotionalität, die Rücksichtnahme, das Vertrauen, die Lust, die Freiheit, das Abenteuer, die Eigenverantwortung, aber leider hausen hier eben auch die Naivität, die Gefühlsduselei, das Chaos und die Flucht. Da kann ich mir an zehn Fingern abzählen, welche Auswirkungen das bei Auseinandersetzungen mit Geschäftspartnern hat, die vielleicht in der ganz anderen Ecke dieses Kreuzes stehen, nämlich die Manager, die Unternehmer und Buchhalter, bei denen man auf Kontrolle, Rationalität, Härte trifft.

Ein Schritt aufeinander zu

Ich beginne, mich selbst zu hinterfragen. Kann es sein, dass ich mit meinem Nähe-Bedürfnis einem Menschen, der von Natur aus distanziert veranlagt ist, ein bisschen auf den Zeiger gehe? Wäre ich vielleicht in solchen Situationen gut beraten, mich einen klitzekleinen Schritt aus meiner Ecke herauszubewegen in seine Richtung – also ihm Platz zu lassen, sodass er sich nicht überrollt fühlt? Hat das dann vielleicht zur Folge, dass mein Gegenüber mit einem entsprechenden Schritt auf mich zugeht – raus aus seiner Ecke? Alles wahnsinnig spannend! Hier bin ich richtig!

Eines Morgens teilt uns Jens (der mit den Ringelsocken), kurz bevor es losgeht, mit: »Wisst ihr was? Ich habe beschlossen, mich endlich zu öffnen! Wenn nicht hier, wo dann? Ich fühle mich mit euch so gut, dass ich jetzt alle Mauern fallen lasse.«

Das ist für mich ein Schlüsselsatz. Ich muss fast grinsen. Wie schön, dass er das so deutlich ausspricht, denke ich mir. Er hätte es ja auch ohne Ankündigung einfach machen können. Aber nein, er lässt uns seine Entscheidung offen und lautstark wissen. Für alle im Raum ist es ein Kompliment. Er beschenkt uns mit seinem Vertrauen.

Ich sage sofort: »Da mache ich mit!«, und die anderen schließen sich an – auch die eher leisen Persönlichkeiten. Es herrscht eine wundervoll warme Atmosphäre. Trotz unterschiedlichster Mentalitäten bei uns – immerhin sind wir ein zufällig zusammengewürfelter Haufen Menschen – erlebe ich Toleranz und die Bereitschaft, sich voll aufeinander einzulassen. Lasst uns gemeinsam eine wertvolle Zeit miteinander haben mit dem bestmöglichen Resultat!

Und das haben wir. Vor allem als uns Leni, eine weitere Trainerin, die zweite Hälfte der Ausbildungszeit übernimmt. Leni ist eine wache Naturschönheit von Mitte vierzig mit durchtrainiertem Körper. Diese Frau redet nicht lange um den heißen Brei herum. Wer eine Meinung will, bekommt sie – ungefiltert. Ich empfinde diese Frau vom ersten Moment an als Volltreffer. Den anderen geht es genauso. Nicht zuletzt auch wegen ihres Humors. Wenn Leni lacht, sieht man alle 32 Zähne und auch noch das Zäpfchen. Sie bringt eine so wichtige Leichtigkeit in alle Themen. Sie sprengt die Schwere, sowohl in ihrer Rolle als professionelle Coachin in

Unternehmen als auch in den individuellen Fällen mit privaten Einzelpersonen. Toll! Mit ihr macht es Spaß – den ganzen Tag! Sie motiviert, schont niemanden – und bleibt realistisch. Sie will aus uns gute Coaches machen – das ist deutlich spürbar.

Eines Morgens begrüßt sie uns mit den Worten: »Heute werdet ihr etwas über euch selbst erfahren, was ihr nie mehr vergessen werdet. Was zuvor in eurem Unterbewusstsein war, wird euch ab jetzt bewusst werden für immer. Ihr könnt es nie wieder zurück ins Unterbewusstsein schieben und werdet das auch gar nicht wollen. Die nächsten drei Tage beschäftigen wir uns mit der ›Transaktionsanalyse‹!«

Oha – was ist das jetzt?

Nie gehört! Wir reden alle durcheinander – gespannt wie Kinder. Und in der Tat eröffnet sich mir hier ein ganz neues Feld der menschlichen Psyche.

Ein Muster unter meiner Haut

Mithilfe der Transaktionsanalyse lernen wir menschliche Kommunikation besser zu verstehen und zu deuten. Der amerikanische Psychiater Eric Berne entwickelte in den Fünfzigerjahren – also kurz vor meiner Geburt – diese psychologische Methode, um das eigene Kommunikationsverhalten und die eigene Wahrnehmung zu reflektieren, analysieren, verstehen und auch verändern zu lernen. Ich spitze die Ohren.

Eric Berne zufolge gibt es drei Ich-Zustände, aus denen heraus wir – verbal oder nonverbal – kommunizieren. Das Eltern-Ich, das Erwachsenen-Ich und das Kind-Ich.

Das Eltern-Ich meint das Verhalten, das Denken und Fühlen, so wie wir es von den Eltern übernommen haben. Dieses Eltern-ich ist unterteilt in das »fürsorgliche Eltern-Ich«, aus dem heraus gut gemeint gehandelt wird, wie man es – im besten Falle – kennen-

97

gelernt hat von seinen Eltern. Das »kritische Eltern-Ich«, das Gegenstück, wertet und verurteilt, es befiehlt und stellt Regeln auf – natürlich ebenfalls geprägt von den Eltern.

Das »Erwachsenen-Ich« dagegen ist ein reifes Ich, das logisch und angemessen aus dem Hier und Jetzt heraus fühlt, denkt und handelt. Nicht schlecht, diese Ebene irgendwann mal zu erreichen.

Und zuletzt ist da noch das Kind-Ich. Dabei geht es um Verhalten, Denken und Fühlen, das aus der Kindheit stammt und in bestimmten Situationen wieder zurückkommt. Vermutlich treffe ich hier auf meinen lästigen »Kloß im Hals«. Könnt ihr mir noch folgen? Auch dort wird nochmals unterteilt in drei unterschiedliche »Kind-Ichs«: Das »freie Kind-Ich«, das »angepasste Kind-Ich« und das »rebellische Kind-Ich«. Die beiden Letzteren hängen – auch wenn das im ersten Augenblick widersprüchlich klingt – zusammen. Das rebellische Kind hat seine Wurzeln im angepassten Kind-Ich.

Wieder einmal wird mir bewusst, wie sehr wir doch durch die Kindheit geprägte Wesen sind. Wir tragen alle Echos unseres bisherigen Daseins in uns, und sie beeinflussen so lange unsere Gefühle und unser Verhalten, bis wir in unsere eigene Tiefe abtauchen, um dort aufzuräumen und zu entrümpeln und verstehen lernen, warum wir so sind, wie wir sind.

Meine Augen kleben an dem Flipchart. Meine Ohren wollen keine Silbe verpassen von dem, was Leni erzählt – von den Prägungen der Kindheit, von den Einflüssen, denen wir schon als neugeborenes Wesen ausgesetzt sind. Ich bin weiß Gott kein Mensch, der immer auf diesem Psychokram herumreiten will, aber es ist ganz klar, dass ich, so, wie ich jetzt bin, nicht auf die Welt gekommen bin. Eine strenge Erziehung, eine ganz bestimmte »Sprache«, mit der man mit mir kommuniziert hat, der Tonfall, Berührungen, seien sie zärtlich oder gewaltsam – all das hat mich geprägt, gestärkt, geschwächt, hat mir ein Muster unter die Haut gemeißelt.

Mit »Transaktionen« sind die kommunikativen Wechselspiele

zwischen den Menschen gemeint. Spricht ein Mensch zu mir aus dem »kritischen Eltern-Ich«, also wie ein strenger Vater zu seinem Kind wie in jener Schlüsselsituation mein Manager (mit dem ich übrigens kurze Zeit später aus diesem und weiteren Gründen nicht mehr zusammenarbeitete), als er mich in der Besprechung gefühlt verbal niederbügelte, ist für mich nun die Auswirkung klar: Ich rutsche schnurstracks in den Ich-Zustand des »angepassten-Kindes«. Die Folge: Kloß im Hals! Die rechthaberische Sprache, das Aufspielen, als habe er das Recht, einen Teil meines Lebens zu bestimmen, haben mich getriggert und in mir ein Erinnern ausgelöst an eine Sprache, deren Echo ich noch in mir zu tragen scheine. Es muss da irgendeine unterirdische Etage tief unter der eigenen Haut sein, in der alles gespeichert wird. Wie ein Hochsicherheitstrakt, den man nicht leeren kann, in dem die verweste Vergangenheit in Form von negativen Glaubenssätzen herumliegt und vor sich hin stinkt.

»Du kannst nichts«, »Du landest in der Gosse«, »Du bist eine Last«, »Was tust du mir an?« – Diese Worte sind wie Ratten in der Kanalisation meines Ichs. Sie fressen sich dort satt an meinem Seelenmüll und leben ungestört weiter. In der Nacht kommen sie raus aus den Gullis und erschrecken mich feige in der Dunkelheit eines Parks. Man sieht sie sonst nicht – aber sie sind da. Doch ich bin jetzt hier, um sie auszuhungern. Ich will aufhören, sie zu versorgen in Form von fetten Klößen im Hals.

Sorry für das krasse Bild!

Vielleicht lerne ich es hier, die Ebene des »Erwachsenen-Ichs« zu erreichen.

Was bringt mir das? Sehr viel! Ich lerne, dass ich »okay« auf diese Welt gekommen bin wie wir alle. Das sagt auch Eric Berne. Alles, was mit uns passiert, prägt uns, kann uns im schlimmsten Fall verätzen. Das sind Seelen-Tattoos – für immer. Ich wünschte mir, jeder Mensch würde begreifen, dass er »okay« ist – und das auch dann noch, wenn er begreift, was ihm widerfahren ist.

In meinem turbulenten Leben begegnen mir so viele Menschen, in deren Augen ich sehen kann, dass sie sich selbst nicht als »okay« empfinden. Bei anderen wiederum erkenne ich, dass sie sich zwar selbst als okay empfinden – nicht aber ihr Gegenüber.

Es gibt meiner Meinung nach nur eine einzig richtige innere Haltung, mit der wir alle unser Leben zufrieden genießen können: »Ich bin okay – und du bist okay.« Auf Grundlage dieses Denkens und Fühlens können wir alle mit Konflikten viel besser umgehen.

Leni macht ganze Arbeit. Sie gestikuliert, sie spricht mit glaubwürdiger Leidenschaft, und sie turnt dabei vorne auf und um ihren Sessel herum. Dieser Tag im Coaching-Training ist wieder ein Tag der Erleuchtung. Ich sehe so vieles so viel klarer vor Augen. Ich werde nicht aufhören, mich selbst zu überprüfen. Auch die seelische und geistige Kondition muss trainiert sein. Die Muskeln der Empathie drohen im Älterwerden genauso zu erschlaffen wie die an den Oberschenkeln, wenn man sie nicht bewegt. Und so schicke ich gerne meine Seelenzellen weiterhin regelmäßig auf das Laufband des Lebens. Ich laufe mit offenen Augen durch mich und durch die Welt.

Ich stehe gerade am Kaffeeautomaten, als Ringelsocken-Jens plötzlich auftaucht und mich umarmt. Ich merke, hier umarmt nicht ein Mann eine Frau, sondern hier umarmt ein von Emotionen aufgewühlter und dankbarer Mensch. Er drückt zu und hält fest. Ich kriege kaum noch Luft. Ich will mich lösen und merke, er ist noch nicht fertig mit Drücken. Also denke ich mir: Okay, einfach zurückdrücken. Irgendeinen Grund wird er schon haben.

Irgendwann lässt mich Jens wieder los, guckt mich an und sagt: »Isabel, du willst immer noch allen gefallen. Du bist wertvoll, so, wie du bist. Nutze diese Chance hier, deine Dinge zurechtzurücken. Wenn nicht hier und jetzt, wann dann?«

Ich bin gerührt, ertappt, beschämt und wieder gerührt. Er hat leider recht. Ja, ich will gefallen. Aber solange ich auf Teufel komm raus gefallen will, bin ich nicht hundertprozentig authentisch, gestehe ich mir ein.

Diese Ausbildung ist eine richtig harte Prüfung für mich, aber hier an diesem Ort finde ich die dringend notwendigen Werkzeuge, um die Baustelle in meinem Kopf endlich anzugehen. Ich lerne die sogenannten inneren Antreiber kennen – auch so ein Begriff aus der Transaktionsanalyse. Prägende Aussagen der Eltern aus unserer Kindheit peitschen den einen oder anderen von uns unaufhörlich durch den eigenen Lebensfilm.

Ich möchte aber nicht mehr das getriebene Wesen sein. Ich möchte die negativen Botschaften meiner Mutter abschütteln: »Sei perfekt«, »Sei schnell«, »Mach es allen recht«, »Streng dich an«, »Sei stark«, »Das schaffst du nie«. Ich möchte selbst die Regie über meinen Lebensfilm übernehmen – oder zumindest besser verstehen, warum die Dinge so laufen, wie sie laufen.

Ich will mir erlauben, nicht perfekt zu sein, es nicht allen recht zu machen. Wenn ich dann immer noch gefalle oder gemocht werde, dann ist es doch ein echter Gewinn.

Hier ist die großartige Angela Miebs!

Doch mit diesen positiven Erkenntnissen ist meine Ausbildung nicht vorbei – schließlich gilt es am Ende, eine Prüfung zu bestehen. Um uns darauf vorzubereiten, spielen wir im Laufe der Ausbildung immer wieder Situationen durch, in denen einer von uns als Coach einen anderen als »Klienten« coacht. Dabei wirft jeder, der in der »Rolle« des Klienten ist, ein persönliches Anliegen in den Ring. Quasi *Learning by Doing* – natürlich gespielt, aber so echt es irgendwie geht.

Ich wage mich im Laufe dieser Wochen mehr und mehr raus aus meinem antrainierten Fassadengerüst, auch wenn es mich Überwindung kostet. Das Gleiche erlebe ich bei meinen anderen

»Kolleg*innen«, die mir inzwischen sehr ans Herz gewachsen sind.

Leni hat ihre wahre Freude mit uns. Sie bastelt Konstellationen, und wir öffnen uns ausnahmslos und gewähren uns gegenseitig tiefe Einblicke in unsere Entwicklungsfelder. Eines Tages geht es um ein ganz besonderes Thema: meinen Namen beziehungsweise meinen Nachnamen.

Mein Coach: Heiner. Mein Komplize. Ich bin froh, dass er sich als mein Coach zur Verfügung stellt. Ich habe Vertrauen. Wir sitzen uns gegenüber in den Sesseln und simulieren eine echte Coachingsituation. Die anderen bleiben im Hintergrund und sind stilles »Publikum«.

Zunächst erklärt Heiner – und so muss es auch beim echten Coach ablaufen –, dass alles, was in diesem Raum besprochen wird, wirklich vertraulich ist. Dann fragt er mich nach meinem Anliegen.

Ich antworte: »Ich habe als damals 20-jährige Sängerin bei meinem ersten Plattenvertrag einen Künstlernamen haben wollen. Damals«, erkläre ich ihm, »war das normal.« Cat Stevens – sein echter Name: Steven Demetre Georgiou. Udo Jürgens hieß eigentlich Jürgen Udo Bockelmann. Gerhard Höllerich wählte sich Roy Black als Künstlernamen. Und nie vergessen werde ich die wundervolle Marlène Charell. Sie kam als Angela Miebs auf die Welt. Ich habe Marlène Charell live erlebt in den Achtzigern: eine umwerfende Frau. Blonde Mähne, endlos lange Beine, im Scheinwerferlicht funkelte ihr knapper, mit Pailletten besetzter Body, auf dem Rücken trug sie einen Federfächer wie ein Revuegirl in Las Vegas. Sie sang, tanzte und schritt die Showtreppen herunter, als sei sie schon mit hochhackigen Glitzerpumps auf die Welt gekommen. Könnt ihr euch vorstellen, dass ein Moderator diese atemberaubende Erscheinung ankündigt mit den Worten: »Ladys und Gentlemen! Hier ist die großartige Angela Miebs«?

Auch ich wollte einen wohlklingenden Namen, der groß wirkt.

Künstlerisch. Ich war schon immer eine Bewunderin der französischen Sprache. Ein französisch klingender Nachname sollte es sein. Also wurde mein Geburtsname »Wehrmann« ersetzt durch den Künstlernamen »Varell«. Dieser Name wurde geboren im Studio – mit dabei: mein damaliger Produzent Jack White und Hugo Egon Balder, der damals auch Künstler in diesem »Stall« war.

Isabel Varell – das fand ich schick! Ich fühlte mich damit schon fast wie ein Star. Mein echter Vorname war mir allerdings sehr wichtig. Die Vorstellung, meine Freunde würden mich auf einmal Chantal oder Sophie oder Celine nennen, empfand ich als zu unnatürlich. Aber auch so etwas ist bei Künstlernamen durchaus keine Seltenheit: meine Gesangskollegin Michelle ist das beste Beispiel.

Ich begegnete Michelle zum ersten Mal in den Neunzigern bei der »ZDF-Hitparade« mit Dieter Thomas Heck. Ich freute mich sehr, sie kennenzulernen. Vor mir stand eine viel zierlichere Person, als ich erwartet hatte – noch kleiner als ich, aber mit einer großen Ausstrahlung. Wir beschnupperten uns gerade neugierig, als jemand »Tanja!« rief und Michelle sich sofort umdrehte. Ja, Michelle war auch Tanja. Tanja Gisela Hewer, um genau zu sein.

Ich sagte zu ihr: »Soll ich dich Tanja nennen? Ist dir das lieber?«

Sie lächelte und sagte ganz zufrieden und mit sich im Einklang: »Nein, das ist okay. Ich höre auf beide Namen. Im Beruf bin ich Michelle, und zu Hause bin ich Tanja.«

Viele Jahre später machte sie sogar ein musikalisches Projekt unter ihrem Geburts-Vornamen Tanja. Ich nenne sie bis heute Michelle, wenn wir uns wiedersehen.

Unter dem Namen Isabel Varell ging es nun damals los mit einer Laufbahn, die mir bis heute so viel Freude, Überraschungen, Glück, Erfüllung, Kraft und Stolz gebracht hat.

Ich fahre also fort beim Coachingspiel und erkläre Heiner, dass ich bis vor Kurzem gar nicht darüber nachgedacht habe, aber dass ich seit geraumer Zeit – also auch mit dem Älterwerden – überlege, wieder offiziell meinen Namen »Wehrmann« anzunehmen.

Echt zu sein. Nichts »Künstliches« an mir zu haben. So wie ich mit dem Reiferwerden immer mehr bei mir selbst ankomme, mich selbst dabei immer besser kennenlerne und Anstudiertes erkenne, soll auch mein Name nicht mehr Fake sein.

Ich bin Isabel

Während ich rede, bekomme ich es ein wenig mit der Angst zu tun. Habe ich mich vielleicht doch zu sehr geöffnet in diesem Raum? Das geht doch eigentlich niemanden etwas an. Aber jetzt gibt es kein Zurück.

Heiner springt auf und stellt sich an das Flipchart. Er greift entschlossen zum dicken Filzstift und macht sich an die Arbeit. Ich sehe in seinen Augen Zuneigung und Verständnis. Empathie ist beim Coaching das Wichtigste. Aktives Zuhören, das dem Klienten vermittelt, dass man sein Anliegen versteht, sich hineinfühlen kann. Und Heiner fühlt meine Angst sofort. Er will mich beruhigen mit seinen warmen, offenen Augen und steigt ein: »Was ist der Name Wehrmann für dich?«

Der Name wird mir plötzlich so wichtig. Warum? Es sind doch nur Buchstaben im Pass. Oder doch mehr als Buchstaben? »Wehrmann – so heißen alle in meiner Familie. Oder hießen. Sind ja fast alle schon tot.« Meine Stimme wird leiser.

Er malt. Ich bin in der Mitte. Er fragt – ich antworte. Nach kurzer Zeit sind mehrere schwarze Kreise auf dem Papier. Groß – für alle im Raum sichtbar. In dem Kreis in der Mitte steht Isabel. Drum herum meine Mutter in einem Kreis. In einem anderen mein Vater. Meine Großeltern. Zwischen den Kreisen meiner Eltern zieht er mit lautem Quietschen des Eddings eine rote Linie. Scheidung! Blutrot. Wie aus einer nicht abgeheilten Wunde tropft vor meinem inneren Auge Blut von dem Flipchart auf den Teppich des Seminarraumes.

Je leiser ich werde, desto leiser fragt Heiner weiter. Er erfährt, dass meine Mutter neu verheiratet war. Ein neuer Kreis entsteht. Darin mein Stiefvater. Der Kreis meines leiblichen Vaters bekommt ein Gitter. Als wäre er ein Sträfling. Ich durfte meinen Vater nicht mehr sehen nach der Trennung. Er war weg aus meinem Leben. Das ist alles plötzlich wieder direkt vor mir. Verdammt nah und realistisch.

Ich kann nicht mehr. Tränen laufen mir über die Wangen. Heiner hat nicht lange gebraucht, die Antwort in mir sichtbar zu machen. Jetzt ist es klar: Ich will meinen Vater ehren. Seinem Namen wieder Leben einhauchen. Ich will nicht nur »echt« sein, sondern ich will vielmehr allen zeigen, was mir über Jahrzehnte verboten wurde und ich mir habe verbieten lassen. Ich will seinen Namen aussprechen. Ich will, dass alle ihn hören. WEHRMANN!

Meine Mutter hat meinen Vater verflucht nach der Scheidung. Sie hat ihn verurteilt auf Lebenszeit für seine Entscheidung, eine andere zu lieben. Dafür sollte er bezahlen – und zwar, indem seine Tochter sich von ihm abwendete. Sie hat es mit schrecklichen Mitteln versucht. Sie hat mir immer wieder gedroht: »Wenn du Kontakt zu deinem Vater aufnimmst, schicke ich dich ins Heim für Schwererziehbare. Du bist dann auch verantwortlich für meine Krankheiten und meinen verfrühten Tod!« Sie hat es nicht geschafft. Aber sie hat uns für eine lange – zu lange – Zeit voneinander getrennt. Die Versuche meines Vaters, Kontakt zu mir aufzunehmen, hat sie stets geblockt. Erst nach ihrem Tod habe ich mich bei meinem Vater gemeldet. Wir haben noch einige wunderbare Jahre miteinander verbringen und uns kennenlernen können. Ich bedaure heute noch sehr, welch eine Macht meine Mutter über meine Entscheidungen hatte. Es ist sehr still im Coaching Raum.

Heiner setzt sich zurück in den Sessel – unsere Knie berühren sich fast. Einfühlsam schließt er das Coaching ab: »Was würde passieren, wenn du dich ab heute offiziell Wehrmann nennst?« Ich atme durch – versuche, mich zu beruhigen. »Ich habe Angst, dass mir der Bekanntheitsgrad des Namens Isabel Varell verloren geht. Dass die Leute sich fragen: ›Isabel Wehrmann? Wer ist das?‹« Erfolg definieren die Menschen mit der Bekanntheit eines Namens.

Schließlich ergreift Heiner wieder das Wort: »Sag mir noch mal deinen Namen.«

»Isabel.«

»Und weiter?«

»Egal. Ich bin Isabel. Ich bin beides. Varell und Wehrmann. Mein Vater lebt durch mich weiter. Nicht durch die Buchstaben, die auf der CD oder im Abspann eines Films stehen ...«

Ich bin beschämt und gleichzeitig erleichtert. Ich trage dieses Anliegen schon seit einiger Zeit mit mir rum und habe mich heute in diesem Kreis getraut, es auszusprechen. Heiner hat meine Antwort, die ich schon in mir hatte, ans Licht gebracht.

Heiner und ich umarmen uns. Diese Nähe dürften wir mit einem Klienten im richtigen Leben nicht haben – aber wir sind ja nur »Auszubildende«. Auch die anderen unserer Gruppe kommen langsam und ganz vorsichtig auf uns zu. Sie bedanken sich für meine Offenheit und applaudieren Heiner, der ein sehr guter Begleiter auf der Suche nach der Lösung war.

An diesem Abend falle ich erschöpft ins Bett – und dankbar. Ich habe mit diesem Kurs genau das erreicht, was ich mir erhofft habe. Ich habe gelernt, mich selbst besser zu verstehen – und die Menschen um mich herum. Und diese Erkenntnis fühlt sich unglaublich bereichernd an.

Schritt für Schritt

Die Prüfung geht los und erstreckt sich über zwei Wochenenden. Jeder von uns wünscht dem anderen viel Glück. Es herrscht in den vertrauten Räumlichkeiten eine aufgeregte und freundschaftliche Atmosphäre. Wir warten auf die unbekannten Klienten, die hier zum Erstgespräch kommen. Am folgenden Wochenende hat jeder von uns mit »seinem« Klienten ein weiteres Coaching. Dann erst ist die Prüfung abgeschlossen. Es sind echte Klienten mit echten Anliegen, die die Prüfungssituation hier in Kauf nehmen für ein kostenloses Coaching.

Da ist zum Beispiel ein 50-jähriger Osteopath. Sein Anliegen: Burn-out. Er erzählt von starkem Ausschlag an den Händen. Er kann und will seine Patienten nicht mehr berühren, möchte seinen Beruf allerdings nicht aufgeben, weil er seine Eltern, die ihm seine Ausbildung finanziert haben, nicht enttäuschen will. Und außerdem weiß er nicht, wovon er dann leben soll. Er hat keinerlei Rücklagen. Mit Freunden darüber reden kann er nicht.

Dann ist da noch ein Hartz-IV-Empfänger, der als alleinerziehender Vater nicht mehr ein noch aus weiß. Er hat keine richtige Ausbildung vorzuweisen, und seine zahlreichen Bewerbungen verlaufen im Sande.

Ein weiterer Klient, der uns alle zu Tränen rührt, ist Mitte vierzig. Als Sohn vermögender Eltern hat er noch nie auf eigenen Füßen gestanden und wird in der Welt da draußen schlicht und ergreifend nicht gesehen. Menschen sehen durch ihn durch, sagt er. Er existiere einfach nicht, sprudelt es aus ihm raus. Auch nicht im Beruf. Er ist durch Schule und Studium hoch qualifiziert und wird trotzdem nicht bemerkt. Sein einziges schönes Erlebnis im Leben sei ein Neuseeland-Aufenthalt gewesen, bei dem ihm als freiwilligem Pfleger Kängurus und Wombats hinterherliefen, weil sie ihn mochten.

Meine Augen kleben an diesem Mann, den ich als stille Zuschauerin nur von hinten sehen kann. Die Verzweiflung, die in seiner Stimme mitschwingt, treibt mir die Tränen in die Augen. Da sitzt ein ganz normaler liebenswerter Mensch, der in der Mitte seines Lebens völlig unfrei und für andere unsichtbar ist. Als er den Raum verlässt, bleiben wir alle sprachlos zurück.

Und dann ist da noch meine Klientin. Eine fröhliche junge Frau wirbelt in den Raum. Nach einem Karrieresprung gesteht sie: »Ich bin ein getriebenes Wesen. Ich bin am Limit. Ich habe einen Kontrollspleen, kann nicht abgeben an Kollegen. Ich schaffe das nicht alleine. Ich will das Gefühl haben, ausgeglichen zu sein.«

Schnell wird mir im Gespräch mit ihr klar: Sie hat als Kind keine emotionale Versorgung oder Anerkennung bekommen. Sie wurde von ihren Eltern nur wertgeschätzt, wenn sie Leistung brachte. Statt umarmt zu werden, hörte sie nur: »Sei perfekt, beeil dich, sei gefällig.« Sie muss nun lernen, sich selbst mal zwischendurch auf die Schulter zu klopfen. Ihre Reaktion sind Tränen. Denn das hatte sie selber nie so gesehen.

Das ständige Schuldgefühl ist wie eine Wand, die wir nicht sprengen können. Man kann nur langsam Stein für Stein abtragen. Die Zukunft entwickelt sich jede Sekunde neu. Schritt für Schritt kann und darf ein Mensch seine eigene innere Diskette umprogrammieren. Dafür gibt es leider nicht den berühmten roten Knopf, der alles blitzartig verändert. Es gilt, die kleinen Schritte zu erkennen und zu bestaunen. Und sich selbst auch zwischendurch ein gutes Feedback zu geben. Dabei kann ein Coach eine Hilfestellung sein.

Nach meiner bestandenen Prüfung erhalte ich ein Zertifikat. Darauf steht in großen Buchstaben: »Isabel Wehrmann hat ihre Ausbildung zum Systemischen Coach erfolgreich abgeschlossen.« Mir ist klar: Ich werde das nie im Leben mit meinem Beruf verbinden können. Ich muss und will diese vier Monate als eine der wertvollsten Reisen meines Lebens anerkennen – mehr nicht.

Es war wundervoll, einmal Studentin zu sein – und in meinem jetzigen Alter fühle ich ganz deutlich, wie viel Schönes noch vor mir liegen kann, wenn ich das nur will. Und ich will es.

Ich bin zwar entgegen der normalen Fernsehgesetze für mein Alter noch sehr viel vor der Kamera und auf den Bühnen im Einsatz. Aber irgendwann – das ist ganz logisch – wird es anders sein. Und soll ich euch etwas sagen? Ich habe davor ausnahmsweise mal keine Angst. Denn ich weiß, dass ich mit meiner Zeit auch etwas anderes anfangen kann.

Ich werde im Alter jedenfalls nicht hinter vergilbten Gardinen sitzen und am Fenster beobachten, wie draußen die Jahreszeiten vorbeiziehen, und womöglich aufschreiben, wer da unten falsch parkt. Ich halte einen prall mit Lebenserfahrung gefüllten Werkzeugkasten in den Händen, mit dem ich noch so viel bewegen kann – zum Beispiel indem ich etwas Ehrenamtliches mache. Das ist lebenserfüllend und lebensverlängernd in beiden Richtungen.

Und mir fällt sicherlich noch einiges mehr ein. Der Fantasie sind da keine Grenzen gesetzt.

4

Er hieß Marc, und er liebte Kekse – Knutschen, egal wer zuguckt

Wenn ich mich hinsetze, um Texte für meine Lieder zu schreiben, passiert das aus den unterschiedlichsten Gründen. Auch der Zeitpunkt dafür ist kaum planbar oder vorhersehbar. Denn die Ideen für meine Lieder liegen manchmal auf der Straße rum. Ich muss sie nur erkennen und aufheben.

Diese Idee hier lag allerdings nicht auf der Straße, sondern stand an einer Tafel an der Wand in einem Selbstbedienungs-Italiener über der Bestelltheke. Bunte Bilder und Weisheiten mit Kreide geschrieben sollten einem das Warten auf das Essen verkürzen und ablenken vom Magenknurren. Und genau dort las ich einmal die Worte von der »Qualität des Lebens«. Daraus bastelte ich für ein Lied die Zeile »Die Qualität des Glücklichseins«.

Die Qualität des Glücklichseins
Hängt so von den Gedanken ab.
Glauben an die Ehrlichkeit
Ist gut für meine Offenheit.
Ich mach endlich meine Augen auf,
Nehm das Leben in die Hand,

Denk nicht nach – mach meine Seele frei.
Erst das Herz – dann den Verstand.

Die Qualität des Glücklichseins
Hängt so von den Gefühlen ab.
Worte voller Herzlichkeit
Verdrängen die Befangenheit.
Ich mach endlich alle Türen auf,
Verlass die Dunkelheit,
Spür die Sonnenstrahlen auf der Haut
Und nehm's mit Leichtigkeit.

Die Qualität des Glücklichseins
Hängt so von meinem Willen ab.
Nächte voller Zärtlichkeit
Verändern die Lebendigkeit.
Ich lass meine Fantasien zu
Und schäm mich nicht dafür.
So viel Menschen sind genau wie ich.
Ich werd sie echt berühr'n.

Mache meine Seele frei, Seele frei, Seele frei.
Lebe in Zufriedenheit, Offenheit, Leichtigkeit.

Qualität des Glücklichseins … Ein schöner Begriff, wie ich finde. Denn für mich geht es im Leben IMMER mehr um die Qualität als um die Quantität. Na ja – nicht immer. Bei Penne all'arrabbiata oder Stracciatella-Eis setze ich natürlich auf Quantität …

Bei der folgenden Geschichte hätte ich – wie bei Pasta – sehr gerne eine größere Quantität von der Qualität in meinem Leben behalten. Doch es ging mir verloren. Wobei … nicht ganz verloren – ich trage diese Erinnerung in meinem Herzen für immer und bin dankbar für das Erleben.

Schätze im Wachstumstresor

Diese Romanze mit euch zu teilen ist mir wichtig, weil in der Gesellschaft – und auch oft sogar im eigenen Umfeld – die kurzen Liebesgeschichten keine große Wertschätzung erfahren. Respekt und Mitgefühl bei einer Trennung ernten wir von Freunden und Bekannten meist nur dann, wenn die Beziehung langjährig war. Wenn es nur einige Wochen hielt, kann es ja nicht so tief gegangen sein. Dann kann man das Ganze doch viel schneller abhaken, und – zack – kommt schon bald der Nächste um die Ecke. So denken viele. Ich denke und handle nicht so, weil ich aus eigener Erfahrung weiß, wie sehr das verletzen kann.

Weil eine meiner ganz persönlichen Liebesgeschichten aus meiner Vergangenheit so wertvoll für mich ist, teile ich sie mit euch. Es ist eine Geschichte aus der Zeit, bevor ich selbst mit Pit Weyrich einen Mann für die Langstrecke gefunden habe. Für mich ist sie ein Kurzfilm mit »Prädikat wertvoll«. Ich hab so viel wertvolle Erkenntnis für mich daraus ziehen können, obwohl es ein Film ohne Happy End ist. Ein Film, in dem Ängste und tiefe Prägungen als ständige Komparsen um die Hauptrollen herumlungern. Ein Film, der mich gelehrt hat, dass es kein Fehler ist, erst das Herz und dann den Verstand einzuschalten. Auch wenn die Seelennase blutig war, die Tränen waren es wert. Ich möchte nichts ungeschehen machen. Zu hoch und zu schön waren die rosa Wolken, auf denen ich geschwebt bin.

Es gibt so manches in meinem Leben, an das ich mich kaum mehr erinnern kann. Dann kann es wohl nicht so wichtig gewesen sein. Im Älterwerden siebt das Hirn offenbar Unwichtiges aus. Zurück bleiben im Lebensalbum die wirklich wichtigen Geschichten – die, die einen weitergebracht haben. Sie bleiben als Schätze liegen im Wachstumstresor. So wie diese Geschichte, die als mentale Videokassette immer mal wieder zu mir zurückkommt …

Er gefällt mir

Jedes Mal, wenn ich an diesem einen Hochhaus in Hamburg vorbeifahre, denke ich an ihn. Ich schaue hinauf zur Rooftopbar, die hoch über der Stadt im 18. Stock schwebt. Für mich ist es damals nicht der 18. Stock, sondern der siebte Himmel. Wir sind dort ineinander versunken. In unseren Augen. In unseren Armen. Wir sind unfassbar verliebt – es ist kaum auszuhalten. Wir knutschen stundenlang und scheren uns einen Teufel, wer uns dort zuguckt. Wir genießen nicht einmal die traumhafte Aussicht über die ganze Stadt, den Hafen mit den Lichtern, den man dort oben haben kann, wenn man es sehen will. Wir sehen nur uns. Gibt es eigentlich eine Altersgrenze, ab der man nicht mehr öffentlich knutschen darf oder sollte? Dieter Hallervorden hat 2015 im zarten Alter von damals 80 im vollen Foyer seines Kabarett-Theaters ungeniert mit seiner neuen Freundin herumgemacht. Dann kann das hier doch kein Fehler sein?

Doch ich fange besser ganz von vorne an …

Bei einem großen Musikfestival Festival in Berlin mit vielen Künstlerkolleg*innen habe ich einen Auftritt. Wir sind in einer dieser großen Arenen, und ich schaue nach meinem Auftritt von der Seite hinter der Absperrung meinen Kollegen zu, wie sie auf der Bühne ihre Kurzauftritte durchziehen so wie ich zuvor. Die Atmosphäre ist wunderschön. In der Luft liegt gute Laune, und ich tanze und wippe – noch unter Adrenalin – zur Musik. Blickkontakte mit anderen Kollegen, Lächeln, Lachen, Witzeln mit Technikern vom Team. Herrlich. Ich liebe dieses Backstage-Gefühl.

Menschen wuseln herum. Es riecht nach Arbeit – kein unangenehmer Geruch, sondern vielmehr der Duft, den jeder kennt, der sich auf diesen Bühnen bewegen darf. Jeder hat irgendwie eine Aufgabe. Die Roadys, immer in coolen schwarzen Klamotten, sind wirklich ein lustiges Völkchen. Ich mag Menschen, die sich trotz harter Arbeit, oder vielleicht gerade deswegen, einen gewissen Galgenhumor angeeignet haben.

Wenn wir Künstler nach den Shows wohlig erschöpft, aber trotzdem vergnügt in der Hotelbar den Erfolg und den Applaus Revue passieren lassen, geht für die im Hintergrund die Wahnsinnsarbeit erst richtig los. Abbauen ist angesagt. Kilometerlange Kabel, schwere Boxen, alles wird in Windeseile zerlegt.

Wenn ich diese Momente erlebe, bin ich immer von Dankbarkeit erfüllt. Das sind Momente, die das Publikum nicht sieht, obwohl es auch DAFÜR bezahlt hat. Das Putzlicht geht an, und erst jetzt wird wieder offenbar, wie ernüchternd so eine Halle ist. Durch die heutigen Lichttechniken können spielend leicht traumhafte Atmosphären gezaubert und dann per Knopfdruck einfach wieder ausgeknipst werden. Dann steht man plötzlich in einer kalt wirkenden Lagerhalle. Partystimmung, Emotionen, Glücksgefühle haben diesen Raum wieder verlassen und haben sich mit den Zuschauern in die Parkhäuser davongemacht. Wie schön und wunderbar, dass ich auch so eine Art Lampe in dieser Traumwelt sein darf. Ein Licht, das mit vielen anderen Lichtern für eine begrenzte Zeit leuchtet.

Doch noch läuft die Show. Ich bewege mich zum Takt der Musik, da nähert sich mir der Choreograf und Tänzer eines bekannten großen Show-Acts. Er spricht mich an, oder besser gesagt: Er schreit mich an – was bei der lauten Musik und den dröhnenden Boxen, neben denen wir stehen, nicht anders möglich ist: »Hey, du bist doch Isabel! Ich kenn dich. Mensch, ich wollte dir immer mal sagen, dass ich dich ganz toll finde!«

Er hätte auch so was Plattes schreien können wie: »Super Musik, oder?«, denn er ist mir auf Anhieb sympathisch. Er albert und schäkert lustig mit mir – und ich finde ihn einfach unglaublich nett. Ich denke mir nichts dabei und bin überzeugt: Der ist bestimmt schwul, wie so viele Tänzer. Das ist bei dem einen oder anderen männlichen Geschöpf vielleicht schade, in der Regel ist das für uns Frauen manchmal sogar richtig praktisch. Wobei ich jetzt aber auch schnellstens hinterherschieben muss, dass ich sehr froh darüber bin, dass es auch heterosexuelle Exemplare gibt. Richtig tolle Exemplare.

Marc, so heißt der großartige Tänzer, und ich quatschen miteinander, haben Spaß ohne Ende, und schließlich fragt er mich nach meiner Handynummer. Wir tauschen sie aus, und ich bekomme am selben Abend noch eine SMS von ihm. Ich erwische mich bei dem Blitzgedanken: Hoffentlich ist der nicht schwul. Ich denke zurück an sein Gesicht. Blonde Locken, offener Blick, strahlendes Lachen – ein unglaublich gut aussehender Mann. Er ist groß und hat als Tänzer natürlich eine sehr durchtrainierte Figur. Ich gebe zu: Er gefällt mir. Gleichzeitig meldet sich meine innere Stimme: Der hübsche Tänzer ist doch viel jünger als du! Der könnte ganz andere Frauen haben!

Warum, um Gottes willen, neigen wir Frauen oft dazu, uns selbst kleinzureden? Als ob eine Frau weniger wert ist, wenn sie älter ist als der Mann. Das sind tiefe Glaubenssätze, die ausgelöscht werden sollten. In diesem Punkt lasse ich mich von meinem Herzen leiten, nicht von meinem Verstand. Doch die Theorie begriffen zu haben heißt leider noch lange nicht, es in der Praxis zu leben. In der Gesellschaft ist es teilweise heute noch so, dass man eine Beziehung zwischen einer reiferen Frau mit einem jüngeren Mann nicht für voll nimmt. Und ich ertappe mich dabei, dass ich mich selbst offenbar nicht genug wertschätze, um das Selbstbewusstsein zu haben, dass ich auch von einem jüngeren Mann geliebt werden könnte.

Meine innere Stimme gibt keine Ruhe: »Der ist doch dauernd mit großen, gertenschlanken Tänzerinnen zusammen! Als Tänzer auf Tournee wird der, so wie er aussieht, garantiert von allen angebaggert, ob hetero oder nicht.« Und doch antworte ich auf seine SMS. Ganz ganz vorsichtig. Von meiner inneren Stimme lasse ich mir nichts vorschreiben!

Von da an geht es hin und her. Du meine Güte – wir texten alle verfügbaren Akkus leer. Das ist ja nicht mehr normal. Mein wichtigstes Accessoire ist mein Ladekabel noch weit vor dem Lippenpflegestift. Ich lerne via SMS einen unfassbar humorvollen Mann kennen. Er schreibt witzig und spannend. Und irgendwann bin ich mir sicher: Dieser Mann ist definitiv NICHT schwul. Wenigstens nicht ausschließlich!

Schließlich telefonieren wir. Immer wieder. Stundenlang. Seine Stimme am Telefon wärmt mich. Der Klang seines Lachens lässt mich träumen. Ich bin, glaube ich, eher ein akustischer Mensch als ein visueller. Ein Mann könnte noch so gut aussehen, wenn da dann plötzlich eine piepsige unsichere Stimme rauskommen würde, wäre bei mir alles vorbei. Doch von Marc kann ich nicht genug bekommen. Wir finden schnell Parallelen in unser beider Leben. Seltsam schön, wie offen und scheinbar angstfrei wir uns aufeinander einlassen. Und irgendwann wird uns beiden klar: Wir müssen uns wiedersehen …

Marc ist ein Gentleman und schlägt mir ziemlich schnell vor, mich in Hamburg zu besuchen. Er wohnt in der Nähe von Leipzig. Mein Herz pocht bis zum Hals. Er kommt wirklich. Hilfe! Wo soll er denn schlafen? Ich muss grinsen, während ich diese Zeilen schreibe. Damals erkläre ich mir, dass er als Tänzer bestimmt auf sein mühsam ertanztes Geld aufpassen muss. Ein herrlicher Grund für mich also, ihm anzubieten, bei mir zu übernachten.

Für immer 14

Wie jede Frau hab ich natürlich Angst vor diesen peinlichen Momenten, wenn wir dann in meiner Wohnung sind – verliebt, aber fremd. Wer macht den ersten Schritt? Ich weiß ja noch nicht einmal, was oder ob etwas passieren soll oder ob er überhaupt will. Und will ich überhaupt? Jeder Gang über die roten Teppiche dieser Welt ist leichter! In diesen Momenten hat mein »Erwachsen-Sein« Aussetzer. Egal wie alt du bist – die Verliebtheit sorgt dafür, dass du dich wieder fühlst wie eine verknallte 14-Jährige. Und das ist einfach wundervoll.

Was Sex angeht, bin ich seit den Neunzigern sehr vorsichtig geworden. Und wenn, ja wenn mich Amors Pfeil beim Wiedersehen mit Marc richtig treffen sollte, dann würde ich sowieso nichts ohne Kondom machen, ohne vorher um einen Aids-Test zu bitten. Das ist zwar nicht wirklich romantisch – aber in meinem Leben unerlässlich. Egal, wie stark meine Gefühle und Hormone auch gerade tanzen.

In den Achtzigerjahren habe ich viele Todesfälle im Bekannten- und Freundeskreis erleben müssen. Unglaublich, wie Aids um sich schlug. Einer der ersten schmerzlichen Verluste war Tony Holiday. Ein Schlagerkollege, den ich sehr mochte. Ich lud ihn 1989 zu meiner Hochzeit mit Drafi Deutscher ein. Er sagte als Erster zu, und ich freute mich sehr auf ihn. Doch er kam nicht. Keine Absage, kein Anruf, keine Karte. Ich erfuhr es stattdessen aus der Zeitung: Toni Holiday starb am 14. Februar 1990 an den Folgen von Aids.

Aids beziehungsweise eine Infektion mit dem HIV-Virus wird erschreckenderweise heute noch von vielen Menschen als eine Schwulenkrankheit angesehen. Das stimmt aber definitiv nicht. Diese Einstellung ist hochgradig gefährlich! Es betrifft uns alle. Die aktuellen Statistiken beweisen: Es infizieren sich nach wie vor zwei- bis dreitausend Menschen jährlich mit HIV – etwa ein Viertel davon sind heterosexuell.

Durch meinen jahrelangen ehrenamtlichen Einsatz bei der Aidshilfe Hamburg, im Hospiz »Hamburg Leuchtfeuer«, durch meinen Austausch mit Professor Ulrich Heide, dem ehemaligen Vorsitzenden der Deutschen Aidsstiftung, für die ich sogar einmal in Venedig Marathon gelaufen bin, und nicht zuletzt durch meinen intensiven Kontakt zu Infizierten bin ich gut informiert. Ich sehe es damals und heute als meine Aufgabe an, aufmerksam zu machen auf dieses sehr in den Hintergrund gerückte Thema. Denn gerade darin lauert die Gefahr. Obwohl es heute sehr gute Medikamente und Therapien gibt und eine Infektion damit kein Todesurteil mehr ist, bleibt Aids lebensbedrohlich – vor allem, wenn eine andere Erkrankung hinzukommt, zum Beispiel Covid-19, die das Leben für HIV-Infizierte doppelt gefährlich macht. Ein Freund von mir, der HIV-positiv ist, gehört seit nunmehr einenhalb Jahren zur Hochrisikogruppe, obwohl das HI-Virus in seinem Blut dank der Kombinationstherapie nicht mehr nachzuweisen ist.

Deshalb mein Rat an alle, die die Liebe nicht nur lieben, sondern auch praktizieren: Passt auf! Achtet darauf, dass ihr euch auch weiterhin schützt.

Als ich Marc am Telefon sage, dass ich ein großes Schlafsofa habe, reagiert er wieder herrlich humorvoll – aber irgendwie auch sehr erwachsen. »Keine Umstände – ich kann auch am Boden schlafen.« Er wirkt auf mich wie jemand, der die Welt versteht, spontan ist, aber gefühlvoll, und mit Respekt in diesem Moment genau das Richtige macht. Und ich will mich mit meiner Schlafsofageschichte im Grunde ja nur ein wenig absichern. Was ist, wenn er irgendetwas an sich hat, was mich stört? Man malt sich ja durch die vielen SMS und Telefongespräche ein ganz eigenes Bild des anderen. Und dieses Idealbild kann sehr schnell von der Wand fallen, wenn man sich plötzlich im realen Leben wiedersieht.

Ich glaube, alle Frauen kennen das, was jetzt kommt: Kurz bevor Marc kommt, packt mich die große Aufregung. Ich renne durch die Wohnung, putze, staubsauge, räume alle Sachen weg, die ihm vielleicht nicht gefallen könnten. Und natürlich überlege ich mir genau, was ich »drunter anziehe«. Ob Männern das vor dem ersten Date, bei dem es zum Äußersten kommen könnte, auch so geht?

Ich fülle meinen Single-Kühlschrank bis zum Rand. Alles, was man für ein üppiges Frühstück benötigt, dazu Salat, Obst und guten Wein. Dieser Typ trinkt bestimmt eher Wein aus Gläsern als Bier aus der Flasche.

Ich habe in einer Reportage sogar mal von einer Studie gehört, in der das Essverhalten von Frauen und Männern beim ersten Date erforscht wurde. Demnach bestellen wir Menschenkinder im Restaurant ganz bestimmte Mahlzeiten, um dem Gegenüber – bewusst oder unbewusst – Botschaften zu senden. Die Studie kam zu folgendem Ergebnis: Frauen bestellen sich häufig einen Salat. Das vermittelt: Ich ernähre mich gesund. Ich bin die Richtige, um deine Kinder zur Welt zu bringen. Und ich achte auf meine Figur. Männer bestellen beim ersten Date angeblich Fleisch! Ein Steak. Es zeigt: Ich bin der Mann! Ich bin wild und kräftig. Ich bin ein Tier – auch im Bett.

O Gott! Wie gesagt: Das habe ich mal im Fernsehen gesehen – ich lebe aber nicht danach. Ich esse beim ersten Date keinen Salat. Ich will ja auch nicht die Mutter seiner zukünftigen Kinder werden. Stattdessen vertraue ich auf eine besonders sorgfältig zusammengestellte französische Käseplatte. Das ist nämlich ein bisschen wie ein Picknick zu Hause. Es ist kein »Tellergericht«, das man schnell verputzt, sondern es zieht sich gemütlich über den Abend. Man pickt vom gleichen Teller bei Kerzenschein. Da merkt man schnell, ob's passt …

Ach ja, Kerzen! Überall stelle ich Kerzen auf. Er soll sich wohlfühlen. Quatsch – ich will ihm gefallen. Oje, langsam komme ich mir lächerlich vor. Als wäre es mein allererstes Date.

Ich wundere mich über meine Fähigkeit, in meinem Lebensbuch einfach umblättern und ganz neu anfangen zu können. Mein Lebenslauf hat viele vorherige Seiten gefüllt mit Trennungen, Abschieden, Tod und Trauer – und plötzlich renne ich los auf die nächste noch unbefleckte weiße Seite und lasse neue Buchstaben darauffallen: M – A – R – C!

Gewagt und gewonnen

Marc kommt – wir stehen uns gegenüber am Bahnsteig, und vier weit aufgerissene Augen sagen: »JA!«

Wie Teenies schlendern wir durch die Straßen und erzählen uns die wichtigsten und unwichtigsten Geschichten. Wir fahren hoch in die Rooftopbar und knutschen, knutschen, knutschen. Stundenlang. Irgendwann abends landen wir bei mir in der Wohnung. Erst die Käseplatte. Dann ein letztes Glas Wein auf dem angekündigten großen Schlafsofa. Er nimmt alles in seine Hände: mein Gesicht, meine Gedanken, meine Arme, meine Hände. Vielleicht auch meine Zukunft? Ich bekomme Angst. Angst, diesen Moment zu verlieren. Ihn zu verlieren, bevor ich ihn überhaupt habe.

Soll ich einfach weiterquatschen? Nein. Ich gebe mir einen Ruck. Jetzt kommt die kalte Dusche. Ich atme tief durch und frage: »Marc, hast du mal einen HIV-Test gemacht?«

»Ja, aber der ist schon ein bisschen her.«

Mit ruhiger Stimme forsche ich in seinem Gesicht: »Gibt es denn Grund für dich, einen neuen Test zu machen?«

Seine Antwort kommt ebenso ruhig, wie glaubwürdig: »Ja.«

Ich frage nicht weiter. Wir sehen uns an. Die Reaktion auf so eine Frage verrät, wie verantwortungsvoll ein Mensch ist und welche Werte für ihn zählen. Und in Marcs Augen erblicke ich nichts als Liebe, Respekt und Verständnis für meine Frage. Nun bin ich ihm restlos verfallen. Was für ein wundervoller Mensch sitzt denn da auf meinem Schlafsofa?

Wir verbringen die erste gemeinsame Nacht in meinem Bett. Wir liegen die ganze Nacht wach und halten uns. Kein Annäherungsversuch von ihm – alles fühlt sich gut und richtig an. Ich empfinde diese Nacht als unglaublich zärtlich und sogar erotisch.

Da ist sie: die Qualität des Glücklichseins. Sein Verhalten und auch die Überwindung meiner eigenen Angst, durch meine Fragen Störungen zwischen uns zu verursachen, meine Bereitschaft, ihn trotz aller Vorurteile bezüglich des Altersunterschieds überhaupt zu treffen, machen mich in dieser Nacht glücklich und stolz und erfüllen mich mit einer sonderbaren Ruhe. Ich habe es gewagt – und gewonnen. Und ich glaube, er denkt in diesem Augenblick das Gleiche …

Wir sprechen über die Möglichkeiten, kurzfristig einen Test zu machen, und beschließen, am nächsten Tag gemeinsam zum anonymen HIV-Test in Hamburg zu gehen. Ich bin zwar kurz zuvor getestet worden und habe seit diesem Test kein sexuelles Erlebnis gehabt, das das Ergebnis hätte verändern können. Aber für mich ist klar: Ich mache da mit.

In Hamburg gibt es in dieser Zeit eine Anlaufstelle der Aidshilfe, wo man sich anonym und unkompliziert ohne vorherige Anmeldung testen lassen kann. Ärzte nehmen einem nach einem vertraulichen Einzelgespräch Blut ab. Das Ergebnis kann man nach circa einer Woche anonym mithilfe eines Codes abrufen.

Als wollten wir uns gegenseitig beweisen, dass wir über dieses Thema absolut identisch denken, gehen wir am nächsten Morgen Hand in Hand zum gemeinsamen Test. Es war ein bewegender Moment für uns beide. Ich glaube, würde eine solche Szene in einem Film gezeigt, würde ich es nicht glauben, aber ich würde sie genießen …

Das Wartezimmer ist kahl und hässlich. Doch ich kann gar nicht beschreiben, wie romantisch es in diesem hässlichen, freudlosen Raum ist. Da sitze ich nun mit diesem Traummann in einem kasernenähnlichen Zimmer und möchte nirgendwo anders auf der Welt sein als hier.

Ein Arzt betritt den Raum und fordert Marc auf, ihm zu folgen. Marc antwortet dem Arzt mit fester Stimme: »Isabel ist meine Freundin. Wir haben keine Geheimnisse voreinander. Wir kommen gemeinsam zu Ihnen für den Test.« Der Arzt lächelt und schaut uns beide prüfend an. Er macht uns mit kurzen, freundlichen Worten darauf aufmerksam, dass dieses Vorgespräch sehr persönlich wird. Auch das hält Marc nicht auf, und nun folgen wir beide dem Arzt in ein weiteres Zimmer.

»Isabel ist meine Freundin.« Vier Worte – und für mich in diesem Augenblick der schönste Satz, den es gibt. Wir gehen nicht – wir schreiten. Und die ganze Zeit halten wir Händchen.

Der Arzt stellt nun seine Fragen. Er muss sie stellen, denn ein HIV-Test ist eine kostspielige Angelegenheit und wird nur dann von ihm durchgeführt, wenn ein wirkliches Infektionsrisiko vorliegt. Marc ergreift das Wort und erzählt dem Arzt und auch mir ganz offen von seinem letzten ungeschützten sexuellen Kontakt. Er beschreibt die Affäre mit einer Frau, die nach seiner Kenntnis oft wechselnde Partner hatte. Marc sieht mich an und spricht mit leiser und zärtlicher Stimme weiter: »Jetzt, wo ich eine Freundin habe, will ich sicher sein, dass ich sie nicht gefährde.« Was für ein Satz.

Der Arzt scheint zu spüren, dass hier große Gefühle im Spiel sind. Er sieht uns beide warm an. Schließlich will er wissen, wie lange der ungeschützte Sex her sei. Das ist wichtig, wegen der vier- bis sechswöchigen Inkubationszeit. Vorher lässt sich das Virus nämlich im Blut gar nicht nachweisen. Da es länger her ist, stimmt er dem für den »Patienten« kostenfreien anonymen Test zu. In meinem Fall sieht der Arzt von der Durchführung eines Tests ab, da ich bereits getestet bin und seitdem in keiner erneuten Risikosituation war.

Wir verabschieden uns vom Arzt und verlassen die Einrichtung mit einem Code, unter dem Marc sein Ergebnis in der darauffolgenden Woche abrufen kann. Draußen vor der Tür bittet er mich: »Hol du bitte nächste Woche mein Ergebnis ab und sag es mir dann. Ich werde ja nicht hier sein.«

Er nimmt mich in den Arm. Wir halten einander ganz fest. Nichts im Leben hätte uns näher zusammenbringen und mehr zusammenschweißen können als dieses gemeinsame Erlebnis.

Nach ein paar wundervollen Tagen und Nächten müssen wir uns erst einmal voneinander verabschieden. Uns erfüllt das sichere Gefühl, dass wir zusammengehören und einander bald wiedersehen werden. Es gibt keine Spielchen oder Allüren. Keiner von uns beiden zweifelt an unserer entstehenden Beziehung. Taktiken wie, »Ich melde mich jetzt mal einen Tag lang nicht und mache mich rar«, gibt es bei uns nicht. Wenn mich jemand nur dann interessant findet, wenn ich das Kalte-Schulter-Spiel beherrsche, kann ich gerne drauf verzichten. Umgekehrt macht mich so ein Verhalten bei einem Mann ja schließlich auch nicht an. Es gibt nur einen einzigen Weg in mein Herz: indem Mann Gefühle zeigt.

Ich hole in der darauffolgenden Woche Marcs Testergebnis ab. Gerührt von seinem Vertrauen, mir diese Aufgabe zu übertragen, frage ich mich auf dem Weg dorthin: Was mache ich, wenn er HIV-positiv ist? Wie geht es dann weiter? Ich kann mir bis heute diese Frage nicht beantworten, was wohl gewesen wäre, wenn, denn sein Test ist negativ. Und wie positiv das in diesem Moment ist, kann ich kaum beschreiben.

Allein

Wir sehen uns wieder, öffnen beide unsere Lebensbücher und lassen einander drin lesen. Er macht sich Sorgen um seine Zukunft. Und das sorgt bei mir für Momente der Ernüchterung. Nicht seine Angst – nein, die kann ich gut nachvollziehen –, doch ich habe den Eindruck, er versucht, seine Zukunftsängste wegzukiffen. Und beim Thema Drogen hat mein Humor Endstation.

Natürlich habe ich früher auch mal an einem Joint gezogen, wenn er die Runde machte. Alles andere wäre in den Siebzigern so was von uncool gewesen – das Ganze hat ja auch was. Aber ich finde es schon etwas bedenklich, wenn zu einem spaßigen Kinoabend ein Joint gehören soll. Oder wenn eine Party angeblich nur dann so richtig lustig ist, wenn man vorher gekifft hat. Offenbar bin ich naturbetrunken oder naturbekifft. Ich brauche so etwas nicht – ich bin auch so eine alberne Nudel.

Marc erzählt mir von den Haschkekspartys, die er regelmäßig mit seinen Freunden feiert und bei denen sie sich »total abschießen« – Originalsprache in diesen Kreisen. Ich bin irritiert. Ich weiß vom Hörensagen, dass die Wirkung von Haschkeksen viel intensiver ist, als wenn man das Zeug raucht. Außerdem ist es schlicht und ergreifend gefährlich. Die Wirkung eines solchen Kekses kann acht bis 14 Stunden anhalten – außerdem können sie zu Kreislaufkollapsen und Angstzuständen führen. Freuen kann ich mich also über diese freimütigen Geständnisse von Marc nicht. Nach meiner Ehe mit Drafi bin ich übersensibel geworden, was diese Themen angeht. Drogen sind zerstörerisch – und seinen Drogenkonsum hat unsere Beziehung damals nicht verkraftet.

Trotzdem schweben wir weiter im Liebesrausch, gehen wieder in die Rooftopbar, wo wir uns das erste Mal geküsst haben. In einer Spätsommernacht, es ist inzwischen September, geben wir uns ein Versprechen: Ganz egal, was passiert – ob wir zusammenbleiben oder nicht: In der kommenden Silvesternacht treffen wir uns hier oben in der Bar, 75 Meter näher an den Sternen, um Mitternacht! Wir geben uns die Hände darauf. Natürlich ist es ein Spaß, aber wir meinen es ernst.

Das nächste Mal, als Marc zu mir kommen will, bleibe ich allein. Er meldet sich nicht. Ich habe Angst.

Ich rufe ihn an und erreiche ihn auf dem Handy. Es ist Nachmittag, und er liegt noch im Bett. Er flüstert stotternd rum, er sei wie gelähmt. Er könne nicht kommen.

Ich frage, ob etwas mit uns nicht in Ordnung sei.

Nein, haucht er ins Telefon, er habe wieder einen dieser Haschkekse gegessen. Er sagt fast lallend irgendetwas von unsicherer Zukunft und was ich starke Frau denn mit ihm wolle.

Mir zieht es den Boden unter den Füßen weg. Irgendetwas in

mir fällt ganz tief. Ich realisiere in diesem Moment, dass es vorbei ist. Er will im Bett bleiben. Er schäme sich zu sehr und werde nicht wieder zu mir kommen. Trotzdem gebe ich ihm weinend zu verstehen, dass ich auf ihn warte. Meine Stimme zittert. Mir ist egal, dass er merkt, wie sehr ich an ihm hänge. Aber ich spüre, dass ihn diese Worte nicht erreichen. Er weiß nicht, wie wundervoll und wertvoll er ist – das hat er wohl in sich selbst noch nicht erkannt. Ich wünschte mir, ich hätte es ihm vor Augen führen können.

Was folgt, ist eine grauenhaft lange Zeit der Funkstille. Dieses »nicht mehr anrufen dürfen« macht mich fertig. Zu ihm nach Leipzig fahre ich nicht. Ich bin festgetackert in Hamburg durch ein Musical-Engagement. Die tägliche Abendvorstellung sperrt meine Möglichkeiten und Träume ein. Mein Bauch sagt mir aber auch, dass es nichts geändert hätte. So intensiv unsere kurze Zeit auch war – mir ist es nicht gelungen, ins Innerste seines wundervollen Wesens vorzudringen. Aber eines ist für mich sicher: Er hat es ernst mit uns gemeint.

Gemeldet hat er sich nie wieder bei mir.

Ich war da

Die Monate vergehen. Es wird Winter in Hamburg. An Silvester habe ich Doppelvorstellung im Theater. Das Ensemble geht danach zusammen feiern.

»Komm doch mit, Isabel«, sagen alle.

»Ich bin müde«, lüge ich sie an. Denn ich bin wach wie noch nie. Wie ferngesteuert bahne ich mir meinen Weg durch das an der Theaterbar ausgelassen feiernde Publikum und nehme mir draußen ein Taxi und nenne dem Fahrer die Adresse der Rooftopbar.

»Frau Varell, Sie haben da sicher eine nette Party da oben in der Bar, oder?«, freut sich der Taxifahrer.

Ich kann ihm kaum antworten. Mein Hals ist zu, und mein Herz klopft. Wir kommen nach einer kurzen Fahrt an.

Was mache ich hier? Bilde ich mir ernsthaft ein, er wäre da? Aber wir haben es uns geschworen. Ganz fest.

Ich betrete den Fahrstuhl. Die Fahrt nach oben dauert gefühlte 20 Stunden. Das letzte Mal, als ich hier raufgefahren bin, war ich der glücklichste Mensch der Welt. Jetzt bin ich klein und ängstlich. Alles in mir sagt, dass es doch Blödsinn ist, so einem Spaßschwur zu folgen. Aber was ist, wenn er da ist? Können wir dann neu anfangen?

Ich steige aus im 18. Stock. Die Bar platzt aus allen Nähten. Es ist zwei Minuten vor Mitternacht. Entschuldigungen stammelnd kämpfe ich mich durch die feiernde Menschenmenge. Ich suche nach jenem Gesicht, in dem ich vor wenigen Monaten die Liebe neu gefunden habe. Meine Knie sind weich. Ich grase jeden Quadratmeter in dieser Bar ab. Der Countdown läuft.

»10–9–8–7 …« Ein lauter DJ hämmert die letzten Sekunden des Jahres in ein schlechtes Mikrofon: »6–5–4–3–2–1!«

Die Uhr schlägt Mitternacht. Die Menschen um mich herum umarmen einander – und teilweise auch mich. Eigentlich toll, wenn sich wildfremde Menschen in die Arme fallen, obwohl sie sich gar nicht kennen, und einander das erdenklich Beste wünschen. Doch in diesem Augenblick fühle ich mich so einsam wie selten zuvor in meinem Leben.

Marc – falls du das hier liest: Ich war da.

Niemand bemerkt, wie es mir wirklich geht. Ich nehme den Fahrstuhl abwärts in ein neues Jahr. Schlimmer kann ein Jahr nicht beginnen. Oder kann es nicht besser beginnen? Ist die Wahrheit – das Echte – nicht das Beste, was einem passieren kann? Hätte ich es doch in diesem Moment schon erkennen können.

Heute bin ich sehr dankbar für diesen kurzen Film in meinem Leben, der mir bis zum Abspann gezeigt hat, dass das Leben voller Überraschungen ist. Es gibt nichts zu bereuen. Die Intensität unserer Gefühle, diese Ebene der Liebe gesehen zu haben, ist nicht weniger wertvoll und darf nicht in Konkurrenz treten müssen mit einer langjährigen Beziehung. Sie ist nicht mehr und nicht weniger wert. Sie ist wertvoll. Punkt.

Für die Liebe ist man nie zu alt. Warum sollte man nicht auch mit sechzig wie ein verliebtes aufgeschrecktes Teenagerhuhn durch die Gegend springen dürfen? Wer stellt das Gesetz auf, ab welchem Alter wir nicht mehr öffentlich knutschen dürfen? Ab wann ist es peinlich?

Als ich damals Dieter Hallervorden mit seinen 80 Jahren im gefüllten Foyer seines Theaters beim wilden Rumknutschen ertappte, habe ich ehrlich gesagt einen ziemlichen Schreck bekommen. Aber dann meldete sich schnell meine innere Toleranz-Polizei mit Blaulicht und Sirene und sagte mir: »Lass ihn doch. Warum denn nicht? Statistisch gesehen hat er doch gar nicht mehr so viele Jahre zum Knutschen Zeit! Und wer es nicht sehen will, guckt einfach weg.« Und genau das habe ich getan. Ich habe ein fröhliches Prost in seine Richtung geflötet (schließlich war er der Produzent des Musicals, in dem ich damals gerade spielte) und dann weggeguckt.

Denn warum sollten wir nicht auch noch mit 80 oder 90 rumknutschen, wenn uns danach ist? Wir sind nur einmal auf der Welt. In dieser Zeit sollten wir alle versuchen, so viele Momente des Glücks wie möglich zu erleben. Ich bin froh, dass ich diese glückliche Zeit mit Marc erleben durfte – und den Schmerz nehme ich dafür gerne in Kauf. Solche Gefühlsexplosionen verraten uns, dass wir am Leben sind.

Egal, wie alt wir sind!

5

Live nach neun – Bin ich zu alt oder etwa zu jung?

»Boah, ist die alt geworden!«, stöhnt meine Mutter. Sie stöhnt eigentlich jeden Abend wegen irgendwem. »Du meine Güte, die Marika Rökk war mal so eine schöne Frau!« Betonung auf »war«.

Ich bin noch ein Teenager, als Marika Rökk »steinalt« in der Flimmerkiste erscheint, während meine Mutter bettfertig im Fernsehohrensessel liegt, die Beine ausgestreckt auf einem zum Sessel passenden Puff-Hocker. Jeden Abend die gleiche Prozedur: erst Badewanne und dann das Nachtoutfit in mehreren Schichten: zunächst die baumwollenen Liebestöter, dann die volle Montur Rheumaunterwäsche – und darin noch ein Katzenfell fürs Kreuzbein, das wärmt. Als oberste Schicht des Zwiebellooks kam dann das knöchellange, langärmelige Nachthemd mit Blümchenmuster in zarten Farben. Dann drehte sie noch ihre Haare für die Nacht auf – ohne Lockenwickler, indem sie die Haare über die Finger in Rollen drehte und sie mit zwei Kilo Haarklammern festtackerte.

Loriot hat mit solchen Karikaturen in seinen Filmen die größten Erfolge gehabt, aber das hier ist Realität – meine Realität: eine Schreckschraube, die da sagt: »Boah, ist die Marika Rökk alt geworden!«

Nur keinen Hunger mehr

Meine Mutter war eine sehr attraktive Frau. Tagsüber. Abends war davon nicht mehr viel zu sehen, wenn Werner Veigel in feinem Zwirn und schicker Krawatte um 20 Uhr in der ARD erschien und »Guten Abend, meine Damen und Herren – ich begrüße Sie zur Tagesschau!« sagte. Meine Mutter legte abends ihre Attraktivität ab, die sie am Nachmittag auf der Königsallee in Düsseldorf stolz zur Schau gestellt hatte. Mit Blumenkleidern bis kurz übers Knie, Lackpumps mit Schnalle und niedrigem Absatz und ihrem Pelzmantel wirkte sie wie eine Filmdiva: groß und wichtig. Wie gesagt: tagsüber.

Für den Mann an ihrer Seite musste sie nicht schön sein. Mein Stiefvater liebte sie so, wie sie war. Dieser gütige Mann wusste gar nicht, wie ihm geschah, als eine so imposante Frau auf seine Heiratsanzeige in der Rheinischen Post antwortete.

Gerhard, so hieß er, 1924 geboren, hatte als junger Mann an der Ostfront gekämpft – allerdings nur sehr kurz, denn schon im Alter von 21 landete er mit zerschossenem Gesicht im Lazarett und kämpfte um sein Leben. Die Ärzte um ihn herum hatten ihn aufgegeben. Zu ihrer Überraschung atmete er einfach weiter und überlebte. Mehrere Unfall- und Schönheitsoperationen waren nötig, bis er wieder ein Gesicht hatte. Zwar ein schiefes mit tiefer Narbe über der einen Gesichtshälfte – aber es war ein Gesicht. Dieses Gesicht lernte ich mit 13 kennen, als er sich mit meiner scheidungstraumatisierten Mutter traf. Er suchte Sicherheit. Meine Mutter auch. Die Sicherheit, die meine Mutter suchte, war das Abgesichertsein einer alleinerziehenden Mutter, die damals als solche gesellschaftlich nicht akzeptiert war. Er suchte Sicherheit im Zuhause. Er brauchte eine Frau. Eine Ehefrau. Eine Frau, die für ihn kochte, putzte, bügelte, ihm sein Butterbrot schmierte für die Arbeit und mit einem warmen Essen auf ihn wartete. Das, was er brauchte und in ihr fand, war für ihn das Höchste und hatte seinen vollen Respekt. Eine Frau war für ihn das Wesen für das Zuhause – ohne es abzuwerten. So hatte er es von seinen Eltern gelernt, und so war das Lebensmodell, das er nach seiner eigenen bösen Scheidung fortsetzen wollte.

Gerhard hatte eine Firma aufgebaut mit wenigen Mitteln und kräftigen Händen. Aber seine Seele war zertrümmert wie sein Gesicht. Doch anders als sein Gesicht konnte man seine Seele nicht einfach zusammenflicken. Sein Gesicht bekam Knochensubstanz aus der Hüfte, und sein Mund bekam ein Gebiss. Und seine Seele? Die bekam Valium. Jahrzehntelang. Sonst hätte er nie wieder Schlaf finden können. Das alles wird mir erst heute so richtig bewusst. Damals war ich zu jung, um zu begreifen, was die Generation der Kriegskinder durchgemacht haben muss. Ich habe ihm zwar oft gesagt, dass es nicht gut ist, jeden Abend vorm Schlafengehen Psychopharmaka zu schlucken – aber er winkte nur ab. »Mein Arzt sagt, dass ich das darf. Ich kann dadurch schlafen.«

Meine Mutter hätte damals vorm Fernseher auch einen Kartoffelsack überziehen können – es wäre für ihn okay gewesen. Wichtig war für ihn, dass sie da war. In der Küche stand immer ein Kuchen, und im Topf auf dem Herd war immer eine Suppe. Nur keinen Hunger mehr haben, einfach nur Ruhe und eine warme Hand, die seine hielt – das war es, was für ihn wichtig war.

Da mache ich nicht mit

»Die ist ja echt alt geworden. Guck mal, wie die aussieht!«

Diesmal meinte meine Mutter Hildegard Knef, die damals in den Siebzigern gerade mal Mitte fünfzig war.

Mich hat das alles nicht interessiert, was meine Mutter über angeblich alt gewordene Frauen aus dem Fernsehen lästerte. Für mich waren damals ALLE alt. Meine Mutter war alt (damals Mitte fünfzig – also nicht viel jünger als Marika Rökk), meine Lehrer waren alt, meine Tanten und Onkels und alle Freunde meiner Eltern. Alle waren sie alt. Ich hatte nur die Wohnungstür im Auge, durch die ich nach draußen konnte. Draußen warteten das Leben und das Abenteuer. Hier drin starb man einen langsamen, qualvollen Fernsehsesseltod.

Marika Rökk und Hildegard Knef waren gerade so alt, wie ich heute bin – oder noch etwas jünger sogar. Was würde meine Mutter wohl sagen, wenn sie mich heute sehen würde, da durch HD plötzlich jede Pore und jede Rötung und jede verdammte Falte wie eine Kraterlandschaft aussieht? »Boah, ist die alt geworden, die Varell!« Im Gegensatz zu früher kommen heutzutage nämlich keine »Weichzeichner« mehr zum Einsatz. Da wurden einfach mal Strumpfhosen über die Kameralinse gezogen, oder man hat Vaseline daraufgeschmiert, um Menschen glatter und geschmeidiger aussehen zu lassen.

Aber was heißt eigentlich »alt geworden«? Alt oder älter werden wir alle. Aber ist das schlimm? Es sind die Persönlichkeiten in den Medien, die uns über Jahre begleiten, als wären wir gute Bekannte, die uns mit ihrem Älterwerden daran erinnern, dass wir ja schließlich selbst altern. Einer Studie zufolge, die ich gar nicht glauben möchte (aber wohl muss), wollen wir Menschen nicht an unser eigenes Alter erinnert werden – auch nicht durchs Fernsehen. Wir wollen angeblich in jüngere Gesichter sehen. Unterbewusst glauben wir dann, wir wären auch noch jünger. Das sagt die Studie …

Ist das also der Grund, warum viele von meinen Kolleg*innen in die Schönheitskliniken rennen, um sich straff ziehen zu lassen? Alles nur, damit das Fernseh-, Theater- und Kinopublikum nicht sagen kann: »Boah, ist die alt geworden!«

Da mache ich nicht mit. Auch wenn ich jetzt schon Runzeln in meinem Gesicht feststelle. Richtig gelesen! Runzeln! Die Profikameras der Fotografen sind brutal. Über einige Quadratmillimeter breiten sich plötzlich greisenhafte Hautregionen aus. Diese

Runzeln, die sich auf diesen Fotos über Teilbereiche meines Gesichts erstrecken, sehe ich im Spiegel nicht. Überhaupt nicht. Aber sie müssen ja da sein. Sonst wären sie nicht auf den Fotos. Also nehme ich mir den großen Schminkspiegel zur Hand und untersuche mein Gesicht. Mit der Vergrößerungsseite erkenne ich tatsächlich etwas, das man umgangssprachlich auch als Runzeln bezeichnen könnte. Tja, das war's dann wohl mit dem Jungsein. Boah, bin ich alt geworden.

Am liebsten würde ich nur noch Fotos mit meinem Smartphone machen. Im Vergleich zu den professionellen Fotos gefallen mir die Selfies, die ich für Facebook und Instagram mache, viel besser. Ich muss überhaupt nicht drüber nachdenken, sie zu bearbeiten. Das mache ich nie! Ich brauche nur einigermaßen gutes Tageslicht und 60 bis 80 Versuche – dann ist eins dabei, bei dem mir mein Gesichtsausdruck gefällt. Und ganz ohne Runzeln!

Es gäbe noch jede Menge Apps, mit denen man Fotos bearbeiten kann. Da kann man sich glatter und sogar schlanker machen und sich strahlend rosige Wangen zaubern – mache ich aber alles nicht. Ich möchte auf den Fotos so aussehen, wie ich aussehe. Schließlich sollen die Menschen, die mich aus den Medien kennen, keinen Schreck kriegen, wenn sie mir mal in Realität begegnen.

Als ich diesen Beruf in sehr jungen Jahren für mich gewählt habe, ahnte ich noch nicht, wie es sich anfühlt, wenn parallel zum Älterwerden die Überzeugung in einem selbst nachlässt, dass dich dieser Beruf durchs Leben tragen könnte. Im Zeitlupentempo schleicht sich eine Ahnung an, dass auf meinem Weg zu einem Zeitpunkt X etwas passieren kann, das mich von heute auf morgen aufs Abstellgleis schieben könnte. Raus aus der ganzen Chose.

Heute weiß ich, dass vor allem in meinem Beruf nichts sicher ist. Wir Künstler*innen, Moderator*innen und Schauspieler*innen haben uns entschieden zu einem möglichst lebenslangen Tanz auf dem Seil – ohne Netz und doppelten Boden. Das wissen wir alle, Gott sei Dank, noch nicht, wenn wir unsere Berufsziele festlegen.

Wem nützt es denn was, wenn man schon mit zwanzig erkennen müsste, dass der Traumberuf bei Film, Fernsehen und Bühne womöglich keine große Zukunft hat? Dann gäbe es wohl bald keine Künstler mehr.

Aber auch angeblich »sichere« Berufe haben viele Menschen in eine plötzliche Perspektivlosigkeit abstürzen lassen. So war bestimmt ganz vielen Menschen, die seit den Siebzigern in Pflegeeinrichtungen oder in Krankenhäusern arbeiten, nicht bewusst, dass sie 40 oder 50 Jahre später eventuell von Altersarmut betroffen sein könnten. Hätten diese Menschen, die für unsere Gesellschaft so wichtig sind, ihren leidenschaftlichen Berufswunsch trotzdem durchgezogen, wenn sie das vorher schon gewusst hätten?

Meine Generation glaubte noch – als wir alle noch jung und schön waren – an ein funktionierendes Rentensystem. Hatte Norbert Blüm nicht jahrelang lautstark verkündet: »Die Rente ist sicher!«? Da kann meine gleichalte Freundin Hannelore als Arzthelferin nur herzhaft drüber lachen. Macht sie aber nicht, denn zum »herzhaften Lachen« ist ihre Zukunft leider nicht. Ihre monatliche Rente wird ihrem lebenslangen Schaffen nicht gerecht werden, wenn wir beide das 67. Lebensjahr erreicht haben.

Kein Wunder also, dass in diesen Berufen der Nachwuchs an allen Ecken und Enden fehlt. Die jungen Menschen von heute wissen schon jetzt, was eines Tages auf sie zukommt – beziehungsweise, was alles NICHT auf sie zukommt. In fast jeder Nachrichtensendung und Talkshow wird von Altersarmut berichtet. Das macht doch etwas mit ihnen. Sie sind informiert und checken die allgemeinen Voraussetzungen, oder sagen wir doch gleich: die aktuellen AGBs (die Allgemeinen Geschäftsbedingungen) in unserem Land. Überraschungen kann es für sie nicht geben.

Wegen der unsicheren Situation in meinem Beruf habe ich mir immer Gedanken gemacht, wie und ob es mit mir weitergeht und ob ich immer mein Auskommen habe. Meine Altersvorsorge habe ich ständig im Auge gehabt. Ich habe gespart und jahrzehntelang in Versicherungen eingezahlt und später noch mit konservativen Aktienfonds mein Alter gesichert. Was ich aber nie sicher in der Tasche hatte, waren die konstanten Verdienste. Ich brauchte also immer Angebote. Es hat hingehauen. Das war nicht nur Glück. Wenn ich stehen geblieben wäre – Entwicklungsmöglichkeiten nicht wahrgenommen hätte –, dann hätte das künstlerische Leben auch schiefgehen können.

»Was du bist, muss aus dir selbst entstehen.« Das war und ist und bleibt mein Lebensmotto.

Alt genug?

Ich komme aus dem Staunen fast nicht mehr raus, als sich vor einigen Jahren mein Leben gravierend verändert. Ich bin zarte 57 Jahre alt und erinnere mich, als wäre es gestern gewesen.

Meine Managerin Elke Krüger ruft mich an und fragt: »Könntest du dir vorstellen, eine morgendliche tägliche Sendung im Ersten zu moderieren? Eine WDR-Redaktion, beziehungsweise die Redaktionsleiterin Niki Pantelous, hat ein neues Konzept entwickelt für die Vormittagsschiene der ARD.«

Ich kriege große Ohren und Schnappatmung. »Wie? Ich?«

»Ja, DU!«

»Klar kann ich mir das vorstellen!«

Ich liebe Elkes humorvolle Art seit Jahren. Bevor sie 2017 meine Managerin wurde, kannten wir uns schon lange durch unzählige Begegnungen. Als Fernsehpromoterin für die unterschiedlichsten musikalischen Projekte ist sie eine der Besten in ihrem Job und betreut unter anderem Künstler wie David Garrett, Bonnie Tyler und Beatrice Egli für den deutschen Markt. Und für mich ist sie nicht nur die »Fernsehpromoterin« – sondern die Managerin.

Elke ist wie ein kleiner – zierlicher – Terrier. Terrier sind außerordentlich temperamentvolle Geschöpfe, die zu keinem Aben-

teuer Nein sagen. Sie sind mutige Draufgänger, lebendig, aufge-
weckt, kernig. Raufereien gehen sie nicht aus dem Weg. Besonders
die kleinen Terrier (Elke ist nicht sonderlich groß) sind Energie-
bündel und neigen manchmal zur Selbstüberschätzung – wenn
ein ganz großer Hund vor ihnen steht. Das hilft enorm in diesem
Job. Einen besseren Wegbegleiter kann man als Künstler*in gar
nicht haben. Die Konstellation mit ihr als meine Managerin passt,
und ich bin angekommen bei meiner Vertrauensperson – hoffentlich fürs Leben.

Niki Pantelous vom WDR-Fernsehen kennt Elke ebenfalls
schon lange. Niki hat jahrelang das »MoMa« – das »ARD-Morgen-
magazin« – als Musik- und Unterhaltungsredakteurin betreut.
Und nun erfindet diese Frau eine neue Sendung für den Vormittag
in der ARD direkt nach dem »MoMa«. Die regionalen ARD-An-
stalten wie WDR, BR, NDR und wie sie alle heißen teilen sich
nämlich die Sendeplätze im Ersten – und um neun Uhr ist der
WDR dran.

»Ich habe dich bei ihr ins Gespräch gebracht. Sie sucht
Moderator*innen aus dem Showbereich, die in Kombination mit
Journalist*innen in Doppelmoderation eine Sendung präsentie-
ren sollen, die morgens ab kurz nach neun im Anschluss an das
›MoMa‹ und die ›Tagesschau‹ läuft. Niki stellt sich eine Kombi-
nation aus unterschiedlichen Generationen vor.«

Ich bin baff.

»Jetzt freu dich nicht zu früh. Sie hat natürlich auch an andere
gedacht. Ich glaube, du solltest sie mal anrufen. Sie ist sehr nett.«

»Äh, ja, wie hat sie denn reagiert auf meinen Namen? Wirkt sie
interessiert?«

»Tja, sie hat gesagt, dass du schon auf ihrer Liste stehst, aber
dass du ihr leider zu jung bist. Aber warte mal ab – ich rede noch
mal mit ihr.«

»Waaasss? Wie bitte? Ich? Zu jung?«

»Ja, das hat sie gesagt. Ruf sie mal an. Ich geb dir ihre Nummer.

Und ich schlage ihr parallel ein Treffen vor. Kann doch nicht schaden, wenn ihr euch mal kennenlernt.« Elke diktiert mir eine Festnetznummer.

Ich schnaufe durch, und es kostet mich zugegebenermaßen Überwindung, eine Redaktionsleiterin telefonisch zu überfallen, die mich eigentlich schon »abgewählt« hat. In solchen Momenten meldet sich aber wieder mein inneres rebellisches Sandkastenkind direkt vom Spielplatz. Dieses Kind denkt: Schnapp dir das Förmchen und grabe im Sand. Du hast nichts zu verlieren. Also schnappe ich mir das Förmchen – äh, das Handy – und wähle ihre Nummer.

»Pantelous.«

»Hallo, Frau Pantelous! Elke Krüger hat mir Ihre Nummer gegeben. Sie planen eine neue Sendung. Ich würde mich freuen, wenn Sie sich die Zeit für einen Kaffee nehmen würden und wir uns kennenlernen könnten.«

»Hallo, Frau Varell. Sehr gerne. Elke hat mir gerade schon einen Termin vorgeschlagen. Nett, dass Sie anrufen.«

»Oh, toll, dann sehen wir uns ja ganz bald. Ich wünsche Ihnen viel Glück bei der Planung Ihrer neuen Sendung!«

Wir beide legen auf. Sie hat sehr freundlich und fröhlich gewirkt und gar nicht wie jemand, der sich überfallen fühlt. Mein Anruf war sicher kein Fehler.

Das Treffen soll eine Woche später in Köln stattfinden. Da muss ich ihr klarmachen, dass ich alt genug für sie bin. Ist schon komisch – normalerweise geht man in meinem Alter davon aus, womöglich schon zum alten Eisen zu gehören, und nun muss ich Angst haben, zu jung zu sein!

Der Termin findet im gediegenen Foyer des Savoy-Hotels in Köln statt. Dort gibt es im hinteren Bereich Sitzgruppen, in denen man gemütlich und in Ruhe berufliche Besprechungen abhalten kann, ohne dass einem andere Leute zuhören. Wir finden uns alle drei pünktlich zusammen, und Elke, Niki Pantelous und ich lassen uns in weiche, flauschige Sessel fallen. Wir haben das ganze Foyer fast für uns allein. Nur zwei Couchtische weiter sitzt eine einzelne junge Frau in ihren Laptop vertieft. Sie scheint keine Notiz von uns zu nehmen. Wir können also offen reden.

Ich lerne eine Frau kennen, die mir auf Anhieb sehr sympathisch ist. Blonde Löwenmähne, legere Klamotten, sie wirkt irgendwie künstlerisch – nicht so typisch businessmäßig wie die Redakteurinnen, die mir sonst begegnet sind. Niki Pantelous ist modern und cool – ohne kühl zu sein.

Wir drei werden sofort miteinander warm und schnattern drauflos. Ich bin bei solchen Terminen immer sehr offen und aktiv. Vielleicht auch manchmal zu aktiv, aber schweigend in der Ecke zu sitzen bringt ja nichts. Nur wenn ich etwas erzähle, bekommt doch der andere noch fremde Mensch in so kurzer Zeit einen Eindruck von mir. Also rede ich hier drauflos – hoffentlich nicht mich um Kopf und Kragen.

Er herrscht eine schöne warme Stimmung in unserer Sesselgruppe, als Frau Pantelous plötzlich sagt: »Ja, aber Sie sind mir zu jung, Frau Varell …«

Ich denke: Wie jetzt? Das kann ja wohl nicht sein, oder? Oje – sie meint es wirklich ernst.

Ich sage ihr, dass ich in diesen Zeiten eigentlich eher die Befürchtung habe, man hätte Vorbehalte wegen meines reiferen Alters. Da ist es doch mal eine nette Erfahrung, als »zu jung« abgelehnt zu werden. Gleichzeitig bin ich etwas bedrückt. Ach, hätte ich das gerne gemacht!

Und dennoch: Ich freue mich sehr, dass sie ein solches Konzept überhaupt plant. Für meinen Geschmack könnte es viel mehr reifere Menschen vor den Kameras geben, egal ob Männer oder Frauen! Es gibt schließlich seit langer Zeit einen fortwährenden Jugendwahn im deutschen Fernsehen.

Meine Freundin Birgit Schrowange ist da fast eine Ausnahme gewesen. Es spielte noch nicht einmal eine Rolle, als sie sich zu ihren fast weißen Haaren bekannte. Das muss man dem Privatsender RTL ja lassen: Die sind ihrem Moderatorenstamm seit Jahrzehnten treu. Man kann sie alle älter werden sehen. Katja Burkard altert um Punkt zwölf, Frauke Ludowig um 18:30 Uhr. Peter Kloeppel ergraut um 18:45 Uhr in den Nachrichten, und Ulrike von der Groeben präsentiert sich um kurz nach sieben im anschließenden Sportteil als immer noch sehr knackige Sportmoderatorin. Birgit konnte man über ein Vierteljahrhundert immer montags um 22:15 Uhr älter werden sehen, bis sie sich selbst in die freiwillige Rente geschickt hat.

Der frühe Vogel ...

Wie auch immer: Es wird nicht klappen. Wie schade. Niki Pantelous wünscht sich für die Sendung einen Austausch unter verschiedenen Generationen.

Tolle Idee, finde ich und spüre ihre Leidenschaft. Ihre tiefbraunen Augen strahlen jugendlich, wenn sie darüber erzählt. Und ich spüre noch etwas: Sie scheint es zu bedauern, dass ich altersmäßig nicht in ihre Vision des Formats passe.

»Ich bin ganz ehrlich zu Ihnen, Frau Varell, ich bin im Gespräch mit einer älteren Schauspielerin um die 70. Ich denke noch mal über alle Möglichkeiten nach und melde mich bei Ihnen, okay?«

Klar ist das okay – trotzdem ist der Drops gelutscht.

Die junge Frau, die ein paar Tische weiter in ihren Laptop vertieft schien, steht plötzlich an unserem Tisch. Sie ist jung – etwa Mitte 20 – und sehr hübsch. »Entschuldigen Sie – darf ich mich kurz vorstellen?« Sie sagt ihren Namen und stellt sich vor als Moderatorin. »Ich wollte Ihr Gespräch nicht belauschen – habe aber trotzdem mitbekommen, dass es eine neue Sendung geben soll. Ich würde gerne meine Karte hier hinterlassen. Vielleicht brauchen Sie ja noch jemanden wie mich.«

Sie ist in diesen wenigen Worten so charmant und unaufdringlich, dass ich die ganze Zeit denke: Ja, so muss man es machen. Die Chancen fliegen nicht von alleine zum Fenster herein. Sie hat sich sicher auch sehr überwinden müssen. Es fällt niemandem auf der Welt leicht, einfach wildfremde Menschen vom Nebentisch anzusprechen und auch noch zuzugeben, dass man unfreiwillig gelauscht hat und einen Job braucht.

Sie hat es richtig und toll gemacht, und wir drei gucken sie bewundernd an. Das sind Momentsekunden, in denen man erkennt, welcher Mensch sich bewegen kann und möchte und wer nicht. Wäre ich eine Fernsehmacherin, ich hätte sie sofort vom Fleck weg engagiert. Niki Pantelous nimmt die Visitenkarte an sich, und die junge Frau verabschiedet sich zügig und feinfühlig, bevor es überhaupt eine unangenehme Sekunde geben könnte.

Das war das Zeichen zum Aufbruch. Wir drei verabschieden uns voneinander, und ich bringe Elke zum Bahnhof.

Zwei Wochen später geht plötzlich alles ganz schnell. Elke schickt mich – dieses Mal allein – zu Niki Pantelous ins Büro. »Du sollst zu ihr kommen. Ich glaube, sie will dich.«

O Gott. Waaas?

Ich »fliege« zum WDR Archivhaus und fahre wie in Trance mit dem Fahrstuhl in den 13. Stock. Es gibt nur 13 Stockwerke – bin ich also nun ganz oben angekommen? Ihr Büro: gemütlich, bunt und wild – es sieht nach Arbeitschaos aus. Ich bekomme einen Kaffee.

»Hast du ein Problem mit früh aufstehen?«, fragt Niki.

»Niiiemaaals!«, lüge ich. Und ich fühle in diesem Moment: Es klappt! Wir sind nun beim Du.

»Ich hab dir doch von der älteren Schauspielerin um die 70 erzählt, die ich gerne haben wollte. Sie hat eine Woche lang versucht, morgens um fünf Uhr aufzustehen, weil sie die Sendung sehr gerne gemacht hätte. Aber sie hat nach fünf Tagen realisiert, dass sie das nicht schafft. Wir müssen also das Wunschalter etwas nach unten korrigieren.«

Dann sagt sie: »Könntest du dir vorstellen, es zu machen?«

Ich springe innerlich aus dem Hemd. Nur zwei Punkte brennen mir auf den Nägeln: »Darf ich so bleiben, wie ich bin? Ich bin keine nüchterne Nachrichtenfrau.«

»Deshalb möchte ich es ja mit dir machen, weil du so bist, wie du bist. Ich will keine nüchterne Nachrichtenfrau.« Erleichterung bei mir. »Und dein zweiter Punkt?«

»Muss ich da ablesen, was ich sage? Arbeitet ihr mit Teleprompter?«

»Nein, auf keinen Fall. Das ist genau das, was in dieser Sendung nicht sein darf. Ihr sollt spontan und nah an den Menschen sein. Nüchterne Magazinsendungen gibt es schon genug im Fernsehen. Wir wollen etwas anderes vermitteln.«

Schon wieder Erleichterung pur bei mir. Ich bin sehr zu haben für neue Abenteuer – aber mich zu verbiegen und jemand anderes zu sein, als ich wirklich bin, das passt nicht zu mir – also nicht, wenn ich unter meinem eigenen Namen in Aktion trete. Als Schauspielerin ist das natürlich etwas anderes.

Ich kann gerade mein Glück gar nicht fassen und erschrecke über mich selbst, als ich frage: »Okay, wann geht's los?«

»Sehr bald. Du lernst deinen zukünftigen jungen Kollegen Tim Schreder diese Woche noch kennen. Er ist 28 Jahre jung, macht seit Jahren im ZDF ›logo!‹, die Nachrichten für Kinder und Jugendliche, und ist ein erfahrener Journalist und Nachrichtenmann. Ich möchte euch schnellstens zusammenbringen. Es ist wichtig, dass ihr nicht nur vor der Kamera funktioniert, sondern auch einen guten Draht zueinander habt.«

Aha.

Das ist er also – der Gegenpart zu meiner Generation: Tim Schreder.

Wir treffen uns in der *Epicerie Boucherie* in der Kölner Südstadt –

eins der gemütlichsten Cafés in Köln, wie ich finde. Ein (manchmal) schlecht gelaunter Franzose serviert Café au Lait in einer großen Schale – original wie in Paris. Lange, schäbige Holztische. Bistrostühle. Französische Musik von Brel und Aznavour plätschert im Hintergrund. Es ist urig und wunderschön dort.

Am Tisch sitzen Niki Pantelous mit ihrem Chef, dem WDR-Programmgruppenleiter Martin Hövel, und seiner Stellvertreterin Charlotte Gnädiger und ich. »Tim sucht noch einen Parkplatz«, sagt Niki. Die Stimmung ist fröhlich und warm. Pioniergeister schweben über unserem Tisch. Wir bestellen *petit déjeuner*, während Martin locker von seinem Intervallfasten erzählt. Seine 16 Stunden sind rum, und er freut sich auf Baguette mit Salami und französischem Käse, der appetitlich in der Vitrine vor sich hin schlummert.

Die Tür des Cafés geht auf, und ein kühles April-Windchen strömt herein. Ein junger, schlanker Mann tritt ein.

»Das ist er«, sagt Niki. »Tim, das ist Isabel. Das sind Charlotte und Martin.«

Tim und ich sitzen uns gegenüber. Das ist kein Zufall – wir sollen uns ansehen können. Die Runde mustert uns mit leichter Anspannung. So muss es früher im Mittelalter gewesen sein, als junge Menschen über die Eltern zusammengeführt und miteinander verheiratet wurden.

Unsere »Eltern« tauschen vielsagende Blicke aus. Sie scheinen zu denken: Das passt. Die beiden werden glücklich. Ich habe ja schon erwähnt, dass ich in solchen Situationen nicht abwartend und zurückhaltend bin. Wahrscheinlich hat dieses vorschnelle, extrovertierte Verhalten von mir auch irgendwas mit mangelndem Selbstwertgefühl zu tun. Ich komme mir manchmal vor, als würde ich mich dauernd »bewerben« – wie eine »Dauerwerbesendung« von mir selbst. Vielleicht hätte ich eines Tages gute Chancen bei QVC, um Hüfthalter zu verkaufen …

Ich verwickle Tim sofort in ein Gespräch.

»Wo kommst du jetzt her?«

»Aus der Nähe von Frankfurt. Und du?«

»Ich wohne hier in Köln.«

Tim ist ein fast zierlicher, jungenhafter Mann. Für 28 ist er noch sehr glatt im Gesicht, finde ich. Keine Spur eines Machos! Ich sehe in wache Augen, und wenn er redet wird schnell klar: Er ist ein erwachsener, schlauer und vor allem – trotz seines jungen Alters – schon fernseherfahrener Nachrichtenmensch und Journalist, der weiß, was er will.

Nach ein paar Löffeln Joghurt mit Obst und Müsli setze ich mir die imaginäre Pappnase auf und zwitschere ihm zu: »Du, ich freu mich ja total auf die neue Sendung. Ist das nicht Hammer, dass wir beide die starten dürfen, oder? Ich bin übrigens so, wie ich hier wirke, und nicht anders. Ich bin keine Rampensau, und ich bin ein Teamplayer. Du musst dir keine Sorgen machen, ich werde auch nicht klugscheißern als die ›Ältere‹ im Bunde. Du erlebst mit mir keine bösen Überraschungen.«

So – das musste raus! Ich glaube, jetzt gerade in diesem Moment findet er mich doof und vorlaut und nimmt das Gegenteil von dem an, was ich gerade gesagt habe. In seinem Blick erkenne ich kleine Blitze von Zweifel und einen Hauch der Frage: Was soll ich mit dieser Frau?

Ich denke mir: Er wird schon sehen. Alles wird gut.

Herausforderungen verleihen Flügel

Von da an dauert es nur wenige Wochen, dann geht es los. Gemeinsames Fotoshooting im WDR in Köln. Aufwendiger Videodreh für einen ARD-Werbetrailer in Frankfurt. Weitere Kolleg*innen sind inzwischen auch mit im Boot, das bald in See stechen soll. Die anderen »Paarungen« sind die Moderatorin und Journalistin Alina Stiegler mit dem Schauspieler Heinrich Schafmeister sowie die

Moderatorin und Journalistin Birgit Lechtermann mit dem Zauberkünstler Marc Weide. Wir werden groß in der Presse angekündigt. Tim und ich verstehen uns prima – aber in ihn hineinschauen kann ich nicht. Es ist schwer einzuschätzen, wie er sich wirklich mit mir zusammen fühlt.

Parallel zu den Vorbereitungen auf die Show läuft mein Leben weiter: Drehtage in Leipzig in der Sachsenklinik für die Serie »In aller Freundschaft«, in der ich zu dieser Zeit noch die Mutter von Schwester Miriam Schneider spiele (dafür bin ich offensichtlich alt genug!). Außerdem gibt es noch ein paar Tourtermine für »Hairspray«. Nebenher lerne ich schon meinen Text für ein Theaterstück in Essen, wo ich demnächst auch noch täglich im Rathaus-Theater auf der Bühne stehen werde.

Während ich das hier aufschreibe, treten mir wieder die Schweißperlen auf die Stirn. Wie das alles zusammen funktionieren soll, ist mir zum damaligen Zeitpunkt völlig schleierhaft. Aber ich freue mich so dermaßen auf diese neue Herausforderung – und genau das verleiht mir Flügel.

Es wird der 14. Mai 2018 festgelegt als Start der neuen Sendung »Live nach neun«. Es bleiben nur wenige Wochen Vorbereitungszeit für das neu zusammengewürfelte Team. Wenn ich heute zurückblicke, frage ich mich, wie wir das bloß geschafft haben.

Für mich außerdem eine zusätzliche Herausforderung: Ich soll mich mit dem total fremden digitalen Arbeitsprogramm des WDR vertraut machen. Schließlich werden wir Moderator*innen redaktionell miteinbezogen und arbeiten selbstständig mit an den Abläufen der Sendungen und deren Inhalten. Ich will mich jetzt nicht dümmer hinstellen, als ich bin. Selbstverständlich kann ich seit hundert Jahren mit Computern umgehen und kenne das World Wide Web wie meine Westentasche – wie jeder andere auch. Allerdings ist das WDR-Arbeitsprogramm, in dem an den Abläufen gearbeitet wird, ein virtueller Hochsicherheitstrack. Sich dort einzuloggen und zurechtzufinden ist für mich vergleichbar mit dem tückischen Gang durch ein Glaslabyrinth auf der Kirmes. Du denkst, du bist gleich am Ziel, und musst plötzlich noch eine Runde um die Ecke gehen, beziehungsweise denken. Sehr speziell, das Ganze!

Tim Schreder steht mir hilfreich zur Seite: »Hey – das Programm ist echt eine harte Nummer. Für mich ist es okay, wenn ich mich dort einlogge und unsere Ideen reintippe. Okay?«

Unglaublich, wie spielend schnell manche Menschen – vor allem jüngere – mit neuen technischen Herausforderungen klarkommen. Es scheint da wohl doch so ein paar Unterschiede zwischen Jung und Alt zu geben.

Schnell wird das Verhältnis zwischen Tim und mir immer freundschaftlicher. Wir verkriechen uns in unserem gemeinsamen Büro – er am Schreibtisch, ich wusle um ihn herum –, und wir werfen uns dabei die Bälle zu. Und nach und nach werden wir das, was wir vor der Kamera sein sollen: ein richtiges Team.

In der Sendung sollen ungefähr acht Beiträge gezeigt werden. Aktuelle Themen – was aber unserer Chefin am wichtigsten ist: Wir sollen keinen abgehobenen Schickimicki-Kram transportieren, sondern Themen aus dem normalen Leben. Es geht um alles, was da draußen im Leben der Menschen relevant ist. Niki ist seit vierzig Jahren ein Teil dieses Senders und hat nie aus den Augen verloren, für wen sie die Sendungen macht. Das gefällt mir und berührt mich. Bei jedem Beitrag steht ihre Frage im Raum: Wen interessiert das? Und wer hat etwas davon?

Der 14. Mai rückt immer näher. Ich weiß manchmal nicht, ob das alles hier ein Traum oder ein Albtraum ist. Das, was ich hier machen soll, ist so anders als alles, was ich zuvor kennengelernt habe in meinem schon ziemlich langen Berufsleben.

Am Wochenende vor dem Sendestart moderieren Tim und ich im WDR-Studio in Düsseldorf eine Probesendung. Das Konzept von »Live nach neun« sieht vor, dass wir beide während der 50 Minuten Sendezeit viel Redeanteil haben. Das heißt, wir sollen uns austauschen über Gott und die Welt. Niki glaubt, dass es so für die unterschiedlichen Generationen, die (hoffentlich) vor dem Fernseher sitzen, interessant wird.

Wir werden von der »Mutter« des Ganzen ins Studio geführt. In ihren Händen laufen alle Fäden zusammen. Das ist ungewöhnlich. Wir spüren, dass sich hier jemand mit einer ganz neuen Sendung einen lang gehegten Traum erfüllt. Niki hat mithilfe des Bühnenbildnerteams eine warme, bunte Studioatmosphäre gezaubert. Man spürt sofort, wie viel Liebe hier drinsteckt. Wir laufen beeindruckt – mit Augen so groß wie Untertassen – hinter Niki her und bestaunen jedes Detail.

»Diesen bunten Sessel haben wir in England gefunden. Ist der nicht schön?« Nikis Augen quellen über vor Glück. Sie guckt den Sessel verliebt an und streicht ihm über die Rückenlehne, als wenn sie ihn gerade im Kreißsaal zur Welt gebracht hätte. Die Hebamme hat ihn ihr gerade auf den Bauch gelegt mit den Worten: »Gucken Sie mal: Es ist ein Sessel. Ihr Sessel. Er ist kerngesund und wiegt zwölf Kilo. Wie soll er denn heißen?«

Es gibt sie also noch, die Menschen, die brennen. Begeisterung ist kein Stück Seife, das sich im Laufe seines Daseins abnutzt, bis es ganz verschwunden ist. Manche Menschen bewahren sich die Fähigkeit, sich für Dinge zu begeistern, ein Leben lang, andere wiederum verlieren diese Fähigkeit leider – sei es aus Enttäuschung und einem Mangel an Vertrauen, dass das Leben immer mit Überraschungen um die Ecke gucken könnte. Oder sie waren nie dazu fähig.

Niki hat Begeisterung in sich – und sie reißt uns mit. Tim und ich merken, dass wir beide hier gerade verdammtes Glück haben, dass diese Frau auf uns aufmerksam geworden ist.

Auf unseren Moderationskarten stehen die Fakten zu den Beiträgen und die Themen, über die wir reden sollen – allerdings keine festen, vorformulierten Texte, die wir ablesen oder auswendig lernen sollen. Die Kamerafrauen und -männer gehen auf

Position, und wir bekommen unsere Ohrstöpsel, damit die Chef*in vom Dienst, die im Regieraum sitzt, uns die Zeiten aufs Ohr sagen kann.

Mir ist es in diesem Moment ein Rätsel, wie ich in die Kamera sprechen soll, während mir gleichzeitig ein Mensch durch einen Ohrstöpsel sagt, was als Nächstes kommt oder wie viel Zeit wir noch haben. Ich weiß, dass es diese Technik gibt, habe sie aber nie kennengelernt.

Bei den Shows, die ich bisher moderiert habe, wurde auf diese Technik verzichtet. Bei einer Livesendung wie unserer mit Liveschaltungen ist dieses Vorgehen, wie ich heute weiß, jedoch unverzichtbar. Es kann einfach so viel Unvorhersehbares passieren – da ist die Verbindung zwischen Studio und Regie zwingend erforderlich. Wie oft haben wir wenige Sekunden vor einer Liveschalte noch schnell den Ablauf der Sendung ändern müssen. Das sind immer spannende Momente, die einen auch wachsen lassen.

Torsten, der Chef vom Dienst unserer Premierenwoche, sieht das große P für »Panik« auf meiner Stirn und redet beruhigend auf mich ein: »Keine Sorge, ich gebe euch ganz kurze Signale. Das bekommst du schon hin.«

Wir werden verkabelt. Der Ohrstöpsel braucht einen kleinen Sender und das Ansteckmikrofon auch. Mir klemmt quasi gefühlt eine Stereoanlage am Gürtel. Aufs Klo gehen geht jetzt nicht mehr.

Jetzt wäre es noch schön, wenn mich der liebe Gott von meinen Zweifeln befreien könnte – eine meiner typischen Reaktionen, die sich durch mein Leben ziehen, obwohl ich alle beruflichen Aufgaben, die sich mir bisher gestellt haben, immer habe erfüllen können. Aber in gewisser Weise sind Zweifel ja auch eine gesunde Reaktion. Man sollte sich nie selbst überschätzen, sondern immer eine gute Portion Respekt vor jeder neuen Aufgabe haben, die einem anvertraut wird. Und tief in mir drin weiß ich auch jetzt, dass ich das kann. Ich werde meine Angst überwinden. Auch diesmal.

Ich tippe Tim an. Wie es wohl in ihm gerade aussieht? »Na, alles okay? Willst du auch jetzt lieber tot sein?«

Er schmunzelt: »Ist nur komisch für mich ohne Teleprompter. So habe ich das noch nie gemacht – aber ich find's gut so.«

Bei seinen Nachrichtensendungen ist immer ein Teleprompter im Einsatz. Das ist wahrscheinlich auf der ganzen Welt so, wenn Nachrichten verkündet werden. Aber hier sollen wir ja keine Nachrichten vorlesen, sondern die Menschen am Vormittag unterhalten mit spontanen Gesprächen – mal witzig, mal ernst. Und das geht nur mit freien Worten und freien Gedanken, die wir spielerisch mit den Facts zu kombinieren versuchen.

Alle gehen auf ihre Positionen, und wir hören die dynamische Anfangsmusik, die für diese Sendung eingekauft wurde. Torsten verspricht, ein »Ab!« in unsere Ohren zu tröten, genau in dem Moment, wenn wir live auf Sendung sind – also wenn wir es wären, wenn das nicht der Testlauf wäre.

Wir fliegen durch die Sendung, dürfen machen, was wir wollen. Wir sollen sogar unsere Positionen verändern nach Lust und Laune. Die Kameraleute sollen uns folgen. Spontanität ist gefragt, von allen Gewerken.

Es läuft gut, aber es ist ja auch nur eine Probe. Trotzdem bleibt es unwirklich. Es wird viel gelacht – ich lache mit. Das ist der Versuch, Selbstsicherheit auszudrücken – ganz bewusst.

Traum oder Albtraum?

Der Sonntag vor der ersten Livesendung wird einer meiner schlimmsten Tage. Mein Verstand hat begriffen, dass wir am Montagmorgen in der ARD auf Sendung gehen – aber der Rest meines Ichs kann nicht glauben, dass es wirklich so ist.

Der 13. Mai 2018 ist ein Tag, der einfach nicht aufhören will. Es ist der allerallerlängste Sonntag in meinem Leben. Mir ist von morgens bis abends übel. Richtig übel. Mein Magen fühlt sich an, als wenn sich dort fünf Aale getroffen hätten – lebend versteht sich. Sie wuseln rum in meinem Bauch und können sich nicht einigen, wer oben liegt und wer unten. Es ist entsetzlich.

Ich schaue auf die Uhr. Erst zwölf Uhr mittags.

Ich tigere durch die Wohnung ohne Ziel. Ich gehe immer wieder den Ablauf durch. Ich sage mir: Hey, du wirst das schaffen. Du hast bis jetzt nie etwas in den Sand gesetzt. Außerdem ist es ja keine Eurovisionssendung mit zwölf Millionen Zuschauern, sondern eine knappe Stunde am Morgen um kurz nach neun.

Meine Worte sind zwecklos. Ich schaue wieder auf die Uhr. Verdammt – erst fünf nach zwölf? Wie können erst fünf Minuten vergangen sein?

Ich würde so gerne ins Bett gehen und einschlafen und erst wieder aufwachen, wenn es losgeht. Schlafen ist etwas so Wundervolles. Man merkt nicht, wie die Zeit vergeht. Alle blöden Gedanken und Versagensängste verschwinden in der Dunkelheit der Nacht. Wenn da nur nicht diese Albträume wären …

Ich habe vor fast allen »Premieren« einen ganz bestimmten, immer wiederkehrenden Albtraum: Ich bin in einem Theater. Die Stimmung hinter der Bühne ist aufgekratzt. Alle scherzen rum und freuen sich auf die Premiere. Ich stehe mittendrin in diesem Geschehen und weiß meinen Text nicht mehr. Doch nicht nur das: Ich weiß nicht mal mehr, welche Rolle ich spiele. Der Vorhang geht auf, und ich stehe im Licht und weiß nichts. Gar nichts. Die Kollegen schauen mich erwartungsvoll an, das Publikum hält gebannt den Atem an. Und ich stehe da und möchte einfach nur Luft sein. Ich fasle dummes Zeug und mache in diesem Moment auf der Bühne alles nur noch schlimmer. Niemand ist in diesem Moment so einsam wie ich. Aus so einem Traum aufzuwachen ist eine Erlösung.

Endlich ist es 21 Uhr, und ich kann schlafen gehen. Das ist meine Bettgehzeit bis heute, wenn ich eine »Live nach neun«-Woche habe. Ich stelle den Wecker auf 4:48 Uhr – ich brauche immer eine krumme Uhrzeit. Mein perfektes Schlafpensum sind acht Stunden. Der Wecker klingelt, und ich beginne mit einem Ablauf, der mit der Zeit zu einem festen Ritual werden wird: Ich benötige etwa 15 bis 20 Minuten für Zähne putzen, duschen und anziehen. Meine Klamotten habe ich mir schon am Abend zurechtgelegt. Auf der A57 Richtung Düsseldorf kaufe ich mir an der Tanke einen Cappuccino.

Ich denke an Tim. Er wird auch schon auf der Autobahn sein. Er hat vor, täglich zu pendeln zwischen seinem Zuhause in der Nähe von Frankfurt und seinem neuen Arbeitsplatz im Düsseldorfer Medienhafen. Er fährt sehr gerne Auto und ist lieber am Nachmittag zu Hause bei seiner Freundin Jennifer Sieglar (die inzwischen seine Frau ist).

Ich fahre pünktlich um sechs Uhr in die Garage des WDR. Schon in der Einfahrt überfällt mich ein Adrenalinschub. Durchatmen! Erst mal in die Maske. Ich schminke mich seit vielen Jahren selbst. Manche Maskenbildner haben mich in früheren Zeiten zu sehr zugeklatscht. Außerdem ist das Schminken für mich ein beruhigendes Ritual. Durch die großen Fenster des Maskenraumes schleicht sich ganz langsam die aufgehende Sonne. Sie flüstert mir zu: »Es gibt kein Zurück.«

Die Tür geht auf, und Niki kommt rein mit einem Cappuccino. »Für dich!«, sagt sie und lacht mich warm und fröhlich an. Wie macht sie das bloß, dass sie jetzt nicht zittert vor Angst? Sie muss doch auch den Kopf hinhalten für uns. Sie kriegt doch den meisten Ärger, wenn das hier alles danebengeht. Stattdessen strahlt sie Ruhe aus, und nicht der Hauch eines Zweifels schimmert in ihren Augen. Diese Haltung muss man erst mal schaffen. Hut ab!

Nach der Maske geht's in die Kostümabteilung, wo ich mir das Outfit anziehe, das Michaela Weber, die Kostümbildnerin vom WDR, für mich hingehängt hat. Die Outfits haben wir zuvor zusammen eingekauft. Auch da waren wir frei und durften ganz unserem persönlichen Geschmack folgen. Wir sollen uns schließlich wohlfühlen und auch unseren eigenen Stil haben. Wir sind unterschiedliche Persönlichkeiten, und das soll man bei »Live nach neun« nicht nur hören, sondern auch sehen.

Unsere Outfits hängen für die gesamte Sendewoche bereits auf einer Stange – für beide Moderatoren, damit wir auch farblich harmonieren. Wenn man diesen Service bloß zu Hause hätte, wo ich manchmal vor meinem vollen Schrank stehe und »nichts anzuziehen« habe. Hier sehe ich am Montag schon, was ich Mittwoch anhabe. Toll!

Tim kommt direkt ins Büro. Geschminkt wird er erst kurz bevor wir ins Fernsehstudio gehen – also kurz vor acht. Das ist bei ihm eine Sache von fünf Minuten. Was soll man in diesem glatten, jungen Gesicht auch groß schminken? Da kommt ein bisschen Make-up drauf, und dann wird noch gepudert, damit der Mann nicht glänzt – und das war's.

Mir geht inzwischen der Arsch so dermaßen auf Grundeis. Ich stiefle in den zweiten Stock in unser »Live nach neun«-Büro. Tim sitzt schon am Computer, und wir gucken uns vielsagend an. Uns ist mulmig zumute. Es gibt kein Entkommen. Gleich geht es los.

Die Moderationskarten werden ausgedruckt. Jeder von uns beiden malt sich seine Zeichen und Eselsbrücken drauf. Ich zeichne zum Beispiel mit Kugelschreiber ein kleines Quadrat dorthin, wo ein Filmbeitrag kommt. Ich wähle die Farbe lila. Ich liebe meine Vierfarbkugelschreiber. Ich benutze sie schon seit Jahren – auch beim Texten für meine Songs. Sie sind so eine Art Glücksbringer für mich.

So eine coole Socke

Der Weg nach unten ins Studio fühlt sich an wie der Gang zum Schafott. Gemeinsam nähern Tim und ich uns der schweren Studiotür. Das rote Licht über der Tür ist noch ausgeschaltet. Gleich wird es feuerrot leuchten, wenn wir auf Sendung sind. Live! O Gott!

Regisseur Klaus Regel geht mit uns ein paar Positionen im Ablauf durch. Niki und Torsten, der Chef vom Dienst, sind auch da. Sie wirken ganz ruhig, und man könnte glauben, dass sie uns kaum beobachten. Das ist, glaube ich, ihre Masche. Sie wissen, wie das ist: Zu viel Aufmerksamkeit ist in solchen Höllenmomenten gar nicht so gut.

Ich mache wieder meine üblichen Witze und haue ein paar Zoten raus. *Fake it, till you make it.* Ich gebe mich so locker und lässig, wie ich in diesem Augenblick gerne wäre. Hier soll bloß keiner merken, dass ich die größte Schisserin auf der Welt bin. Aber wenn ich ganz ehrlich bin, beruhigt mich das auch selbst viel mehr, als wenn ich still in einer Ecke warte, bis der Startschuss fällt.

Und auch Tim soll denken: Boah, ist die Frau eine coole Socke. Ich kann ihn doch nicht mit meinen Ängsten anstecken und vollwimmern. Mein Gott, ich bin schlappe dreißig Jahre älter als er! Außerdem hat er doch mit sich selbst genug zu tun. Ich sehe auch in seinen Augen das Lampenfieber aufblitzen. Doch er hat sich gut im Griff.

Ein Blick zur Uhr: 8:44 Uhr. In einer Minute werden wir live ins »Morgenmagazin« zu den Moderatoren Susan Link und Sven Lorig geschaltet – quasi als kleiner »Werbetrailer« für unsere Sendung danach.

Mein Herz klopft. Nein, es hämmert. Wie eine große Basstrommel hämmert es vor Aufregung so laut in mir, dass ich Sorge habe, es könnte durch den Ohrstöpsel hindurch bis in den Regieraum pochen. Der Regieraum ist zum Brechen voll. Die gesamte »Chefetage« des WDR drängelt sich hinter den hohen Stühlen der arbeitenden Menschen. Das wissen Tim und ich, und es macht uns nicht gerade ruhiger.

»Achtung!«, die Stimme von Torsten: »Susan und Sven sprechen euch gleich an. Ihr seid gleich drauf. Viel Glück!«

Und schon höre ich Susan Links Stimme, die den Zuschauer*innen erzählt, dass gleich im Ersten das neue Format »Live nach neun« Premiere hat.

»Guten Morgen, Isabel und Tim! Ihr steht schon in den Startlöchern. Wie ist euch denn zumute?«

Tim und ich sehen das Rotlicht an unserer Kamera und realisieren: Wir sind gerade per Liveschalte im Morgenmagazin. Wie immer ist die Stimmung durch Susan und Sven locker, leicht und sehr fröhlich. Eine riesengroße Hilfe für uns beide, darauf genauso locker, leicht und sehr fröhlich zu reagieren. Nach einem kurzen Schlagabtausch zwischen uns vieren drücken sie uns die Daumen und rühren kollegial die Werbetrommel, sodass die Zuschauer hoffentlich dranbleiben. Sie scheinen den Moment kurz vor ihrem Feierabend zu genießen und scherzen, nachdem sie sich von uns verabschiedet haben, ausgelassen miteinander. Wir hören sie nach wie vor über unsere Ohrstöpsel, obwohl wir nicht mehr auf Sendung sind. Danach laufen Filmtrailer für das Abendprogramm.

Es ist mittlerweile kurz nach neun. Oje, wenn doch nur schon Abend wäre ... In wenigen Sekunden sieht uns ganz Deutschland. Na ja – nicht alle Deutschen, aber viele ...

Die letzten Sekunden, bevor es losgeht, sind die schlimmsten. Sie kehren in meinem Leben immer wieder. Aber so extrem wie jetzt sind sie nur vor Premieren im Theater oder vor einer Livesendungspremiere. Es ist dieser Moment, in dem mir bewusst wird, dass ich in einer klitzekleinen Sekunde meine ganze Karriere in den Schredder schieben kann, wenn ich nicht funktioniere. Angenommen, das Rotlicht der Kamera geht an, und ich versage total.

Ich stehe da und bringe kein Wort raus. Es gäbe niemals mehr ein Vergessen. Ich wäre für mein Leben gebrandmarkt.

Ich habe mal in einem Theater, in dem ich gespielt habe, folgende Geschichte über unsere damalige Maskenbildnerin gehört. Sie war früher offenbar eine sehr talentierte Schauspielerin gewesen. Eines Tages wurde sie für die Hauptrolle in einem klassischen Stück besetzt. Nach vielen Wochen Probe kam schließlich der Tag der Premiere. Der Vorhang öffnete sich. Sie sah das Publikum, und es verschlug ihr die Sprache. Sie brachte keinen Ton raus. Sie ging von der Bühne – unter Schock –, und das war's mit ihrer Laufbahn als Schauspielerin. Ein Albtraum.

Später habe ich sie einmal nach der Vorstellung im Auto mitgenommen und sie vorsichtig drauf angesprochen. Sie erzählte mir ganz offen, dass dieses Erlebnis für sie so dermaßen traumatisch war, dass sie sich selbst nie wieder eine zweite Chance gegeben hat. Aber seien wir ehrlich: Die Theaterwelt hätte sie ihr vermutlich auch nicht gegeben. Die Wahrscheinlichkeit, dass sich so etwas wiederholt, kann sehr groß sein, weil man solch ein Trauma sehr schlecht wieder loswird.

Genau diese Geschichte geht mir durch den Kopf, während ich darauf warte, dass das rote Licht angeht. Was, wenn es mir gleich die Sprache verschlägt? Gleichzeitig fühle ich mich wie »auf Droge«, obwohl ich nie Drogen nehme. In mir ist eine tiefe Liebe für diese »bittersüßen« Momente. Es ist dieses unbeschreibliche Glücksgefühl, dass man jemand ist, an den geglaubt wird. Es sind die Sekunden, in denen man spürt, Mittelpunkt von etwas zu sein. Dieser Moment ist abgrundtief abscheulich und überschäumend wundervoll zugleich.

Tim und ich schauen uns an. Wir halten beide den Blick nicht lang. In so einem Moment ist man auch zu zweit allein. Jeder hat mit sich und seinem Gefühlschaos genug zu tun.

»Achtung! Ihr seid gleich auf Sendung!« Torsten steht bereit. Ein »Viel Glück« bahnt sich aus der Regie seinen Weg durch die Kabelwelt direkt in unsere Ohrstöpsel. Auch von allen Seiten im Studio an den Kameras und von der Aufnahmeleitung heißt es: »Toi, toi, toi!« Meine Aale im Bauch toben. Unsere »Live nach neun«-Musik startet. Es gibt kein Zurück.

»Ab!«, ruft Torsten ins Ohr.

Zum Lernen ist man nie zu alt

Wir legen los: »Guten Morgen, liebe Zuschauerinnen und Zuschauer! Wir sind die Neuen!« Die Sendung läuft.

Meine Aufregung und meine Ängste verwandeln sich nach nur wenigen Minuten in eine unglaubliche Spielfreude. So kenne ich es auch von Konzerten und von der Theaterbühne – nur hier hätte ich nicht so schnell damit gerechnet. Es ist wie ein Wunder.

Das Generationsthema steht in den ersten Sendungen im Vordergrund, und wir tauschen uns bei den vielfältigen Themen, die in unserer Sendung vorkommen, über unsere generationsbedingten unterschiedlichen Sichtweisen aus. Gleich in unserer Premierensendung pfeffert mir Tim den Satz um die Ohren: »Du bist ein bisschen angestaubt, aber das macht nix.« Wumm. Ich fand's witzig.

Wir lachen heute noch über unsere Anfangszeit. Obwohl nicht alles einfach ist, denn leider wollen uns noch nicht so viele Menschen sehen, wie wir uns alle erhofft haben. Die Quote ist schlecht. Doch Tim und ich erobern uns diesen neuen Spielplatz mit der Zeit. Und die gute Laune ist schon ab der zweiten Sendung durch und durch echt. Es ist für mich erstaunlich, wie schnell mich die Angst verlässt. Die Panik, die Aale im Bauch – alles ist weg.

Ich liebe es, und wir spielen wie Kinder in der Dekoration. Wir bewegen uns übermütig, wohin wir wollen. Manchmal sitzen wir einfach spontan auf dem Boden, als wären wir bei uns zu Hause. Für die Kamerakollegen ist es nicht immer leicht, uns zu folgen. Völlig verrückt, dass wir das hier so machen dürfen – ja, wir sollen es sogar. Klar, es gibt noch ganz andere Sendungen mit viel verrückteren Konzepten – aber wir sind immerhin das Vormittagsprogramm der ARD! Das ist durchaus ungewöhnlich.

Die Inhalte unserer Sendungen sind zu Beginn entwicklungsfähig – um es mal freundlich auszudrücken. Ich lerne viel dazu in diesen ersten Monaten. Tim kennt das schon – für mich ist es neu: redaktionelle Mitarbeit. Wer glaubt, wir hätten um 9:50 Uhr Feierabend und würden Kaffee trinken gehen, der irrt. Nach der Sendung schminken wir uns ab, und dann geht's in die Konferenzen. Was ist das für eine aufwendige Arbeit für das »Live nach neun«-Team! Die Redakteurinnen und Redakteur sind alle – bis heute – hoch motiviert und wühlen sich durchs Internet und die Mediatheken wie Trüffelschweine, um die besten, relevantesten und auch kuriosesten Geschichten zu finden. Ich verneige mich vor unseren Kolleg*innen in der Redaktion. Das ist harte Arbeit! Jeden Tag fangen sie bei null an! Und dann kommen wir ins Spiel und diskutieren in der Runde die Themen, wägen gemeinsam ab, machen Vorschläge. »Mitwirkung« kann man bei uns wortwörtlich nehmen.

Bis etwa 14 Uhr basteln und schreiben wir an unseren Ideen für den nächsten Morgen. Es entwickelt sich schnell ein gutes, gleichberechtigtes Augenhöhengefühl zwischen uns beiden. Und mit der Zeit lerne ich sogar den Umgang mit dem digitalen WDR-Arbeitsprogramm. Schließlich ist man nie zu alt, um noch etwas dazulernen.

Der Mai vergeht. Es kommt der Juni und der Sommer. Niki, unsere Redaktionschefin, hat Neuigkeiten zu verkünden: »Wir senden im Sommer bei gutem Wetter von draußen!«

Von draußen? Von der Wiese da draußen vor der Tür? Wow!

Das WDR-Gebäude in Düsseldorf liegt im MedienHafen direkt am Rhein. Es ist wunderschön dort – in dem kleinen Hafenbecken schippern die Jachten und Bötchen. Niki beschreibt liebevoll, wie unser Freiluftstudio aussehen wird. Eine Sitzgruppe ist geplant

155

mit einem schönen Teppich und einer Hängematte, dazu ein aufblasbarer Kinderpool und Sitzsäcke.

Wir freuen uns wie verrückt auf die erste Sendung unter freiem Himmel. Plötzlich fällt mir ein: Da sind aber doch Menschen, die vorbeigehen. Fahrradfahrer und Spaziergängerinnen. Hunde und Jogger.

Ich frage Niki: »Sperrt ihr das Gelände dann morgens ab?«

»Nein, wieso? Ist doch nett, wenn da das normale Leben im Hintergrund weiterläuft.«

Großartig. Das liebe ich! Wenn Unvorhersehbares in der Luft liegt, fühle ich mich am wohlsten. Dann ist mein Spieltrieb besonders ausgeprägt. Zum Beispiel bei einer unserer ersten Außenübertragungen, als ein Fußgänger mit einem großen Hund vorbeikommt.

Es ist ein sehr großer Hund, der wahrscheinlich auch als Braunbär durchgehen würde. Ich nehme das imposante Tier kurz vor einer Moderation aus dem Augenwinkel heraus wahr. Der Hund ist vielleicht fünf Meter entfernt von mir. Herrchen und Hund sind als »Zaungäste« stehen geblieben und beobachten, was zwischen Pippi und Häufchen auf dieser Wiese sonst so passiert. Es ist ja immer spannend, wenn ein Fernsehteam in der Öffentlichkeit zum Anfassen nah ist.

Ein Beitrag ist zu Ende, ich bekomme das Zeichen des Aufnahmeleiters, dass ich wieder live drauf bin, und beschließe innerhalb eines Sekundenbruchteils, nicht das zu sagen, was geplant war, sondern zu dem Hund zu gehen.

Ich spreche das Herrchen an und frage: »Entschuldigen Sie, was ist das für ein Hund? Darf ich ihn mal streicheln?« Der Kameramann folgt mir. In diesem Moment denke ich: Um Gottes willen, was machst du hier? Du musst weitermachen im Ablauf – sonst haben wir gleich ein Zeitproblem. In meinem Ohrstöpsel Stille. Niemand sagt: »Spinnst du, Isabel? Jetzt halte dich an den Sendeplan!«

Das Herrchen scheint sich sehr zu freuen, dass sein Hund nun live im Fernsehen gekrault wird, und schiebt den kleinen »Bär« zügig in meine Richtung. Kraulend sage ich den nächsten Beitrag an. Der Einspieler wird gestartet.

Ich rechne mit einem Anschiss, der sich gewaschen hat. Stattdessen höre ich im Ohr: »Oh, ist der süß!«

Ich frage kleinlaut in die Regie: »Darf ich den mit zur Hängematte in unsere Deko nehmen?« Tim hat sich zwischenzeitlich auch schon auf den Hund gestürzt, und wir nehmen ihn an der Leine – natürlich mit Einverständnis seines Herrchens – mit auf unsere Spielfläche. Auch aus der Regie kein Veto. Tim und ich sitzen nun auf dem Holzboden, und zwischen uns liegt dieses riesige, süße Viech. Dieser tolle Hund macht alles mit. Er legt sich, genau wie wir es wünschen, mit dem Kopf nach vorne Richtung Kameras und lässt sich von uns bearbeiten. Als hätte er auf diesen Moment seines Durchbruchs gewartet. Also wenn jetzt nicht die Quote hochgeht, dann weiß ich es nicht.

Die Königsdisziplin

An diesen tollen Moment aus unserer Anfangszeit erinnern Tim und ich uns auch heute noch gerne zurück. In solchen Momenten sind wir beide uns fast immer einig. Obwohl wir eigentlich sehr unterschiedlich sind, ticken wir in manchen Situationen so ähnlich, als wären wir Bruder und Schwester – allerdings ohne die geschwistertypischen Streitigkeiten!

Doppelmoderation ist eine Königsdisziplin. Das sagen alle, die mit Fernsehen zu tun haben. Wenn man zu zweit moderiert beziehungsweise frei spricht, müssen es beide schaffen, sich gegenseitig auch zuzuhören und sich selbst dabei im richtigen Moment zurückzuhalten und dem anderen nicht ins Wort zu fallen. Auch dann nicht, wenn man darauf brennt, etwas zu sagen.

Tim und ich fallen uns anfangs viel ins Wort. Das sorgt für eine Unruhe, die sich auch auf die Zuschauer*innen überträgt. Aber die sollen doch genießen! Es ist eine der Sachen, an denen wir am Anfang am härtesten arbeiten. Heute passiert uns das so gut wie gar nicht mehr. Mit jeder Sendung wächst unsere Sicherheit. Keiner von uns beiden hat Angst, zu kurz zu kommen oder etwas zu verlieren. Ich habe das Gefühl, dass ich in dieser Zeit nicht nur für unsere Sendungen lerne, sondern dass das, was ich aus der Arbeit mit Tim mitnehme, auch positive Auswirkungen hat auf jede andere Form der Kommunikation bis hin ins Private.

Ebenfalls eine große Hilfe: dass Niki uns zwischendurch auch mal zum Moderationscoaching schickt. Meine erste Reaktion ist von Freude jedoch weit entfernt. Ich frage mich: Sind wir nicht gut genug? Müssen wir noch mal zur »Schule«?

So ist es natürlich nicht. Wenn man ein Coaching durchläuft, geht es um Feinheiten, und wir lernen enorm dazu. Ich merke, dass man nie zu alt für so eine Art »Nachhilfeunterricht« ist. Wer von sich behauptet: »Ich kann schon alles. An mir ist alles perfekt und mir kann keiner mehr was vormachen«, der ist schlicht und ergreifend ein Depp! Man kann sich immer verbessern. Ich würde mit 80 noch zum Coach gehen, weil ich weiß: Ich gehe da schlauer wieder raus, als ich reingegangen bin.

Am schlimmsten und am besten zugleich sind beim Coaching die Videoaufzeichnungen. Sich selbst auf dem Bildschirm zu sehen ist nicht immer leicht – um nicht zu sagen: die Hölle. Ich erkenne schnell meine Schwächen, aber wir erkennen erfreulicherweise auch beide, dass wir ein richtig gutes Gespann sind. Wir beide lernen viel voneinander. Ich lerne, mir von seiner journalistischen, manchmal sogar etwas nervig-sachlichen Art eine Scheibe abzuschneiden. Er wiederum schätzt meine emotionale, manchmal etwas »schlurige«, aber humorvolle Art und dass ich mich traue, auch mal aus der Reihe zu tanzen – wovon Tim sich übrigens gerne anstecken lässt.

Ich erinnere mich so gerne an eine Situation in einer Sendung in unserem ersten Sommer – draußen auf der Wiese: Wir hatten Walkie-Talkies als Requisiten bekommen und wollten damit auf dem Gelände vor dem WDR-Gebäude auf Observierung gehen, was thematisch zu unserem nachfolgenden Beitrag passte. Wie kleine Kinder freuten wir uns auf diesen Moment.

Das Einzige, was wir vor der Livesendung abgesprochen hatten, waren unsere Positionen. Dann ging's los – ungeprobt.

Tim streunte hinter den Gebüschen bei unserer Spielfläche rum und sprach ins Walkie-Talkie: »Isabel, hier alles unauffällig! Wie ist es bei dir? Irgendwas Verdächtiges bei dir? Stopp.«

Ich befand mich in der Nähe des Haupteingangs des WDR-Gebäudes – also ungefähr 50 Meter entfernt von Tim, als plötzlich eine große Gruppe von etwa 20 Seniorinnen und Senioren um die Ecke kam und auf den Haupteingang zusteuerte. Es war ganz offensichtlich eine organisierte Reisegruppe, die eine Führung durch den WDR gebucht hatte. Und ich stand mittendrin mit Walkie-Talkie.

»Tim! Verdächtige Personen aufgetaucht! Stopp!«

Ich musterte die Leute, die mich freudig anstrahlten, als wenn sie denken würden: Toll, was man für sein Busreiseticket alles geboten bekommt. Jetzt steht sogar Isabel Varell vor der Tür und empfängt uns mit einem Walkie-Talkie-Spiel.

Ich blieb in meiner Rolle und sagte zu Tim: »Warte, Tim, ich peile die Lage. Es sind unbekannte Wesen. So was hab ich noch nie zuvor gesehen.«

Dicht vor mir stand ein ungefähr 80-jähriger Mann und sagte grinsend und tiefenentspannt: »Frau Varell, machen Sie sich keine Sorgen! Wir tun Ihnen nichts!«

Die ganze Truppe lachte.

»Tim!«, flüsterte ich leise ins Walkie-Talkie: »Es scheint keine Gefahr von ihnen auszugehen. Stopp!«

Tim konnte sich das natürlich nicht entgehen lassen und

tauchte blitzschnell von der anderen Seite hinein in die amüsierte Besuchergruppe.

»Isabel! Ich bin da. Hab keine Sorge. Ich hole dich da raus! Dir wird nichts passieren! Stopp!« Er stand mittlerweile direkt vor mir und redete immer noch ins Walkie-Talkie rein. »Lass uns abhauen. Wow, sind das viele! Solche Wesen hab ich noch nie gesehen! Stopp!«

In diesem Augenblick riss uns die Stimme aus der Regie zurück in die Wirklichkeit: »Jetzt den Beitrag!« Wir gehorchten sofort, der Beitrag startete, und danach begrüßten wir die nette Reisegruppe dann nochmals als normale Menschen. Wir hatten uns so dermaßen in Rage gespielt, dass wir etwas Mühe hatten, wieder zum normalen Ton zurückzufinden.

Unvergesslich.

Gut lachen

Die Einschaltquoten liegen in den Anfangsmonaten noch unter unseren Erwartungen, und das bedeutet Druck. Vor allem, weil ich zusätzlich zu unserer Morgensendung jeden Abend mit einem Theaterstück in Essen auf der Bühne stehe. Dieses Engagement steht schon über ein Jahr in meinem Kalender und muss eingehalten werden.

Meine Nächte sind sehr kurz. Ich bin am Limit und über Wochen so überanstrengt, dass es mir heute rückblickend schleierhaft ist, wie ich das überhaupt hingekriegt habe. Tim ist in dieser Zeit ein wahrer Held! Die wahren Helden zeigen es nicht, dass sie Helden sind. Sie sind es einfach, und das macht sie so groß. Kein einziges Mal hat er mir in dieser Zeit einen Vorwurf gemacht.

Nach vier Wochen ist die Spielzeit in Essen vorbei, und jetzt kann ich all meine Kräfte auf die Show fokussieren. Wir entwickeln uns – genau wie unsere kleine Vormittagssendung. Es wird unaufhörlich am Konzept geschraubt. Die Inhalte und Rubriken werden immer deutlicher erkennbar, und es bildet sich zu unser aller großen Freude und Begeisterung eine immer treuer werdende und ansteigende Zuschauerschar heraus. Das spiegelt sich nicht nur in der Quote wider, sondern unter anderem auch in den Sozialen Netzwerken, wo eine direkte Verbindung zwischen uns und unseren Zuschauer*innen entsteht, über die sie uns direkt Feedback geben können.

Das tun sie auch reichlich, als Tim den schlimmsten Satz in der Geschichte der Sendung von sich gibt – nämlich diesen hier: »Ich trinke kein Wasser – da ficken Fische drin.« Es kommen Beschwerden der Zuschauer*innen: »Es schauen Kinder zu! Wie soll ich meinem Kind erklären, dass ein Moderator im Fernsehen von fickenden Fischen erzählt?« Tim rechtfertigt sich in der Redaktion (bis heute!), es sei ja wohl eine berühmte Aussage des begnadeten US-Komikers W. C. Fields, die er da bloß zitiert habe – er verkauft also seinen Fauxpas als »intellektuellen Einwurf«.

Wäre ich doch mal auf diese Idee gekommen, als ich einmal versucht habe, mit folgendem Aufhänger vom Thema Schweißdrüsen aufs Wetter überzuleiten: »Bei euch sind ja die Hoden außerhalb des Körpers ›installiert‹ worden. Das hat auch etwas mit dem Schwitzen zu tun. Ich habe mal gehört, dass Hoden kühl bleiben müssen – wegen der Fruchtbarkeit. Sonst hätten sie ja im Körper auch innen sein können.«

Ich gebe zu, ich habe in diesem Augenblick selbst einen Schreck bekommen, dass ich das »Hodenthema« live im Vormittagsprogramm der ARD zur Sprache gebracht habe. Doch es war raus, und alle haben es gehört. Man kann die Live-Uhr eben nicht zurückdrehen. Ärger habe ich deshalb nicht bekommen, allerdings ist das bis heute ein Running Gag im Team. Vor allem Tim nimmt mich damit immer noch gerne hoch. »Frag bitte heute niemanden in der Sendung nach seinen Hoden!« Ich kann dann erfreulicherweise immer gut kontern!

Nach über einem Jahr ziehen wir aus organisatorischen Gründen mit Sack und Pack und Dekoration von Düsseldorf ins Kölner WDR-Studio. Zwischenzeitlich hat sich unser Moderatorenteam verändert. Alina Stiegler ist – so wie Tim und ich – seit der Stunde null Teil des Teams. Es gesellen sich Anne Willmes, Marco Lombardo und last, but not least Peter Großmann aus dem Morgenmagazin zu uns. Außerdem beginnt Niki Pantelous plötzlich, uns vor der Kamera durcheinanderzumischen.

Mein erster Gedanke: Huch, ich ohne Tim? Ich habe mich so an ihn gewöhnt. Wir sind eingespielt und kennen unsere Macken, Ecken und Kanten. Mein zweiter Gedanke: Warum eigentlich nicht? Eine neue Kollegin oder mal ein ganz anderer Kollege an der Seite macht wach, aufmerksam und fordert einen selbst ganz neu heraus. Und da ich Herausforderungen genauso liebe, wie ich vor ihnen Angst habe, bin ich schlagartig gespannt wie ein Flitzebogen, wie das dann wohl sein wird, mit jemand anderem ins kalte Wasser zu springen.

In meinem Fall ist dieser jemand anderer Alina Stiegler. Durch das Konzept der festen Teams ist mir Alina bis dahin nur sehr selten über den Weg gelaufen. Mein Gefühl sagt mir aber: Mit der wirst du dich bestens verstehen.

Und so ist es auch. Gleich bei der ersten längeren Begegnung entwickelt sich eine lustige Leichtigkeit zwischen uns beiden. Trotzdem fühlt es sich neu an, und wir achten beide besonders darauf, uns bloß nichts »wegzunehmen« oder doof rüberzukommen. Man muss sich ja erst mal richtig beschnuppern. Es ist nämlich wirklich wichtig, dass du dich während der Sendung gegenseitig spürst – dich als Team empfindest. Dieses Zusammenspiel darf auch gerne einen Hauch von Privatem haben. Es wäre doch wunderbar, wenn sich Menschen, die gerade zu Hause ihr Käffchen genießen, durch unsere lockere Stimmung mit uns verbunden fühlen und vielleicht in diesem Augenblick Sorgen und Ängste vergessen könnten. Ein informatives Plauderstündchen mit Herz und Seele – das ist doch sinnvolles Fernsehen!

Alina und ich gehen an den Start. Es wird lustig – das ist uns um sechs Uhr morgens in der Maske schon klar. Bis dahin war ich immer ziemlich alleine dort – Tim huscht ja immer erst kurz vor acht für fünf Minuten durch die Make-up-Töpfchen. Alina hingegen ist – so wie ich – ein frühes Vögelchen. Und schon geht's morgens los mit der Quasselei. Wir Frauen sind da einfach anders als Männer.

Wir merken sehr schnell: Die Chemie stimmt. Die beiden wichtigsten Hs im Leben sind vorhanden: Harmonie und Humor. Es gibt Menschen, die ziehen Energie – das kennt jeder. Und dann gibt es diese Menschen, mit denen kannst du – selbst wenn du hundemüde bist – »auftanken«. Alina ist so eine Tankstelle. Ich könnte mich manchmal wegschmeißen vor Lachen über Alinas scharfsinnigen Humor. Sie überrascht mich total. Sie wirkt auf den ersten Blick eher wie eine – wie soll ich sagen – ruhige, freundliche, zurückhaltende, fast ein bisschen konservative Journalistin. Aber ich kann euch sagen: Sie kann auch »deftig«.

Alina gibt mir zu verstehen, dass auch sie etwas für Spontanität während der Livesendung übrighat. Das ist nicht selbstverständlich.

Eines Tages haben Alina und ich einen Beitrag über die Comicfigur Catwoman in unserer Sendung. Catwoman taucht in einer Realverfilmung von Batman auf – schwarz, hauteng und sexy gekleidet. Die Redaktion fragt uns tags zuvor in der Konferenz: Habt ihr Lust, euch in Catwoman-Outfits zu werfen? Wir beide gucken uns an – ein Aufblitzen in vier Augen, und wir brüllen in Stereo: »Au jaaa!«

Am nächsten Morgen probieren Alina und ich hinter den Dekowänden die beiden Outfits an, die die Kollegen der Kostümabteilung bei einem Kostümverleih aufgetrieben haben. Wir erkennen im Spiegel: Das können wir machen. Das ist nicht peinlich, sondern sexy. Während der gesamten Livesendung kreisen unsere Gedanken um nur eine Frage: Wann dürfen wir uns endlich in Catwomen verwandeln? Wir können es kaum erwarten.

Endlich ist es so weit. Während eines längeren Beitrags bleiben uns vier Minuten Zeit, um uns umzuziehen – Mikrofone und Ohrstöpsel inklusive. Wir pressen uns mithilfe der Kostümmitarbeiterinnen in die hautengen Catsuits. Dann die Stiefel, Kopfbedeckung mit Augenmaske, Handschuhe, lange schwarze Umhänge und zu guter Letzt noch knallroter Lippenstift.

Fertig.

Wir sind schweißgebadet. Kurz tauschen wir uns aus: »Okay, du fängst an, und ich springe dann über das Sofa. Das wird der Hammer.«

Wir hören im Ohr: »Noch zehn Sekunden!«

Wir warten auf das Rotlicht der Kamera, und los geht's. Alina fängt an: »Heute findet in Hollywood eine große Party statt. Alle Hollywoodstars werden da sein. Nur uns hat man leider nicht eingeladen.« Ich springe, während sie redet, im Hintergrund über die Sofalehne und lande wie Spiderman auf allen vieren auf dem Studioboden. Etwas hölzern, aber ich bemühe mich, es filmreif zu machen. Wahrscheinlich sehe ich eher aus wie eine kleine dicke Spinne auf dem Weg zum nächsten Fliegenbuffet. Alina guckt mich an. Ich weiß, eigentlich bin ich jetzt dran, etwas zu sagen, aber ich muss so lachen. Alina legt los und schleicht katzengleich um unseren Couchtisch. Sehr sexy! Jetzt reden wir nur noch durcheinander. Wir wissen: Unsere Sendezeit ist gleich vorbei.

Aus der Regie hören wir: »Kommt zum Ende. Verabschiedet euch!«

Aber wir sind im Catwoman-Rausch! Wie Fledermäuse flattern wir mit großen Gesten mit unseren schwarzen wehenden Umhängen und geben noch mal alles. Aus der Regie das Signal in unseren Ohrstöpseln: »Noch fünf Sekunden. Dann seid ihr runter!« Am Ende schleudere ich noch mal mit Schwung meinen Umhang ganz nah vor die Kameralinse und bedeckte sie mit dem Stoff. Das Bild ist schwarz, und ich bin mir sicher: Hollywood wird auf uns aufmerksam werden und uns beiden daraufhin einen Spielfilm anbieten.

Zwei Doofe, ein Gedanke

Alina und ich lassen uns nach der Livesendung erschöpft auf unsere Studiosofas fallen und kringeln uns vor Lachen. Gleichzeitig meldet sich wieder mein mangelndes Selbstbewusstsein: Oje – kriegen wir jetzt Ärger? Waren wir zu sexy? Zu albern?

Es ist zum Schmunzeln und manchmal auch zum Heulen, dass das wohl nie aufhört – egal wie alt man ist. Ich mache mir einen Riesenkopf, ob man gleich wieder – wie damals von den Eltern – eins übergebraten bekommt. Was damals die Eltern waren, können heute der Chef oder die Chefin sein.

Wir haben Glück mit unserer Chefin. Niki legt uns nur nahe aufzupassen, dass sich kein Zuschauer veräppelt fühlt. Was man selbst witzig findet, kann auch manchmal dazu führen, dass sich Zuschauer ausgeschlossen fühlen. Und das sollte möglichst zu keinem Zeitpunkt in der Sendung passieren. Schließlich machen wir diese Sendung für die Zuschauer – nicht für uns.

Und wir werden belohnt für unsere Spaß-Arbeit. Immer mehr Menschen wollen uns sehen – das beweisen die steigenden Einschaltquoten unserer schönen Vormittagssendung. Wir lieben es.

Alina und ich werden Freundinnen. Es ist so schön, und ich freue mich immer – genauso wie auf Tim –, wenn die Sendeplanung uns wieder zusammenwürfelt. Was für ein tolles Gefühl, mit einer »Freundin« zusammen vor der Kamera zu stehen. Sie ist halb so alt wie ich – das ist aber egal. Wenn sie aus Berlin für eine Sendewoche nach Köln kommt, verbringen wir nach unserer Arbeit auch private Zeit miteinander.

Das angebliche Konkurrenzdenken unter Frauen ist uns beiden

vollkommen fremd. Ich weiß sowieso nicht, wer den Begriff »Stutenbissigkeit« erfunden hat. Meiner Meinung nach ist es ein reines Vorurteil, dass es unter Frauen angeblich ein ausgeprägtes Konkurrenzdenken gibt. Ohne Zweifel gibt es das – allerdings gibt es das unter Menschen im Allgemeinen, also auch unter Männern. Ich bin sehr gerne mit Frauen zusammen. In unserer Redaktion hält sich die Anzahl der Frauen und Männer die Waage. Es ist mit allen wunderbar!

Eines Tages kommt es zwischen Alina und mir zu einer Situation, die wir heute als »Putin-Moment« bezeichnen.

Wir wollen in der Sendung über den belgischen Sänger Helmut Lotti berichten. Schon in der Vorbereitung ist mir da etwas aufgefallen, was ich aber niemandem verrate. Auch nicht Alina. Ich will sie überraschen. Unsere Gespräche in der Sendung vertragen es ganz gut, wenn man nicht immer alles weiß, was der andere sagen wird. Wir wollen echt sein – und keiner kann über den gleichen Witz zweimal lachen. Dann wäre es künstlich. Also sage ich Alina nur: »Nach dem Film über Helmut Lotti würde ich gerne anfangen mit der Moderation, okay?«

»Okay«, erwidert sie. »Was willst du denn sagen?«

»Sag ich dir nicht.«

Live in der Sendung ist der Beitrag fast zu Ende, und ich zweifele daran, ob ich das wirklich machen soll – gebe mir aber einen Ruck. Wir sind »live drauf«, und ich fange an: »Weißt du, was ich gerade gedacht habe, als ich Helmut Lotti gesehen habe?«

Alina: »Nein.« Sie ist gespannt, was jetzt kommt, und guckt mich wach von der Seite an.

»Ich finde, Helmut Lotti hat Ähnlichkeit mit Putin.«

Es prustet aus ihr raus: »Zwei Doofe, ein Gedanke.« Sie hätte es aber nie ausgesprochen.

Wir beide müssen lachen, und ich versuche, Helmut Lotti und mich zu retten, indem ich hinterherschiebe: »Ich hoffe, Helmut Lotti ist jetzt nicht böse, aber die Ähnlichkeit ist eher mit dem jüngeren, knackigen Wladimir Putin. Das muss man ja zugeben: umstrittener Politiker hin oder her – der sah mal ganz sexy aus, oder?«

Inzwischen ist ein »Putin-Moment« für uns zum geflügelten Wort geworden. Es bedeutet, dass etwas Unabgesprochenes kommt, mit dem der andere nicht rechnet. Diese Gepflogenheiten unter Kollegen sind liebenswert und machen aus uns allen ein ganz besonderes Team. Ich könnte noch unzählige weitere Geschichten erzählen, wie ich zum Beispiel mit Marco Lombardo regelmäßig den von uns selbst erfundenen »Urmelgang« praktiziere und mit ihm kurz vor unserer Sendung a cappella singe oder wie ich mit Peter Großmann immer wieder spontan Situationskomik erlebe, die vorher nicht geplant war. Er ist einfach ein lässiger und unglaublich entspannter, sympathischer Kollege – genau wie Anne Willmes. Wir alle texten regelmäßig miteinander und gratulieren uns gegenseitig zu hohen Quoten.

Diese Sendung, diese Menschen beschenken mich täglich aufs Neue.

Die Chance zu scheitern

Mit »Live nach neun« habe ich 2018 einen weiteren Spielplatz erobert, auf dem ganz andere Facetten von mir gefragt sind. Hier erhalte ich die tolle Möglichkeit, meine angeborene Neugier zu stillen, in den verschiedensten Themen herumzuwühlen, nachzufragen und zu recherchieren. Ich gewinne eine ganz neue Sicherheit vor der Kamera mit einer für mich bis dahin fremden Arbeit, bei der es darum geht, mich selbst nicht zwangsläufig in den Vordergrund zu schieben – wie beispielsweise als Sängerin auf der Bühne – und stattdessen die Themen glänzen zu lassen.

Mein schärfster Kritiker, mein Mann Pit, verpasst seit Beginn unserer Sendung keine einzige, die ich moderiert habe. Das dürften mittlerweile an die 300 Livesendungen gewesen sein. Und er gibt mir jeden einzelnen Tag per SMS Feedback – sofort nach der Sendung. Das ist inzwischen ein festes, sehr liebevolles Ritual geworden – obwohl er dummerweise immer ehrlich zu mir ist. Aber genau das ist so wichtig für mich.

Manchmal frage ich mich: Was war oder ist denn eigentlich deine Bestimmung? Da war doch ganz früher der große Traum, Sängerin zu sein. Wer hätte gedacht, was sich in meinem Leben sonst alles noch so ergeben würde. Ich möchte gar nicht darüber nachdenken, was ich alles verpasst hätte, wenn ich »nur« bei der Musik geblieben wäre, ohne nach rechts und links zu gucken.

Ich ziehe Bilanz. Gerade jetzt, wenn mir das Alter eine befremdliche, fast unrealistische Zahl um die Ohren wirft wie die 60. Ich höre tief in mich rein und frage mich: Gab es ein Scheitern auf meinem bisherigen Weg?

Der Traum, mit meiner Musik große Hallen zu füllen, sollte sich in meinem Leben nicht erfüllen – ich würde lügen, wenn ich behaupten würde, ich hätte es mir nicht gewünscht. Durch meine vielen »Seitensprünge« fehlte wohl die Kontinuität in der Musik. Und ich war an dieser Stelle wirklich nicht kompromissbereit. Ich bin glücklich, dass ich mich habe locken lassen von neuen spannenden Aufgaben und Erfahrungen. Ich bereue nichts. Ich werde es weiterhin tun. Mein Lebenselixier ist es, neue Terrains zu betreten und zu erobern. Abenteuer zuzulassen und die eigenen Ängste zu überwinden. Das stärkt meine Kräfte und hält mich jung. Immer gleiche Wege machen müde. Ich möchte wach bleiben.

Die Begegnung mit neuen Menschen ist wie ein Sporttraining. Es wird auch bei dieser »Sportart« mit dem Älterwerden anstrengender. Die »Muskeln« des Mutes und des Zutrauens zu sich selbst werden schwächer, je weniger sie eingesetzt werden.

Ich habe keine Angst vor dem Scheitern. Ich habe nur Angst davor, dass man mir nicht die Chance gibt zu scheitern.

Bis jetzt ging alles gut. Und wenn's mal wirklich passieren sollte, dass ich stolpere – muss ja nicht gleich scheitern bedeuten –, was würde denn dann passieren? Ich würde definitiv nicht daran sterben. Ich stehe auf und suche die nächsten Aufgaben.

Wenn man die Fernsehlandschaft unter die Lupe nimmt, stellt jeder schnell fest: Die Möglichkeiten nehmen – zumindest für Frauen – definitiv nicht mit dem Älterwerden zu. Wer kennt und benutzt nicht diesen oberflächlichen Spruch: »Frauen werden älter – Männer interessanter.« Dieser veraltete Satz ist eine mögliche Erklärung für die Tatsache, dass Männern altersmäßig mehr Puffer nach oben gewährt wird.

Ich muss wieder an meine Mutter denken, als sie über Marika Rökk und Hildegard Knef gesagt hatte: »Boah, ist die alt geworden!« Da waren Marika Rökk und Hildegard Knef fast so alt wie ich jetzt. Ich bin dankbar, dass mein Name zur richtigen Zeit am richtigen Ort gefallen ist, damit ich Niki Pantelous begegnen konnte, die an mich geglaubt und das Potenzial in mir erkannt hat.

Ich frage mich manchmal, wie lang das noch so geht. Nicht gesundheitlich oder seelisch – sondern altersmäßig. Wie lange lässt man mich das noch machen?

Ich vergesse mein Alter im Alltag. Ich gehe nicht durchs Leben und sage mir ständig: »Jetzt bist du reif« oder »Ich werde alt«. Verdammt, nein! Ich fühle mich nicht so. Aber wie sehr denken die anderen an mein Alter? Wird eines Tages – womöglich bald oder etwa gleich – jemand kommen und sagen »Schluss jetzt!«?

Doch wenn das Künstlerleben mal irgendwann vorbei sein sollte, werde ich trotzdem ganz viel aus meinem Leben machen – da bin ich sicher. Ich will aber jetzt noch nicht ans Aufhören denken, was Gott sei Dank auch niemand von mir erwartet. Mir macht das alles zu viel Spaß! Die Menschen, mit denen ich in Teams viele Stunden verbringe. Unterschiedliche Generationen, denen ich mit Begeisterung zuhöre, mit denen ich gerne diskutiere und Spaß habe.

Ich habe selbst keine Kinder. Das war eine bewusste Entscheidung. Das Familienmodell, so wie ich es in meiner Kinder- und

Jugendzeit kennengelernt hatte, wollte ich in meinem Leben auf keinen Fall fortsetzen. Und ich habe die Entscheidung nie bereut. Durch meinen facettenreichen und zeitintensiven Beruf hatte ich dennoch die Möglichkeiten, viel »durch die unterschiedlichsten Altersgruppen zu surfen«. Das ist großartig und auch vielleicht ein Grund für meine jugendliche Seite, die ich in mir habe und festhalte.

Ja, das Kind in mir halte ich fest – was nicht heißt, dass ich meine Halsfalten, die sich wie eine Showtreppe um meinen Hals legen und mit der untersten Stufe in die Schulter übergehen, nicht sehr kritisch betrachte. Aber so ist es nun mal – das Leben. Ich möchte mich selbst mit der älter werdenden Isabel anfreunden. Ich möchte sie so nehmen, wie sie ist. Ich bin doch auch bei meinen Freunden so. Wenn sie älter werden, stört ihr Altern mich nicht im Geringsten. Im Gegenteil. Ich liebe ihre Ecken und Kanten und ihre zahlreicher werdenden Falten.

Und genauso ist auch die ältere Isabel okay, so wie sie ist.

Ich werde mich gerne für alles Mögliche entschuldigen, aber nie dafür, dass ich nicht jung bleibe.

6

Gott sei Dank hatte ich keinen Erfolg – Ganz allein am Ballermann

Man muss alles im Leben mal ausprobiert haben. Trotzdem gibt es Dinge, die man nicht unbedingt erleben muss. So manches schlummert in meiner Erfahrungskiste, das vermeidbar gewesen wäre. Und trotzdem gibt es für mich in meinem Lebensbuch nicht wirklich etwas zu bereuen.

Seid ihr bereit? Ich nehme euch jetzt mit nach Mallorca an den Ballermann.

Ihr habt richtig gehört!

»Ballermann«, ein kleines Stückchen Erde – und kein bisschen leise. Welcher Teufel hat mich denn da geritten, dort aufzutreten?

Nur zu Besuch

Es ist mitten in der Nacht, und ich sitze in einer Art Abstellraum ohne Fenster in den Untiefen eines Partylokals auf Mallorca und warte auf meinen Einsatz. Warum mache ich das hier? Ich bin schon eine eher reife Frau und gestandene Künstlerin. Das passt doch eigentlich gar nicht zusammen. Schon in den Achtzigern, als ich als damals junge Sängerin in dem einen oder anderen Bierzelt auf der Bühne angekündigt wurde, habe ich gewusst: Das ist nicht »meine Bühne«. Das waren zwar wichtige erste Bühnenerfahrungen, die ich dort gierig aufgesogen habe – allerdings immer mit dem Ziel vor Augen: Arbeite an dir, wachse mit deinen Aufgaben. Du gehörst auf eine andere Bühne. Das Theater, der Konzertsaal – das ist es, wo ich über kurz oder lang stehen wollte.

Wie komme ich also jetzt hierher in diesen Keller, durch dessen Wände der Kirmestechno-Sound brummt, wohinter eine trinkende Menge auf mich wartet?

Alles beginnt ein paar Jahre zuvor, als ich die beliebteste Partymeile der Deutschen auf Mallorca, den Ballermann, bei einem Besuch im *Oberbayern* bei meinem Kollegen Jürgen Drews zum ersten Mal am eigenen Leib erlebe. Das *Oberbayern* ist in diesem Fall keine grüne Wiese, sondern eine der angesagten Discotheken an der berühmt-berüchtigten Strandpromenade Platja de Palma in Las Maravillas, einem Stadtteil von Palma. Quasi um die Ecke zur Schinkenstraße.

Immer wenn Jürgen Drews und ich uns bei Fernsehshows über den Weg gelaufen sind, hat er zu mir gesagt: »Hey, wenn du mal auf Malle bist, komm doch vorbei. Ich trete da jede Woche abends im *Oberbayern* auf.«

Gesagt, getan. Mit »abends« hatte das allerdings wenig zu tun. Eher mit »nachts«. Die Showeinlagen am Ballermann finden spät in der Nacht oder sagen wir besser sehr früh am Morgen statt. Wir reden von etwa drei Uhr!

Vorsorglich hatte ich mich nachmittags noch mal hingelegt auf ein kleines Schläfchen, um das zu überleben. Denn wenn's da losgeht, bin ich normalerweise bereits im Traumland. Ich bin zwar ein »Abendmensch« – aber so ein Abend hat ja auch ein biologisches Ende.

Gemeinsam mit ein paar Freunden tauche ich ab in einen Keller – wir schlängeln uns unter ohrenbetäubender Schlagermucke durch die bereits mehr als nur angeschickerten Partyeulen. Die Luft ist stickig, die Menschen drängeln sich derart, dass mir nichts anderes übrig bleibt, als mich mit dem Schlagerbeat wippend Zentimeter um Zentimeter Richtung Tanzfläche zu schieben. Hinter der Tanzfläche – so sagte man mir am Eingang – geht es »hinter die Bühne«. Aber ein »hinter der Bühne« gibt es hier eigentlich nicht, denn ich sehe keine Bühne. Die Spielfläche für die Stimmungssänger*innen ist die Tanzfläche. Sie ist eine runde, ebenerdige Fläche – und sehr klein. Keine erhobene Ebene – nicht mal ein Podest.

Die Monitore, die rundherum auf dieser kleinen Fläche stehen, lassen erahnen, dass bald ein Stargast auftreten wird. Jürgen Drews hängt auf Plakaten an den Fassaden, und junge Männer in Krachledernen verteilen in den Straßen den ganzen Tag Flyer, auf denen er angepriesen wird. Hier im *Oberbayern* ist man stolz, dass Jürgen Drews exklusiv als »König von Mallorca« für eine volle Hütte sorgt. Ich muss wirklich sagen: Hochachtung vor Jürgen, der es wirklich geschafft hat, mit seiner Musik eine ganze Partyszene zu prägen.

Das war ursprünglich sicher nicht sein Plan. Seine stimmliche Begabung geht weit über den »Schlager« hinaus. Er hat Blues und Jazz im Blut.

Als junger Mann war er Teil der berühmten »Les Humphries Singers«, einer bunten, verrückten Truppe von extrem gut gelaunten und guten Sängerinnen und Sängern. Der Engländer Les Humphries brachte Menschen unterschiedlicher ethnischer Herkunft zusammen und mischte mit dem Flair der Hippiebewegung – einer Mischung aus Gospel und Popmusik – die artigen deutschen Fernsehshows auf. Unter anderen mit dabei: Liz Mitchell – wohl besser bekannt als späteres Mitglied von Boney M., Linda Uebelherr – später als Linda G. Thompson ein Teil von Silver Convention, Henner Hoier – danach Sänger und Gitarrist der Gruppe Rivets, die mit Jimi Hendrix, The Who und den Rolling Stones tourte – und mittendrin, aber ebenfalls noch wenig bekannt: Jürgen Drews.

Wir beide lernten uns kennen, als wir 1988 in der Walt Disney Zeichentrickfilmproduktion »Oliver & Co.« Hunden unsere Gesangsstimmen liehen. Dafür mussten wir uns mit Stimmproben bei Disney in den USA »bewerben«. Logisch – die Amerikaner erwarten Qualität, schließlich wurden die Originale dort gesungen von Weltstars wie Huey Lewis, Billy Joel, Bette Midler und Ruth Pointer von den Pointer Sisters. Also lag die Messlatte für uns verdammt hoch. Wir sollten klingen wie das Original. Fast unmöglich, das zu erfüllen – zumal die deutsche Sprache im Gesang im Gegensatz zur englischen Sprache wie eine Halskrankheit klingt. Es gibt wirklich gute deutschsprachige Musik – ich selbst singe ja auch auf Deutsch. Aber Englisch oder ganz besonders Französisch sind in musikalischer Hinsicht viel geschmeidiger, und man kann in dieser Sprache besser mit den Tönen spielen.

Nicht nur Jürgen und ich nahmen teil an dem Stimmcasting, auch zahlreiche andere sehr prominente Sangeskolleg*innen waren mit im Rennen, die ich hier natürlich nicht erwähne. Hier nur die Namen derer, die am Ende engagiert wurden: Katja Ebstein, Jürgen und ich. Die anderen Synchronsprecher*innen waren eher unbekannt.

Jürgen sang den »Haupthund« Dodger, weil er »riffen« kann wie einer dieser Bluessänger in New Orleans. Riffen ist das Spielen mit den Tönen in Harmonie mit der Melodie eines Liedes. Es ist eine Kunst. Whitney Houston zum Beispiel war eine Königin des Riffens. Sie konnte mit ihrer Stimme die Melodie verlassen und drum herum ihre gesanglichen Spaziergänge machen. Die schwarzen Sänger*innen haben das im Blut – ich glaube, sie schreien nicht nach der Geburt – sie riffen. Besonders in der Gospelmusik kann man diese freie Form des Gesangs genießen.

Im Original wurde Dodger gesungen von Billy Joel. Ich wurde engagiert für die Afghanendame Rita – im Original Ruth Pointer von den Pointer Sisters. Katja Ebstein lieh ihre Stimme dem Pudel Georgette – im Original gesungen von Bette Midler. Da konnten wir alle wirklich ein bisschen stolz auf uns sein.

Jürgen Drews' Traum von der großen Karriere in den USA hat sich nicht erfüllt, aber er ist hierzulande bekannter als jeder bunte Hund. Ich gönne es ihm von Herzen, denn das muss man erst mal schaffen über einen so langen Zeitraum!

Und nun bin ich also hier, um ihn am Ballermann zu besuchen. Endlich bin ich an der Hintertüre angekommen, hinter der Jürgen Drews seine Zeit totschlägt, bis er endlich singen darf. Ich treffe auf einen entspannten Kollegen, dem es nichts auszumachen scheint, hier in den dunklen Katakomben bis spät in die Nacht zu warten, bis er endlich seine Arbeit machen und seinen Vertrag erfüllen kann. Jürgen hat immer etwas Positives im Gesicht. Das macht ihn attraktiv, und das hält ihn jung. Das liegt wahrscheinlich auch an Ramona, der Liebe seines Lebens.

Backstage bleibt gerade noch Zeit, um ihm schnell ein »Toi, toi, toi« zuzuhauchen, da muss er schon durch die schwere Eisentüre, die ihn von der feiernden, grölenden Meute trennte. Sein Opener – natürlich –: »Ein Bett im Kornfeld«. Das ist das Zeichen: Jetzt kommt ER!

Er hat es einfach drauf – fast vergisst man, wo man hier ist. Jürgen präsentiert sich, als sei das hier das Wembley Stadion in London und er Elvis Presley. Ich stehe am Rand, singe mit und versuche ihm zu signalisieren, dass ich seine Leistung bewundere. Das tue ich wirklich, aber ich habe ein mulmiges Gefühl. Das hier ist kein guter Platz für Künstler. Das ist ein Platz für Party. Stimmung, mitsingen, klatschen, tanzen bis zur Ohnmacht – das braucht man hier, und das müssen wir liefern. Und Jürgen Drews kann das!

Wir verabschieden uns später nur durch ein Winken aus der Ferne. Kreischende Mädels drängeln sich dicht um ihn herum und fordern Autogramme. Aber keins auf einer Autogrammkarte –

nein, sie möchten, dass Jürgen mit Filzstift in ihre Dekolletés auf die nackte Haut schreibt. Wie praktisch. Ich glaube, von zehn dieser ausgeflippten Damen würden ihn gerne neun mit nach Hause nehmen …

Dieser Abend hinterlässt bleibende Erinnerung bei mir. Damals hätte ich nicht geahnt, dass auch ich mal ein Angebot für Mallorca bekommen würde.

Es singt für Sie – das Niveau

Im Laufe der Jahre wird der Ballermann immer bekannter. Eine wahre Gelddruckmaschine, die Millionen feierwütiger Deutscher am Laufen halten. Schnell mal eben für ein Wochenende den Alltag vergessen. Oder auch nur für einen Tag. Morgens nüchtern in den Flieger und dann durchmachen bis zur ersten Maschine um sieben Uhr morgens am Folgetag, die die Schnapsleichen dann wieder nach Deutschland zurückfliegt. Dazwischen werden eimerweise Sangria am Strand weggeputzt, und es wird bis in die Nacht gefeiert. Die Gäste wissen, was sie zu erwarten haben und werden nicht enttäuscht – das ist hier sicher!

Neben Jürgen gibt es heute jede Art Show-Acts, die dort »abräumen«. Es sind nicht nur Künstler, sondern oft auch Persönlichkeiten, die durch irgendetwas anderes bekannt geworden sind, wie zum Beispiel Jürgen Milski, den einige aus der ersten »Big Brother«-Staffel kennen und der erkannt hat, dass man mit »Die Hände zum Himmel« zum Partystar werden kann. Es ist die Art von Musik – und das meine ich völlig wertungsfrei –, die nicht unbedingt von einer Gesangsstimme lebt, sondern von Power und der Bereitschaft, gnadenlos zu feiern.

Da überrascht es mich umso mehr, als eines Tages mein Telefon klingelt. Am Apparat ist der damalige Agent von Jürgen Drews, der seine Auftritte koordiniert, und mich fragt, ob es mich interessieren würde, Kurzauftritte im Megapark auf Mallorca zu machen.

Ich staune. Wieso denn ich? Ich habe weder einen Partyschlager noch bin ich besonders dafür bekannt, durch Mitklatsch- und Discosounds eine partywütige Menge zum Toben zu bringen. Es waren immer Firmenveranstaltungen, für die ich engagiert wurde. Später kamen dann Konzerttourneen in Theatern und auf Kleinkunstbühnen dazu. Alle möglichen Gelegenheiten haben mich im Laufe der vielen Jahre kreuz und quer über Deutschlands Bühnen geführt, aber die Partyszene hatte ich noch nie auf dem Zettel – erst recht nicht nach meinen Eindrücken damals im *Oberbayern*.

Ich rufe Jürgen an: »Du, stell dir vor: Ich soll im Megapark am Ballermann auftreten. Was sagst du dazu? Da bin ich doch fehl am Platz, oder?«

»Wir brauchen gute Frauen auf den Bühnen in Malle. Die Szene am Ballermann soll in den nächsten Jahren weg vom ›Sauf-Image‹. Es soll dort niveauvoller werden. Ich habe auch meinen Vertrag gewechselt. Ich trete nur noch im Megapark in der Arena auf. Der Laden ist toll – kein Vergleich mit dem *Oberbayern*! Das kannst du machen.«

Ich?

Ich denke nach. Irgendwie kribbelt es in der unteren Magengrube. Ich merke, wie meine innere Stimme versucht, mir etwas zuzuflüstern, aber ich höre nicht hin – mein Abenteuernerv ist angepiekst. Drüber nachdenken schadet ja nicht. Und ich war schon immer offen für neue Impulse.

Die Auftrittsmöglichkeiten verändern sich ständig. Firmen- und Hotelveranstaltungen, von denen viele Kolleginnen und Kollegen – auch ich – über Jahre hinweg gelebt haben, haben neue Konzepte entworfen. Das Krimi-Dinner hat diese Bühnen erobert. Zwischen den Gängen agieren Sänger und Schauspieler, und das Publikum soll den Mörder entlarven. Der sogenannte »Stargast« – so stand es in oft in meinen Verträgen – wird immer seltener gebucht. Obwohl diese Künstler*innen in den Achtzigern und Neunzigern meist der absolute Höhepunkt auf Veranstaltungen waren. Roberto Blanco, Ireen Sheer, Marlène Charell, Mary Roos, um nur einige zu nennen – und auch später Isabel Varell – haben live mit Orchester in den großen Sälen der Sternehotels das Publikum unterhalten, das sich zuvor am Buffet satt gegessen hatte.

In manchen Fällen haben wir den Scheck am Ende eher als »Schmerzensgeld« angenommen. Es gab damals den schönen Satz nach dem Auftritt unter uns Künstlern: »Scheck und weg.« Es gab aber auch großartige Abende, an denen auch ich als Künstlerin gefeiert wurde und die in meiner Erinnerung unvergessen sind.

Wenn man seinen Kalender mit Terminen vollkriegen will, muss man flexibel und immer offen sein für neue Auftrittsmöglichkeiten – so war immer mein Denken. Manche Künstler sind da wählerischer. Vielleicht weil sie das Glück finanzieller Unabhängigkeit genießen, vielleicht weil sie darauf setzen, sich auf diese Art wertvoll zu machen. Dafür hatte ich leider nie die Nerven. Manche Künstler habe ich schon immer um ihr Vertrauen in sich selbst und in das Leben beneidet. Ich habe mich eher wie ein Handwerker gefühlt. Wo »eine Wand gestrichen werden soll«, da fahre ich hin, erfülle meine Aufgaben und kann meine Rechnung schreiben. Ich bin »käuflich« – wenn man so will. Das nimmt natürlich jedem Künstler die Faszination. Auch wenn er gut bezahlt wird, kann das alles manchmal irgendwie »billig« rüberkommen. Und doch bereue ich nichts. Viele Jahre wurde ich bei solchen Auftritten gefeiert – mal mehr, mal weniger. Ich war als »Gala-Sängerin« erfolgreich, und die Verdienste haben mir ein gutes Leben beschert.

Warum also soll ich nicht mal darüber nachdenken, auf Mallorca in einer Großdiscothek die »netten jungen Leute« zu unterhalten? Eine große Klappe hatte ich schon immer. Das krieg ich schon hin. Gut – um drei Uhr nachts ist schon eine Hausnummer, eine mir noch unbekannte Herausforderung, aber ich höre mir das Angebot mal an.

»Die Geschäftsführung will dich in den Monaten Mai/Juni und August/September«, erzählt mir der Agent, und ich sehe ganz deutlich die Dollarzeichen in seinen Augen blitzen. »In den Monaten Juli/August sind nur jüngere Leute da – die wollen richtig auf die Zwölf. Da sind wir mit Künstlern wie Jürgen Drews, Tim Toupet und Mickey Krause besser besetzt. Für dich ist es besser, im ersten und letzten Drittel der Sommersaison aufzutreten – da sind die Besucher älter. Da ist es dann weniger wild – eher gediegener. Die sind gesitteter und killen die Künstler auf der Bühne nicht. Da bist du besser aufgehoben. Du wirst sehen: Das wird dir Spaß machen! Wir schustern dir ein schönes 20-Minuten-Repertoire aus Partykrachern zusammen, und dann rockst du die Bude.«

Ich werfe ein Auge auf den Vertrag – es könnte schlechter um mich stehen. Ich erwähnte ja bereits: Ich bin käuflich. Irgendwie muss man den Kühlschrank ja voll kriegen – auch wenn es im Bauch rumort. Ich als »Partykracher« nachts um drei? Das ist mir schon ein bisschen unheimlich.

»Kann ich denn meine eigenen Lieder singen?«, frage ich vorsichtig und ahne schon die Antwort.

»Ich würde an deiner Stelle nur covern, also bekannte Songs singen, die ihre Tauglichkeit bei solchen Anlässen bereits bewiesen haben. Die Leute wollen mitsingen können. Am besten sind alte Schlager. Die Auftritte sollen nicht länger als zwanzig Minuten sein und sind irgendwann zwischen drei und vier Uhr morgens. Da kannst du dann nur noch Gas geben. Da geht's nicht mehr um Kunst.«

Fassen wir also zusammen: alte Schlager mit wenig Worten und Inhalt, damit die letzte »Schnapsleiche« auch noch mitsingen kann. Ich schiebe die schlimmsten Bilder im Kopf entschlossen beiseite und erinnere mich daran, dass auch schöne Lieder wie »Über den Wolken« von Reinhard Mey oder Marianne Rosenbergs »Er gehört zu mir« auf den Partymeilen angesagt sind.

Langsam finde ich Gefallen an dieser neuen Herausforderung.

Da werde ich mir was Nettes zusammenstellen (nicht »zusammenschustern«!), damit auch ich dabei Spaß habe. Das ist mir immer wichtig! Selbst Spaß haben – an allem, was man macht –, ist sowieso die Grundlage für Erfolg. Und ich will, wenn ich es mache, auch wirklich mein Bestes geben und für die Menschen, die dort feiern, eine gute Show abliefern.

Und an sich ist Lieder nachzusingen ja keine Schande. Das ist sogar das Erfolgsrezept der größten Shows in Las Vegas. Selbst Celine Dion singt dort bei ihren Auftritten neben eigenen Songs Lieder wie »Fever« oder »What a wonderful world«. Da muss ich mich nicht schämen, tröste ich mich.

Ich realisiere natürlich tief im Innersten meiner Sängerinnenseele: Ich hatte leider nie einen Kulthit wie viele meiner älteren Kollegen. Wenn einem Sänger einmal im Leben »der ganz große Wurf« gelungen ist, hat er ausgesorgt – vorausgesetzt, er schießt sich nicht mit Alkohol oder anderen Drogen ins Aus, weil er seinen großen Erfolg nicht verkraften kann. Traurige Beispiele sind beispielsweise Roy Black, mein Ex-Mann Drafi Deutscher und Bernd Clüver. Aus der Presse wissen wir, dass sie ihr Geld so schnell wieder ausgegeben haben, wie es reingekommen ist. Partys, Frauen, Alkohol und bei manchen sogar der Fluch, mit etwas Erfolg zu haben, was sie selbst gar nicht mochten. So war es bei Roy Black. Für ihn war sein ganz großer Hit »Ganz in Weiß« mehr Fluch als Segen. Er wollte Rock 'n' Roll singen. Das konnte er auch gut. Aber sein Publikum schrie ihm immer nur entgegen: »Sing ›Ganz in Weiß‹!«

Ich hätte einen eigenen ganz großen Hit durchaus gut aushalten können. Das hätte ich psychisch verdammt gut verkraftet. Aber es hat bis heute nicht sollen sein. Ich mache aber immer heiter weiter – wer weiß …

Der Countdown läuft

Ich suche mir für meine neue »Bühne« in der Megapark-Arena Hits aus, die mir selbst gut gefallen: Hildegard Knefs »Für mich soll's rote Rosen regnen«, einen Nena-Song und einiges mehr. Auch Zarah Leanders Kultlied »Nur nicht aus Liebe weinen« ist dabei.

Im Studio werden von Produzenten Play-backs angefertigt, die anders klingen als die Originale. Natürlich mit dem typisch stampfenden Sound, den es braucht, um ordentlich zu feiern: Dance-Rhythmus oder auch Kirmestechno-Sound genannt. Ich gebe zu, das gefällt mir irgendwie auch. In mir schlagen einfach zu viele musikalische Herzen.

Zeitgleich zu meinem »Mallorca-Karrierestart« ziehe ich 2009 das große Los: Ich werde für ein Jahr für die Hauptrolle der Telenovela »Rote Rosen« für die ARD besetzt. Warum kommt im Leben alles immer gleichzeitig?

Die Produktionsleitung in Lüneburg rät mir dringend dazu, den Vertrag mit Mallorca zu canceln. Sie beschwören mich: »Isabel, das Pensum deiner Hauptrolle ist zu umfangreich, als dass du am Wochenende mal eben fröhlich auf Mallorca auftreten könntest. Sag das bitte ab, wenn du kannst.« Sie meinen es gut mit mir.

Ach, das schaff ich schon, rede ich mir selbst zu. Außerdem ist es mir wichtig, zuverlässig zu sein und meine Verträge einzuhalten. Und so nehme ich mir auch dieses Mal vor, es zumindest zu probieren.

In Lüneburg beginnt für mich eine wundervolle Zeit, über die ich schon in meinem letzten Buch »Mittlere Reife« ausführlich erzählt habe. Als der Monat Mai näherrückt, bin ich dort bereits gut eingespielt und traue mir zu, den neuen Job auf Mallorca parallel dazu in Angriff zu nehmen.

Ich fliege an einem Samstagnachmittag Richtung Spanien. Simone, eine Mitarbeiterin der Geschäftsleitung des Megaparks, erwartet mich schon am späten Nachmittag zum Soundcheck am Auftrittsort. Entgegen den Empfehlungen der meisten Kollegen singe ich natürlich live zu Halb-Play-backs, auf denen nur die instrumentalen Versionen der Lieder sind.

Der Megapark ist ein gigantischer Bau. Von außen wirkt das Gebäude wie ein riesiges Fahrgeschäft in Disneyworld. Orientalische Elemente in der Fassade lassen es hoch und stolz erscheinen – direkt in der ersten Reihe am Meer. Hinter diesen imposanten Mauern gibt es mehrere Bereiche: einen großen Biergarten unter freiem Himmel, eine kleinere Disco mit einer kleinen runden Bühne in der Mitte – allerdings anders als im *Oberbayern* auf einem Podest – und schließlich die große Arena im Souterrain. Dort erstreckt sich unterirdisch über die gesamte Fläche des Gebäudes eine Halle mit einer Bühne, die man mit denen der großen Konzerthallen vergleichen kann. Die Bühne ist hoch über dem Publikum – was den Shows die Aufmerksamkeit sichert. Gegenüber der Bühne verläuft ein in Wellen geschwungener Bartresen quer durch den Raum. Klug konzipiert. Hier soll getrunken werden – und zwar nicht zu knapp. Der Tresen besteht aus hochwertigem poliertem Holz – alles sieht sehr edel aus. Hier muss man sich nichts schöntrinken.

Der Soundcheck verläuft gut, und ich muss gestehen, dass ich langsam, aber sicher einen Heidenrespekt bekomme. Man könnte es auch Angst nennen – aber das will ich mir und vor allem dem Team des Hauses nicht eingestehen. Der Boden, auf dem ich stehe, fühlt sich fremd an. Wie ein Revier, in das ich eingedrungen bin. Es ist ungewohnt für mich, mit Halb-Play-backs aufzutreten – ich habe jahrelang fast nur live gespielt mit meinem Pianisten. Das hier ist definitiv das absolute Gegenprogramm. Die große Bühne selbst schüchtert mich nicht ein. Vielmehr schleicht sich – neben der Angst – auch ein Funken Arroganz in mein Denken. Schließlich war ich auf so vielen Bühnen bereits erfolgreich. Da werde ich das hier ja wohl mit links schaffen, oder?

Simone strahlt mich an: »Wir freuen uns total auf dich! Wir haben uns schon lange gewünscht, mehr Frauen auf dieser Bühne zu präsentieren, die gut singen können und die sich nicht durch schlüpfrige Ballermannsongs auszeichnen. Das Mai-/Juni-Publikum wird begeistert sein, dich auf der Bühne zu sehen!«

Ich sehe echte Freude in ihren Augen, und das vertreibt das flaue Gefühl in meinem Bauch. Simone passt hier eigentlich auch gar nicht rein. Ich hatte eher erwartet, auf diese typischen Nachtclubtypen zu stoßen. Ich erwische mich bei dem Vorurteil, dass das Nachtleben ausschließlich von durchtrainierten Bodybuildern gestemmt wird, die kettenrauchend vor den Türen stehen und tagsüber die Muskeln im Fitnessstudio aufpumpen, um abends betrunken grölende Gäste am Kragen hochnehmen und nach draußen befördern zu können. Die gibt's hier wahrscheinlich auch. Aber es gibt auch Simone. Eine zierliche Frau von etwa Mitte dreißig, die hier die Geschäfte führt, die Verträge der Künstler aushandelt und diese dann auch betreut.

»Ich zeige dir später noch die Gästewohnung, in der du übernachten wirst. Wollen wir vorher zusammen was essen gehen?«, fragt sie mich nach dem Soundcheck.

Ich gucke auf die Uhr. Es ist halb sieben. Bis zum Auftritt sind es also »nur« noch etwa neun Stunden. Oje, wie krieg ich die Zeit bloß rum? Und obendrein ist mein Rhythmus durch die Dreharbeiten in Lüneburg genau andersrum. Dort stehe ich um fünf Uhr morgens auf. Und heute geht es um diese Uhrzeit wohl erst ins Bett. Allein der Gedanke löst eine bleierne Müdigkeit in mir aus. Überfordere ich mich hier nicht?

»Gerne«, antworte ich. »Ich habe wirklich Hunger.«

Wir gehen ins *12 Apostel* – einen leckeren Italiener, den ich aus Köln und Berlin schon kenne. Sie erzählt mir die ganze spannende Geschichte seit Beginn des Baus des Megaparks und wie sie hier gelandet ist. Ich fühle mich wohl mit ihr. Das könnte eine Freundin werden, denke ich mir spontan.

Ich frage sie im Gegenzug darüber aus, was mich heute Abend erwartet. Was mir die eine oder andere Adrenalinwelle durch die Adern jagt, ist unter anderem die Frage, wie die feiernden Menschen auf mich reagieren werden.

»Sagt mich denn jemand an, oder springe ich gleich auf die Bühne ohne Ankündigung?«

»Der DJ spielt ein Intro und sagt dann deinen Namen.«

Nach dem Essen verabreden wir uns für halb drei am Hintereingang der Arena. Vorher zeigt sie mir noch die Wohnung, in der ich schlafen werde. Es ist eine schicke kleine Ferienwohnung – sehr modern eingerichtet. Hier wohnen fast alle engagierten Künstler*innen, die kein Zuhause auf Mallorca haben so wie Jürgen Drews. Es ist alles sehr gepflegt – wie im Luxushotel.

Ich gucke auf die Uhr. Es ist neun. Noch sechs Stunden bis zum Auftritt! Ich packe meinen kleinen Handgepäckkoffer aus und lege mein Bühnenoutfit aufs Sofa. Tagelang habe ich mir einen Kopf gemacht, was ich anziehen soll. Sexy sollte es sein, aber nicht zu sexy – ich bin schließlich keine zwanzig mehr. Es ist ja auch keine Gala-Bühne. Also keine Pailletten. Keinen Abendfummel. Ich habe mich für eine enge weiße Jeans entschieden mit einem weißen, schulterfreien Oberteil mit Rüschen – eine Klamotte, in der ich mich selbst superwohlfühle. Ich betrete heute Nacht fremdes Terrain, ich springe in einen dunklen See, in dem ich den Boden nicht sehen kann – da ist das oberste Gesetz, dass ich mir selbst gefalle.

Ich schaue aus dem Fenster. Es ist 21:22 Uhr. Noch fünf Stunden und 38 Minuten bis zum Auftritt. Ich dusche mal – dann sind wieder zehn Minuten rum. Ich lege mich aufs Bett und werde müde. Die Woche war anstrengend, und ich habe auf dem Flug hierher viel Text gelernt für die nächste Woche. Ein kleines Schläfchen kann nicht schaden. Ich stelle den Wecker auf ein Uhr, und sofort fallen meine Augen zu. Schlafen kann ich allerdings nicht.

Vier Stunden später raffe ich mich auf und mache mich fertig für die Bühne. Ein bisschen zu früh schlendere ich los. Was mache ich hier nachts um Viertel nach zwei am Strand von Arenal? War das wirklich nötig, auch diese Bühne zu erklimmen? Ich bin müde. Meine innere Uhr denkt: Die spinnt! Alles nur eine Eingewöhnungsphase, rede ich auf mich ein. Gleich bist du schlagartig wach und freust dich, wenn die Leute applaudieren!

Simone steht pünktlich am Hintereingang und führt mich durch die Katakomben. Wir gehen durch lange Gänge und finstere Treppenhäuser, die nur das Personal kennt. Ich bin schon durch so irrsinnig viele Labyrinthe gegangen auf dem Weg zu irgendwelchen Bühnen – ob in Luxus-Sternehotels oder Konzerthallen. Aber es erstaunt mich immer wieder aufs Neue, wie wenig die Planer dieser Gebäude an die Atmosphäre denken, die jenseits der Wände ist, in denen sich die Kundschaft aufhält. An der Schwelle, die von einem glamourösen Raum oder Saal in den Personalbereich führt, hört das Schöne, Geleckte, farblich genau Abgestimmte schlagartig auf. Als wenn völlig egal wäre, wie es den Mitarbeiter*innen dabei geht. Wohlfühlatmosphäre ist ausschließlich den zahlenden Gästen vorbehalten. Backstage ist leider oft auch »Dreckstage«.

Simone bleibt vor einer Tür stehen. »Isabel, die Garderobe für euch Künstler hatte vor Monaten einen Wasserschaden. Daher stinkt es leider nach Kanalisation.«

Jetzt, da sie es ausspricht, rieche ich es schon, und als sie die Tür öffnet, knallt der Gestank mir wie eine Faust ins Gesicht. Ich schaue auf die Uhr. Es ist 2:38 Uhr.

»Geht es denn pünktlich los?«, frage ich hoffnungsvoll.

»Wir sind gerade sehr voll. Es läuft gut. Wir warten mit deinem Auftritt noch bis halb vier.«

O Gott, denke ich. Noch über eine Dreiviertelstunde diesen Güllegestank einatmen ... Greift das die Stimmbänder an?

»Es tut mir leid, wir haben keinen anderen Raum. Hier hast du wenigstens Ruhe.« Die Bass Drum dringt hier durch jede Wand. *Bumm bumm bumm ...* Wir müssen uns anschreien, um uns zu verstehen – aber es ist erträglich. Nur dieser Pups, der hier in der Luft hängt, lässt mich leiden. Ich bin ein Geruchsmensch. Ich rieche ALLES. Hier unten verfluche ich meine Nase. Aber wie lautete noch einmal der Motivationssatz schlechthin? »Scheck und weg.« Diese Einstellung gefällt mir zwar gar nicht – aber es hilft manchmal ...

»Wie sind die Leute denn so drauf?« In meiner Frage liegt ein bisschen Angst. Ich hoffe, Simone merkt es nicht.

»Sie sind gut drauf. Sie bleiben – das ist ein gutes Zeichen. Sie wissen: Gleich kommst du.« Sie will mich aufbauen, vermute ich.

In dem Raum steht ein Tisch mit zwei Stühlen. Ich setze mich, und Simone lässt mich allein. Ich bete, dass sich meine Nase gewöhnt und ich den Gestank bald nicht mehr wahrnehme. Doch meine Nase gibt leider alles und riecht weiterhin zu viel des Üblen. Ich gehe mal ein paar Schritte auf Entdeckungsreise – raus aus dem Stinkeraum.

Durch eine Lücke in einem Seitenvorhang kann ich einen Blick in die Arena werfen. Es sieht ziemlich voll aus. Vielleicht sind es 1000 bis 2000 Leute. Ich sehe Menschen jeden Alters zwischen 30 und 60 plus. Es stimmt, was mir prophezeit wurde, dass in dieser Zeit nicht die ganz junge Generation am Start ist. Es wird laut gegrölt und gelacht. So ganz nüchtern ist der Haufen nicht mehr. Sie möchten wohl alles rausholen aus so einem Abend. Schwächeln ist nicht erlaubt. Hier werden die Sorgen und der Frust des Alltags runtergespült mit literweise Bier. Es wird gehüpft und getanzt und geknutscht. Irgendwie hat das alles wohl auch seinen Sinn. Was ist schlecht daran, sich mal abzuschießen, um den Mist von zu Hause zu vergessen? Den blöden Chef, der einen demütigt. Die Filialleiterin, die einen mobbt. Die pubertierenden Kinder zu Hause. Den verlorenen Job. Die ungewisse Zukunft. Die schmerzende Trennung. Den Verlust eines lieben Menschen. Wer bin ich, darüber zu urteilen, warum diese Menschen nicht um halb drei mit zu viel Alkohol ihren Spaß haben sollen?

Ich werde gleich da rausgehen und dafür sorgen, dass sie so richtig Spaß haben!

Betreutes Trinken

Es ist 3:29 Uhr. Meine Augenlider werden schwer. Ich muss wach bleiben. Ich hüpfe auf meinen High Heels einsam vor mich hin, um meinen Puls nach oben zu treiben. Jetzt nicht schwächeln. Bloß nicht an ein Bett denken. Oh, ich wäre jetzt so gerne im Bett. Das ist wirklich nicht meine Uhrzeit. Ich mache laute Stimmübungen – die kann hier sowieso keiner hören.

Da ist Simone. Jetzt geht's bestimmt los. »Wir warten noch bis vier Uhr.«

Waaas? Noch eine halbe Stunde? Ich kippe mir ein Glas Mineralwasser auf ex »hinter die Binde«.

»Möchtest du einen Sekt?«, fragt mich Simone.

»O nein, danke! Keinen Alkohol vor dem Auftritt.« Das machen zwar einige Kolleg*innen von mir, um sich ein wenig in Schwung zu bringen – aber ich lasse das, weil Alkohol nicht gut für die Stimme ist. Und vor allem möchte ich klar im Kopf sein. Manchmal reicht bei mir ein Gläschen Sekt schon aus, um ein bisschen angeschickert zu sein. Also besser Finger weg davon vor dem Auftritt.

Mich überfällt ein Scheiß-egal-Gefühl. Ich werde das jetzt einfach durchziehen. Vielleicht macht es mir ja gleich sogar Spaß …

Um vier Uhr geht es eeendlich los. Der DJ spielt ein Intro – die Stammgäste erkennen sofort: Der »Stargast« kommt. Ich höre den DJ meinen Namen brüllen, und ich springe dynamisch von der Seite auf die große Bühne. Um ehrlich zu sein, täuscht mein Körper dynamisches Springen vor – schließlich soll ja keiner merken, dass ich am liebsten schon den Schlafanzug anhätte.

Von der Bühne aus habe ich einen Blick über den ganzen Saal. Buntes Discolicht bewegt sich in breiten kegelförmigen Strahlen kreuz und quer über den Köpfen der Menschen. Meine Musik startet, und ich brülle ein »Hallo – ich bin Isabel!« ins Mikrofon hinein in die anonyme Menge. Ich rechne mit einem kleinen, motivierenden Auftrittsapplaus – der aber leider nicht kommt. Nur vereinzelt höre ich ein paar wenige Menschen in die Hände klatschen.

Puh. Na dann – auf geht's!

Ich singe: »Nur nicht aus Liebe weinen – es gibt auf Erden nicht nur den Einen …« Meine Play-backs laufen durch ohne Pause. Zwischenmoderationen sind hier und um diese Uhrzeit nicht mehr angebracht – so hatte man es mir geraten. Jetzt soll nur noch eingeheizt werden. Aufmerksam zuhören können, wollen und sollen die Partyleute sowieso nicht mehr. Es ist quasi »betreutes Trinken«, und ich bin die singende lustige »Krankenschwester«, die Visite macht.

Dieser erste Auftritt auf der großen Bühne in der Mega-Arena rauscht mit Affenzahn an mir vorbei. Gleichzeitig frage ich mich: Was mache ich hier, und für wen mache ich es?

Unten direkt vor der Bühne stehen Menschen, die noch nicht mal zur Bühne gucken. Sie drehen mir den Rücken zu, und es wird geredet und gegrölt. Ich fühle mich ein bisschen wie ein Pausenclown. Augen zu und durch, denke ich mir. Gleich ist es vorbei. Nach zwanzig Minuten schreie ich ins Mikro ein artiges »Vielen Dank und habt eine gute Nacht!« und schiebe noch brüllend die Lüge hinterher: »War schön, bei euch zu sein!«

Die kleine Resthoffnung in meinem Herzen, es könnte vielleicht doch ein halbwegs erfolgreicher Auftritt gewesen sein, braucht spätestens jetzt einen Defibrillator. Keine Rufe nach einer »Zugabe«. Nur vereinzelter Applaus. Friedrich Schillers Zitat: »Der Mohr hat seine Schuldigkeit getan, der Mohr kann gehen!«, schießt mir in mein angeduseltes Hirn.

Ich verlasse die Bühne Richtung Garderobe – endlich zurück in die vertrauten Gerüche ... Simone kommt strahlend auf mich zu. »Toll, danke für deinen Auftritt! Das war super!«

Wie bitte? Das war super? Ich fühle mich wie besoffen, obwohl ich bis jetzt – es ist mittlerweile 4:29 Uhr – kein Schlückchen Alkohol getrunken habe.

»Simone, das meinst du doch nicht im Ernst, oder? Die Leute haben doch kaum reagiert und anscheinend auch nicht viel zugehört.«

»Doch, doch! Das kennst du nur noch nicht. Das ist für unsere Verhältnisse ein gutes Publikum gewesen. Die haben sich gefreut, dich zu sehen!«

Sie haben sich aber offensichtlich nicht genug gefreut, um mir auch zuhören zu wollen. Aber was soll man so spät in der Nacht auch noch hören wollen? Oder ist diese Uhrzeit schon der Morgen?

Ich schätze Simones positive Art und denke, dass sie mich einfach nur aufbauen will und mir um diese Uhrzeit nicht sagen möchte, dass ich hier nicht gut beim Publikum ankomme. Ich möchte jetzt nur zügig ins Bett. Mein Flugzeug geht schon in drei Stunden zurück nach Deutschland.

Ich umarme diese sympathische Frau zur Verabschiedung und gehe in die Wohnung. Ich will duschen.

Ich habe zwar erst vor wenigen Stunden geduscht, aber ich fühle mich wieder schmutzig. Ich muss dieses Erlebnis von mir abwaschen. Es ist alles nicht wirklich schlimm – ich habe mein Geld bekommen und könnte jetzt zufrieden sein. Aber ist das hier mein Beruf? Ist es mein Beruf, um vier Uhr nachts auf eine Bühne zu springen, auf der ich das Publikum besser nicht ansprechen soll oder darf? Ich kenne es nur so, dass man zunächst die Menschen begrüßt und sie dann unterhält. Entertainment heißt für mich, dass man nicht nur Lieder runterspult, sondern eine gewisse Zeit kreativ gestaltet und in dieser Zeit Menschen mitreißt in musikalische und gedankliche Welten. Es muss ja nicht alles immer den mördermäßigen Tiefgang haben, aber ein Mindestmaß an Anspruch habe ich auch auf solch einer Bühne in mir.

Nach der Dusche ziehe ich mein Reiseoutfit an. Es bleiben mir lediglich 30 Minuten, um ruhend auf dem Bett zu liegen, bevor ich mir ein Taxi zum Flughafen bestelle. Ich stelle mir vorsichtshalber den Wecker. Ich mache die Augen zu, schlafe aber keine Minute – zu viele Gedanken tanzen wild in meinem Kopf.

Ziemlich gerädert sitze ich kurze Zeit später am Gate, während die Sonne Mallorcas ausgeschlafen aus einem blauen Himmel scheint. Sie beleuchtet mein angekratztes Selbstwertgefühl schonungslos, und ich muss mich fragen: Wie tief bin ich gesunken, dass ich jetzt als neue »Ballermannsängerin« unterwegs bin? Was ist aus meinem Traum geworden, Sängerin zu werden? Eine Sängerin, die stolz in einem Lichtkegel steht und mit ihren Chansons Geschichten und Gefühle transportiert. Davor ein aufmerksames Publikum, das einem danach sagt: »Frau Varell, danke für Ihre Lieder.« Und jetzt sitze ich übermüdet am Flughafen von Palma de Mallorca und fühle mich klein.

Ich fürchte, ich habe einen Fehler gemacht – ohne wirklich etwas falsch gemacht zu haben. Ich habe alles erfüllt, was vereinbart war. Niemand – nicht mal ich selbst – kann mir etwas vorwerfen. Ich bin aufgetreten, um für Stimmung zu sorgen. Das ist doch eigentlich prima. Die Menschen haben es doch verdient, nach ihrer Schufterei im Alltag ein bisschen Spaß zu haben. Wer bin ich, dass ich von ihnen etwas erwarten darf, wie zum Beispiel ein »gutes Publikum« zu sein? Sie müssen nichts leisten. Sie kommen in die Partyarenen und schleppen dort ihr Erspartes rein. Dafür müssen wir auf unserer Seite auch unseren »Dienst« leisten.

Ich denke an Jürgen Drews und frage mich, ob das hier eher eine »Männerbühne« ist. Ich glaube, es ist als Frau noch mal ein Quäntchen herausfordernder als für einen Mann, auf gewissen Bühnen hoch erhobenen Hauptes davonzukommen. Könnt ihr euch vorstellen, dass eine reife Frau eine Partybühne betritt – dabei uneitel den Bauch raushängen lässt und in die Menge grölt? Geben wir insgeheim alle diesen an den Haaren herbeigezogenen Vorurteilen doch irgendwie recht? Selbst wir Frauen?

Ich bin mir nie für etwas zu schade gewesen. Ich bewerte nie die Arbeit von Kolleginnen und Kollegen – ob sie als Straßenmusiker*innen unterwegs sind oder in dunkeln Kneipen hinten in der Ecke für drei übrig gebliebene Nachteulen am Tresen spielen. Selbst dort hört für mich die Kunst des Unterhaltens nicht auf. Es gibt keine einzige Bühne auf dieser Welt, von der man sagen kann: Sie hat keinen Wert.

Auch nicht, wenn es die Straße ist. Es gibt so viele hochtalentierte und hochmusikalische Menschen, die den erträumten Weg nicht geschafft haben und sich irgendwo eine Plattform suchen, um ihr Geld zu verdienen. Davor habe ich Respekt und bleibe gerne stehen bei Straßenmusikern. Ein kleines Lächeln ist für sie wie Applaus. Es gehört ein bedeutendes Portiönchen Glück dazu, zu denen zu gehören, die auf den anerkannteren Bühnen stehen dürfen.

Trotzdem kann mir niemand erzählen, dass eine Künstlerin oder ein Künstler Freude und Erfüllung darin findet, vor Menschen zu singen, die nicht mehr klar im Kopf sind. Vielleicht haben jene, die durch diverse TV-Formate über Nacht prominent geworden sind, ohne je im Traum daran gedacht zu haben, mal eine Bühne als Sänger*in zu betreten, ja ein ganz anderes Gefühl oder eine andere Erwartungshaltung. Diese »Quereinsteiger« nutzen verständlicherweise die kurze Zeit ihrer Popularität, um so viel Profit wie möglich daraus zu schlagen. Und wenn es dabei klappt, sich dort dauerhaft zu etablieren: Umso besser!

Charmant, schmuddelig und schillernd

Die »kleinste Bühne der Welt« habe ich mal in der Kölner Altstadt als Zuschauerin erlebt. Es gab bis vor einigen Jahren dort das legendäre *Timp* – eine schräge Künstlerklause. Das *Timp* war ein frech-frivoles Etablissement, in dem diverse Travestiekünstler auftraten.

Ich liebe Travestiekunst – habe sie in Paris, Berlin, New York, Australien und im *Kultpalast* Pulverfass in Hamburg erlebt. Die Männer, die uns die Illusion vermitteln, Mireille Mathieu, Liza Minnelli, Whitney Houston, Nana Mouskouri, Cher oder Madonna ganz nah zu sein, sind in meinen Augen große Künstler. Es gibt sogar einige wenige, die live singen können wie das Original – das Wichtigste ist für mich in diesem Fall aber die verblüffende optische Täuschung. Nie lasse ich mich so gerne täuschen von Männern wie in einem Travestietheater.

Das *Timp* war köstlich, charmant, schmuddelig und schillernd. Die Künstler, die dort auftraten, waren nicht unbedingt die Erste Liga. Ich denke, genau das hat diesen Subkulturschuppen zu Kult gemacht. Die Bühne bildeten ein paar zusammengetackerte Apfelsinenkisten. Das Publikum bog sich während der Show vor Lachen, und ich habe mich immer gefragt: Wie halten die Künstler das aus, ausgelacht zu werden? Denn man konnte nicht anders. Ich habe mich ausgeschüttet vor Lachen, als eine »Mireille Mathieu« in einem kastenförmigen schwarzen Paillettenkleid – dem französischen Original verdammt ähnlich – das Lied »Hinter den Kulissen von Paris« sang, dabei aber ständig ihr Voll-Play-back verhaute. Es war tragisch und komisch zugleich.

Die Hütte war fast jeden Abend voll. Im Publikum war jede Generation vertreten – darunter alle möglichen Prominenten wie zum Beispiel Bettina Böttinger, Thomas Gottschalk, Elke Heidenreich, Alice Schwarzer. Und mittendrin saßen gelegentlich meine

Freundin Birgit Schrowange und ich. Wer vor dem Beginn der Show keinen Sitzplatz mehr ergattern konnte, dem wurde ein sogenanntes »schwules Höckerchen« zugeworfen. Man saß dann auf kleinen bunten Kinderhöckerchen aus Plastik den Künstlern zu Füßen.

Der Chef Willi badete sich im Erfolg, wenn er jede Nacht um eins die Bühne runterklappte – zwei auf zwei Meter »homosexueller Eierkarton«, wie er es stolz formulierte – und die Opening-Melodie schmetterte. Ab dann war man in einer anderen Welt. Wenn um vier Uhr die Bühne wieder hochgeklappt wurde und die beglückten Gäste beschwingt, singend und tanzend den Heimweg antraten, hatte es Willi mit seiner Crew mal wieder geschafft, Menschen glücklich zu machen.

Dieser Laden war ein Zuhause für Travestiekünstler aus aller Welt. Einige von ihnen kamen sogar aus Manila und von den Philippinen. Und jetzt soll mal einer sagen, das wäre keine Kunst. Jede Bühne hat ihren Wert!

Aber ist die Ballermann-Partybühne wirklich etwas für mich?

Noch schlimmer als allein

Eine Woche nach meinem ersten Auftritt auf Mallorca ist es dann wieder so weit. Erneut steige ich ins Flugzeug nach Palma. Mein Vertrag mit dem Megapark geht über zehn Auftritte in der Sommersaison. Fünf in den Monaten Mai/Juni und weitere fünf in den Monaten August/September.

Dieses Mal weiß ich, was auf mich zukommt: eine lange Nacht, ein Publikum, das sich angeblich auf mich freut, was ich aber nicht merke, und eine Garderobe, die nach Klo riecht. Augen zu und durch, sage ich mir erneut und warte mit einem mulmigen Gefühl im Bauch darauf, dass der Tag vergeht. Simone kümmert sich wieder rührend um mich. Alles wie schon beim letzten Mal – auch mein Auftritt. Ich stehe auf einer Bühne und fühle mich fehl am Platz. Ich gebe mein Bestes, aber mein Agieren ist unecht. Ich spiele Freude an der Musik und buhle um Aufmerksamkeit. Doch die feiernden Partytouristen kriegen das nachts um vier Uhr gar nicht mehr mit. Müssen sie ja auch nicht.

So geht es jedes Mal. Ich hoffe und befürchte zur gleichen Zeit, es könnte mir irgendwann nichts mehr ausmachen.

Eines Nachts während meiner kurzen Show steht ein junger Mann direkt unter mir dicht an der Bühnenkante und streckt mir demonstrativ seine Faust entgegen mit dem Daumen nach unten. Das ist der absolute Tiefpunkt meiner bisherigen musikalischen Laufbahn. Ich durchlebe Hundertstelsekunden im Zeitlupentempo und entscheide mich blitzschnell, dem DJ ein Zeichen zu geben, das Play-back zu stoppen. Ich will mich wehren. Ein Impuls, der in mir wie eine Welle hochschwappt. Ich bin eine Gerechtigkeitsfanatikerin. Das lasse ich mir nicht gefallen. Nichts zu tun in einem solchen Moment wäre, wie den Kopf einzuziehen, wenn dich jemand haut. Ich bin nicht geschaffen dafür, den Kopf einzuziehen. Dieser Mann beleidigt mich zutiefst.

Die Musik hört augenblicklich auf. In der großen Arena hört man nur noch lautes Gegröle. Im Versuch, die Geräuschkulisse zu übertönen, schreie ich förmlich ins Mikrofon: »Hier zeigt mir ein Gast den Daumen nach unten. Soll ich aufhören?« Ich rechne mit allem. Die schlimmstmögliche Reaktion: keine! Dass meine Worte NICHTS als Luft im Raum sind. Dass die Menschen noch nicht einmal das gehört haben.

Zu meiner Beruhigung werden aber sofort Stimmen laut, die den jungen Mann mit Buhrufen bestrafen. Ich frage: »Möchtet ihr, dass ich weitersinge?« Die Menge applaudiert und gibt mir eindeutig zu verstehen: Sing, wir wollen dich!

Das war der größte »gefühlte Erfolg« und der lauteste Applaus, den ich in diesem Etablissement je bekommen habe – und zwar genau in dem Moment, als ich mich gewehrt habe. Es macht wohl

IMMER Sinn, den Mund aufzumachen und eine Haltung zu zeigen – egal wo. Zum ersten Mal bin ich an diesem Ort ein bisschen stolz auf mich und empfinde in diesem Moment so etwas wie einen kleinen Teilerfolg.

Der krönende Abschluss dieser Station als Sängerin ereignet sich wenige Wochen später. Ich lande auf Mallorca voller Vorfreude – nicht etwa auf meinen Auftritt, sondern auf eine Woche Urlaub auf Ibiza, die sich daran anschließen soll. In Lüneburg gibt es für mich eine Drehpause, und so fliege ich mit Pit auf die spanische Insel mit Zwischenstopp in Palma für meinen Auftritt. Pit will heute bei meinem Auftritt dabei sein und verzichtet sogar beim Abendessen auf sein Glas Rotwein, um auch ja wach zu bleiben. Drei Uhr nachts – das ist ja so gar nicht seine Zeit. Wir schleppen uns mit Mineralwasser tapfer durch die Nacht, bis es endlich so weit ist.

An diesem Abend spüre ich sehr intensiv – trotz aller Vorfreude auf ein paar Urlaubstage auf Ibiza –, dass mir schon der Anblick des Megaparks an die Nieren geht. Mein Bauch verkrampft sich. Ich versuche es zu ignorieren. Ich möchte hier niemanden enttäuschen. Ich möchte immer zuverlässig sein. Immer funktionieren. Nicht beschweren. Andere wären froh über diesen Job. Ich werde ja schließlich ausreichend und gut dafür bezahlt. Da muss man ja wohl mal die Arschbacken zusammenkneifen können.

Mit Pit zusammen diese endlose Wartezeit zu überbrücken ist noch schlimmer als sonst, wenn ich alleine bin. Pit sitzt mit mir in der Garderobe, die auch nach Wochen immer noch extrem nach Kanalisation duftet, die Techno-Bässe bringen die Wände zum Vibrieren, vor seiner Nase ein stilles Wasser und eine unglückliche Frau, die wieder Angst hat vor angetrunkenen Männern, die den Daumen nach unten zeigen. Er muntert mich auf, aber ich sehe ihm an, dass er mich am liebsten sofort raustragen würde – nur weg von diesem Ort.

Um kurz vor vier darf ich endlich auf die Bühne. 20 Minuten, und es ist geschafft, denke ich und raffe alles, was ich um diese Uhrzeit noch an Restkraft in mir habe, zusammen. Die Play-backs starten – ich singe. Ich nehme einige Menschen in der Menge wahr, die mir tatsächlich zugucken und -hören. Einer von ihnen ist Pit, der sich dezent an der Seite unter die Meute gemischt hat. Sein Blick: gequält heiter bis wolkig.

Meine Stimme ist belegt. Schon nach ungefähr fünf Minuten Gesang stelle ich schockiert fest, dass sich alles in meinem Hals zuschnürt. Das ist mir in dieser extremen Form noch nie passiert. Ich bin nicht erkältet. Eigentlich ist alles gut. Doch plötzlich werden die Töne immer anstrengender. Es passiert rasend schnell. Ich bekomme Panik. »*Come on!*«, peitsche ich mich innerlich hoch: »Die letzten zwölf Minuten singen wirst du doch wohl noch schaffen!«

Ich schaffe es nicht. Ganz plötzlich ist alles zu. Kein Ton kommt mehr raus. Zu hören ist in der großen Arena nur noch meine instrumentale Musik, mit ein paar Stellen Chor. Ich bin so verzweifelt in diesem Moment. Ich möchte dem DJ sagen: »Halt mal das Play-back an – ich muss den Leuten sagen, dass ich leider aufhören muss. Meine Stimme ist weg!« Aber ich wedle nur hilflos mit den Armen rum – in der einen Hand das Mikrofon. Merkt hier überhaupt irgendjemand, wie es mir gerade geht?, frage ich mich.

Meine Musik läuft weiter – mir bleibt nichts anderes übrig, als die Bühne zu verlassen. Ich kann mich noch nicht einmal bei den Gästen entschuldigen, geschweige denn erklären, dass mir die Stimme gerade verloren gegangen ist. Mir schießen hinter der Bühne augenblicklich die Tränen in die Augen. Was war denn das gerade? In all den Jahrzehnten als Sängerin hat noch nie meine Stimme auf einer Bühne versagt. Erst als ich nicht mehr auf der Bühne zu sehen bin, stoppt der DJ meine Musik und spielt wieder andere Partysongs.

Ich stehe backstage im absoluten Dunklen – einsam, klein und verzweifelt. 1000 Gedanken und Gefühle schießen wie Pfeile durch meinen Körper. Ich will aufwachen – das ist doch hoffentlich ein Albtraum!

Pit kommt sofort hinter die Bühne und Simone gleich mit dazu. Ich versuche etwas zu sagen, doch aus meinem Mund kommt nur heiße Luft. Kein Ton. Die beiden begleiten mich in die Garderobe, setzen mich auf den Stuhl und kümmern sich liebevoll um mich. Nach einigen Minuten finde ich zu mir, und langsam kehrt auch meine Stimme zurück. Heiser flüsternd flehe ich Simone an: »Bitte lass mich raus aus dem Vertrag. Ich bin hier falsch.«

»Jetzt mach erst mal Urlaub. Wir telefonieren die nächsten Tage. Ich wünsche mir sehr, dass du wiederkommst!«

Als sie Pit und mich zum Ausgang begleitet, gebe ich ihr noch zu verstehen, dass ich auf meine heutige Gage verzichten möchte. Ich habe versagt – so fühlt es sich für mich an.

Hör auf deine innere Stimme

Wir Sänger sagen: Die Stimme ist die Seele. Wenn die Seele frei ist, dann ist auch die Stimme frei. Die Stimme macht uns aus, sie gibt Einblick in unsere Gefühlswelt.

Menschen können im Laufe ihres Lebens verstummen, die Stimme verlieren. Traumatische Erlebnisse, Schicksalsschläge, Stress, aber natürlich auch organische Ursachen können zu einem Stimmverlust führen.

In meinem speziellen Fall auf der Partybühne Mallorcas möchte ich die Sache nicht dramatisieren. Mir ist nichts wirklich Schlimmes widerfahren, außer dass ich zur falschen Zeit am falschen Ort war. Unterschätzen darf man ein solches Erlebnis allerdings nicht. So etwas kann böse ausgehen – bei mir war das Gott sei Dank nicht der Fall. Meine Stimme beziehungsweise meine Seele haben sich von all dem ziemlich schnell erholt.

Ich kann voller Überzeugung sagen – und ich lese es in diesem

Moment förmlich in Pits Augen: Gott sei Dank hatte ich dort keinen Erfolg.

Wäre ich für dieses Publikum ein echter Spaßfaktor gewesen, hätte ich womöglich weitergemacht. Und das möchte ich mir nicht vorstellen. Ich fühle mich nicht als etwas Besseres – nein! Ich bin aber als Person dort im falschen Revier. Ich hätte mir dieses Revier vielleicht mit viel Geduld und gespielter Abgebrühtheit erobern können, aber ich bin froh, dass ich nicht weiter in Versuchung geführt wurde. Das Bild, das ich von mir selbst und meiner Kunst in mir trage, ist ein anderes. Immer wenn ich diese Bühne betreten habe, habe ich Bauchschmerzen gekriegt. Wenn ich weitergemacht hätte, hätte ich meine Seele verkauft.

Es ist schön, wie viel die Welt uns zu bieten hat. Und jeder sollte für sich selbst ergründen, wo er sich richtig und angekommen fühlt. Denn jeder Mensch braucht das Gefühl, wertgeschätzt zu werden. Mangelnde Wertschätzung kann man sich nicht schöner trinken.

Ich bin nie wieder dort aufgetreten. Simone und die gesamte Geschäftsführung des Megaparks reagierten sehr fair. Sie lösten den Vertrag auf – ohne Forderungen an mich. Darüber war ich sehr dankbar und erleichtert.

Ich bin eine Erfahrung reicher geworden. Das ist das beste Honorar ever gewesen – viel wertvoller als Euroscheine. Es war ein Abenteuer, bei dem ich mit einem blauen Auge und ein paar neuen grauen Haaren davongekommen bin.

Ängste überwinden hat nichts mit eingeschränkter Lebensfreude zu tun. Dort, wo ich meine Stimme verloren hatte, blieb auch die Lebensfreude auf der Strecke. Ich versuche heute, noch ein bisschen besser auf meine innere Stimme zu hören. Sie zeigt mir verlässlich und immer wieder aufs Neue den richtigen Weg.

Keine Spritzen! – Mein Beautyrezept für ein glückliches Älterwerden

Wie oft werde ich gefragt: »Frau Varell, wie machen Sie das bloß, so jung auszusehen? Verraten Sie bitte Ihr Rezept!«

Ich habe nicht nur eines, sondern gleich mehrere Rezepte, aber keine Angst, das ist kein Auflisten von kosmetischen Tricks, Cremes oder medizinischen Pillchen, die alles versprechen und nur wenig halten. Vielmehr geht es um die Dinge, die sich in meinem Kopf abspielen – und das schon sehr lange –, denn das scheint mir zumindest ein ganz großer Teil »meines Rezeptes« zu sein.

Chefköchin Isabel legt los: »Vom Lebenskonzept bis kurz vor die Gesichtscreme.«

Aber zunächst mal eine ganz andere Frage: Bin ich denn überhaupt alt?

Ab wann ist man alt?

Gut, die Jüngste bin ich schon mal nicht. Ein Blick in meinen Pass, dann in den Spiegel – und ich kann's kaum glauben, dass ich schon so lange auf der Welt bin. Wie lang zeigen zwei kleine Beispiele:

199

Ich war genau 13 Tage alt, als in Berlin die Volksarmee begann, die Mauer zu bauen – mitten durch diese wunderschöne Stadt. Und das Benzin kostete damals 58 Pfennig, Diesel 54.

Ich gucke in den Spiegel und frage mich ernsthaft: »Bin ich schon alt?« Nein, ich fühle mich nicht so. Ich fühle zwar, dass ich nicht mehr jung bin, klar. Aber das heißt nicht, dass ich nicht die gleichen Flausen im Kopf hätte wie früher. Zu den Flausen haben sich nur ein paar Erfahrungen, Erkenntnisse, Gewissheiten und Weisheiten im Laufe der Jahrzehnte dazugesellt. Doch Gott sei Dank bremsen diese gemachten Erfahrungen nicht meine Lust am Leben. Es steht also fest: Ich fühle mich noch jung.

Ich bilde mir übrigens ein, dass meine Generation anders altert als die Generation unserer Eltern und Großeltern. Oder ist das ein Trugschluss? Vielleicht sogar ein Wunschtraum? Bloß nicht so alt wirken wie die Eltern …

Wenn da nicht der junge polnische Handwerker Pawel mit einer IKEA-Lieferung in mein Leben gegrätscht wäre. Der führte mir nämlich vor Augen: Ich bin vielleicht doch ein bisschen alt …

Diese folgenschwere Erkenntnis nimmt ihren Anfang mit einem Besuch bei IKEA. Fünf BILLY-Regale und drei Meter PAX-Kleiderschranksystem stehen auf meinem Einkaufszettel. Ich fühle mich jung und dynamisch. Wer solch einen Einkaufszettel hat – der ist jung! Oder sind Studenten etwa alt?

Okay, ich gebe zu: Irgendwann vor vielen Jahren hatte auch ich schon mal abgeschlossen mit IKEA. Ich war durch mit dem Thema. Ich wollte dort nie wieder hin. Ich war es leid, diese Ängste an der Kasse zu spüren, die jeder kennt. Angst, dass das, was man da gleich bezahlen muss, niemals aufrecht und stabil in der Wohnung stehen wird. Angst vor dem Schleppen, dem Aufbauen, dem Ärger, weil etwas fehlt. Angst davor festzustellen, dass jeder Idiot so ein Teil selbst zusammenschrauben kann – nur du nicht!

Es gibt doch auch »normale« Möbelgeschäfte, in denen man am Eingang sogar persönlich begrüßt wird. Vorbei die Zeit der

Schrammen und Rückenprobleme, wenn man in einem Anfall von Selbstüberschätzung durch die Do-it-yourself-Phase geht. Eine fehlende Schraube? Das ist Vergangenheit – das habe ich mir immer wieder zufrieden gesagt. Nie wieder in den großen Lagerhallen bleischwere große Pakete suchen und sie dann – unter Einsatz des eigenen Lebens – auf übergroße Einkaufswagen hieven, die keine Servolenkung haben. Nie wieder in den langen Schlangen an der Kasse die Nerven verlieren und sie mit 300 Teelichtern, billigen Gläsern, unnützen Untersetzern wieder beruhigen. Vorbei ist dieses Déjà-vu, ausgerechnet und immer in diesen langen Schlangen zwischen Kasse 1 und 24 dringend aufs Klo zu müssen.

Das ist ein unglaublich gutes Gefühl! Das ist Luxus! Schließlich habe ich jedes erdenkliche IKEA-Gefühlschaos unzählige Male durchlebt. Für mich, aber auch für Freunde! Ja, auch für andere habe ich bei IKEA alles gegeben – zum Beispiel vor vielen, vielen Jahren für meinen Freund Hape. IKEA war schuld daran, dass unsere noch junge Freundschaft stark strapaziert wurde.

Wir schreiben die Achtzigerjahre, und Hape braucht dringend ein paar Möbel für seine neue Einraumwohnung auf der Berliner Allee in Düsseldorf, hat aber – sein Terminkalender ist damals schon zum Bersten voll – keine Zeit, um selbst hinzufahren. Also opfern meine Freundin Anja und ich uns und besorgen dem alleine lebenden Komiker zwei BILLYs, das Klassikerregal in 80 mal 40 mal 202 Zentimetern mit versetzbaren Einlegeböden. Kenner und Schweden wissen: Das sind jeweils zwei Pakete – eins 30 Kilogramm und das zweite 19,93 Kilogramm. Dazu kommt noch ein schöner, mit Papageien bedruckter Dreisitzer mit passendem Sessel. Sofa und Sessel sind Metallgestelle und selbstverständlich in viel zu viele Einzelteile zerlegt, damit sich die Ängste vorm Aufbau auch lohnen. Dazu kommen noch die Auflagen. Alles zusammen gefühlt eine Tonne schwer. Wir schleppen Kiste für Kiste ins Auto und später in die Wohnung.

Hape hat ausdrücklich gesagt: »Ihr müsst das nicht aufbauen!«

Einerseits. Andererseits wissen Anja und ich genau: Das schafft der selber nie und nimmer. Dieser Mann kann die ganze Welt zum Lachen bringen, aber er kann definitiv keine Möbel zusammenbauen.

Alle fünf Sekunden schraubt jemand in der Welt ein BILLY-Regal zusammen. Das kann doch nicht so schwer sein. Also packen wir es an ...

Wir lesen die Beschreibung. In 34 Sprachen steht dort folgende Warnung: »ACHTUNG – Wenn Möbelstücke umkippen, können ernste oder lebensgefährliche Verletzungen durch Einklemmen die Folge sein ...«

Anja und ich sind schließlich nicht blöd. Los geht's. Und wenn es das letzte Regal sein sollte, das wir in diesem Leben zusammenzimmern. Aber man lernt auch bei IKEA immer dazu. Seitdem weiß ich: Mindestens ein BILLY-Regal gehört in jede vernünftige Vita.

Ich wollte ja eigentlich erzählen, warum dieser Pawel vom IKEA-Aufbauservice mein Gefühl für mein tatsächliches Alter durcheinandergebracht hat ... Mach ich auch. Gleich. Einen kleinen Augenblick noch, denn das hier ist jetzt wichtig!

Also ...

Die Bauanleitung erfolgt ja auf den Beipackzetteln – in Bildern. Wie praktisch. Bildersprache versteht man auf der ganzen Welt. Sogar Anja und ich. Die Zahlen, Buchstaben, Pfeile und die versteckten Hinweise allerdings nicht zwangsläufig! Leichter wird es mit einer Flasche Erdbeersekt für eine Mark 59! Die hat Anja in den Achtzigern grundsätzlich immer dabei. Sogar in der Schule gab's den oft unterm Pult ... Ekelhaftes Zeug – aber damals der prickelnde Geschmack der großen weiten Welt. Passt in jeden Schulranzen, jede Großraumdamenhandtasche und geht auch immer noch in die große blaue oder gelbe IKEA-Tüte rein, selbst wenn die mit 200 Teelichtern schon relativ voll ist.

Wir haben es tatsächlich geschafft, jede Menge gelacht und

getrunken und sitzen Stunden später sehr verschwitzt, aber stolz wie Oskar – auf dem neuen Sofa mit Blick auf die BILLYs. Eines muss man IKEA lassen – man hat beim Zusammenbauen extrem viele Möglichkeiten zum Lachen. Ob Hape merken wird, dass ein Einlegeboden wackelt? Die Böden werden nämlich gehalten von Noppen – das sind die kleinen Miststücke aus Metall, die in die vorgebohrten Löcher gedrückt werden. Das Reindrücken ist schmerzhaft. Noch schlimmer ist es aber, wenn man so ein Teil wieder rausziehen muss, weil man es nicht in die richtige Höhe gedrückt hat. Bei den vielen Löchern rechts und links im Regalrahmen kann das schon mal passieren, dass man sich am falschen Loch verausgabt. Beim Rausziehen einer solchen Noppe bereut man den Tag seiner Geburt. Und wenn eine Noppe fehlt – und es fehlt gefühlt immer eine! –, wackelt und klappert der Einlegeboden, so wie jetzt bei Hape. Aber der soll halt seine schweren Bücher in die anderen Fächer tun. Seine goldenen Preise, die leicht sind, weil sie natürlich nicht aus echtem Gold sind, können dann sehr dekorativ in der Wackelebene stehen.

Wenn wir geahnt hätten, dass er in den kommenden Jahren für fast alle seine Ideen und Leistungen mit Trophäen zugeschüttet werden würde, wären Anja und ich selbstverständlich noch mal zu IKEA gefahren und hätten diese eine blöde Noppe geholt.

Die Anstrengungen von Anja und mir haben sich übrigens mehr als gelohnt: Jahrelang – man könnte fast sagen jahrzehntelang – schleppte Hape diese Regale und die Couchgarnitur von Wohnung zu Wohnung. Weit in die Zeiten hinein, in denen er sich durchaus auch andere Möbel hätte leisten können. Er kann sich halt schwer trennen von alten Möbeln. Gott sei Dank auch nicht von »alten« Freunden. Eigentlich schön, oder?

Mittlerweile lebt die Hape-Wohngemeinschaft Horst Schlämmer, Uschi Blum, Hannilein und Siegfried Schwäbli ohne IKEA-Regale. Hapes Bücher und Preise langweilen sich auf schwerem Massivholz. Das ist auch nötig, denn kaum ein deutscher Künstler hat in so kurzer Zeit so viele Auszeichnungen erhalten. Hoch bis unter die Decke stehen diese stabilen majestätischen Edelregale mit vornehm lässig angelehnter Holzleiter, wie man das aus den großen Stadtbibliotheken kennt. Ich allerdings bin IKEA-rückfällig geworden.

»Sie sehr, sehr alt«

Es müssen nun in meiner Abstellkammer wieder BILLY-Regale sein. Und was soll ich sagen: Ich bin frisch verliebt in diese unaufdringlichen Nutzmöbel. Okay, so preiswert wie früher sind sie nicht mehr – aber eben nützlich. Außerdem sitzen heute bei IKEA längst freundliche Mitarbeiter*innen und designen am PC dein komplettes System. Passgenau, als würden sie selbst in der Kammer leben. Ich staune.

Denkt jetzt bitte nicht, ich hätte einen Werbedeal mit IKEA. Nein! Leider nein! Aber falls IKEA sich bei mir bedanken möchte für meine Elogen, dann hätte ich gerne eine große Schachtel mit Gratis-Noppen in allen Größen. Man weiß ja nie.

So, und nun komme ich endlich zu Pawel.

»Rufen Sie Pawel an. Er ist IKEA-erfahren und so schnell wie zwei Handwerker«, hat man mir im IKEA meines Vertrauens empfohlen. Normalerweise müssen ja auch zwei Personen zusammen aufbauen. Pawel braucht keinen zweiten Mann. Er ist quasi *two in one*. Pawel ist unglaublich. Und pünktlich ist er auch. Zur verabredeten Zeit steht er in der Tür. Zwei Meter groß, kurze dunkle Haare, etwa 26 Jahre alt, supernett, gepflegt und gut aussehend. Einfache, klare Sprache, mit leicht gebrochenem Deutsch – egal, wir haben uns ja nicht zum Philosophieren verabredet. Ich zeige ihm die Abstellkammer. Fünf Regale sollen da rein – mit Aufsatz. Und drei mal ein Meter PAX fürs Schlafzimmer. Ich stelle ihm Kaffee, Wasser und Kuchen auf die Fensterbank und überlasse ihn seinem Schicksal. Schließlich sehe ich ihn kurz durch den Flur huschen – in einem Arm das erste fertige BILLY samt Einlegeböden. Mit einem Lächeln im Gesicht und ohne eine einzige Schweißperle auf der Stirn stellt er es sanft genau dort ab, wo es hingehört – so behutsam, als hätte er eine kleine Vase getragen.

»Alles okay?«, frage ich ihn.

»Is olles okay.«

»Perfekt«, antworte ich dankbar. Da plaudert er plötzlich weiter. Ich zitiere wörtlich! »Frau Isabel! Meine Freund sie kennt. Er sagt: Sie sehr, sehr alt.«

RUMMS.

Ein unkontrollierter hysterischer Kurzlacher kiekst mir aus dem Hals. Ein »sehr« hätte auch gereicht. Ich antworte beschämt und blöde kichernd: »Ja, man denkt immer, ich bin alt, weil es mich schon so lange gibt. Aber alt ist ja was anderes. Also ich dachte früher auch, dass Menschen ab 50 – ach, was rede ich: ab 40 schon alt sind, aber das ist ja Quatsch …«

Ich rede und rede, und er guckt und guckt, und mir fällt ein: Er versteht mich wahrscheinlich gar nicht. Also schiebe ich noch mit den Armen wedelnd hinterher: »Ja, nee, nee, ich bin alt. Klar!« Und weiter: »Mensch, Sie sind ja schnell. Wow!« Wow ist international. Das versteht jeder!

Ich hätte auch sagen können: »Sie müssen sich nicht beeilen. Ich bin ja alt und schon lange Rentnerin – da hat man keine Termine mehr. Lassen Sie sich Zeit.« Aber ich fürchte, er wäre zu seinem Freund gegangen und hätte ihm gesagt: »Stimmt! Du hattest recht – die kriegt sogar schon Rente!« Haha … Wow!

Vor ein paar Tagen noch habe ich mich so jung gefühlt bei meinem Einkauf bei IKEA, und jetzt kommt dieser »sehr, sehr« junge Pole zum Aufbauen und sagt: »Sie sehr, sehr alt.«

Scheiße!

Meine Zehn Gebote für ein glückliches Älterwerden

Schwamm drüber. Ich habe ja auch diese anderen Erlebnisse. Wenn Menschen mich ansprechen: »Frau Varell, Sie sehen immer so jung aus. Bei Ihnen ist ja die Zeit stehen geblieben.« Ich weiß: Das ist gut gemeint und soll ein Kompliment sein. Und es freut mich auch, das gebe ich zu. Aber stehen bleibt bei niemandem etwas. Es geht immer weiter – sehr, sehr lang hoffentlich!

Solche Komplimente beeinflussen mein Leben aber genauso wenig wie die schräge Aussage von Pawel. Denn was heißt das eigentlich, »Sie sehen so jung aus.«? Da schwingt ja immer so ein Vergleich mit, dass man alle Menschen, die vielleicht schon relativ früh Falten bekommen oder deren Haare früh grau werden, als »alt« empfindet. Außerdem ist es schon ziemlich frech, wenn man das Alter einer Frau erfragt und alles über 55 plötzlich zum Erschrecken führt. Entsprechend sind Sätze wie: »Also, für Ihr Alter sehen Sie aber wirklich jung aus«, irgendwie komisch – auch wenn es nett gemeint ist.

Ein Joghurt freut sich doch auch, wenn er nach Ablauf des Verfallsdatums noch mit viel Leidenschaft vernascht wird. Und eine Tomate, die schon kleine Dellen hat, schmeckt vielleicht viel leckerer als die pralle, womöglich genmanipulierte Treibhaustomate aus Holland. Muss ich mich eines Tages etwa schämen, wenn ich doch wie die alte Frau aussehe, die ich irgendwann dann bin? Ich habe die Erfahrung bei vielen Begegnungen in meinem Leben gemacht – nicht zuletzt auch in den Jahren meiner ehrenamtlichen Arbeit im Hospiz als Begleiterin: Viele alte Menschen schämen sich, weil sie glauben, nicht mehr zur Gesellschaft zu gehören. Sie empfinden sich als unwichtig – als Last.

In unserer Gesellschaft stimmt etwas nicht. Da ist doch irgendwann was schiefgelaufen. Warum werden ältere Menschen nicht in vollem Maße akzeptiert? Keine schöne Aussicht für mich, wenn ich überlege, wie schnell es gehen kann, und – *zack* – bin ich ein Ömchen, das mit Rollator zum Markt schleicht. Ich nehme die alten Menschen in der Öffentlichkeit sehr intensiv wahr, und es tut mir weh zu sehen, dass manchmal da so eine Art Schamgefühl in ihren Augen zu entdecken ist – dabei sollten sie doch stolz auf sich sein nach einem langen Lebensweg und ihre Erfahrung an die Jungen weitergeben. Irgendwo auf der Welt, vielleicht in einem kleinen spanischen oder italienischen Dorf, wo die Familien noch mit mehreren Generationen ein Zuhause teilen, mag das noch funktionieren – aber hier bei uns haben die Alten scheinbar ausgedient.

Ich möchte das nicht akzeptieren, wenn es bei mir mal so weit ist. Daher habe ich für mich meine eigenen Zehn Gebote für ein glücklicheres Älterwerden erfunden. Gläubige Menschen mögen es mir bitte verzeihen, dass ich dieses Bild für mich verwende. Schließlich sind die Zehn Gebote die Grundlage der christlichen Ethik. Kennen wir alle. Ich halte mich auch brav dran. Und füge meine neuen zehn hinzu – Gott möge bitte gnädig mit mir sein –, aber auch meine haben eine Menge mit menschlicher Ethik zu tun.

Ich spiele nicht Moses und gehe jetzt auch nicht auf einen Berg. Und ich habe die Worte des biblischen Vorbilds »Du sollst« ersetzt durch »Du solltest« – quasi als Empfehlung.

I. Du solltest dich nicht schämen, weil du alt und faltig bist. Gehe selbstverständlich um mit deinem aktuellen Sein – und strahle Souveränität aus. Mache dich groß und sei stolz auf dich. Trage diesen Stolz durch deinen Tag – und von mir aus auch durch den Drogeriemarkt.

II. Du solltest keine Angst haben vor dem Älterwerden. Es gibt Dinge, die nicht zu ändern sind. Suche den Schalter für Humor in deinem Geist und drehe ihn bis zum Anschlag auf.

III. Du solltest dein Naturell erhalten. Erinnere dich, wer du warst und was dich schon immer ausgemacht hat. Vergesse nie, wer du eigentlich bist.

IV. Du solltest dein Lachen nicht bremsen. Kichere nicht leise, wenn du eigentlich einen lauten Lachflash in dir spürst. Erhalte dir deine Flausen im Kopf.

V. Du solltest dein Herz nicht verschließen für neue Begegnungen. Lass neue Geister in dein Leben fallen und teile mit ihnen deine Geschichten. Mach kein Geheimnis aus dir und sei im Alter frei von gespielten Gefühlen.

VI. Du solltest nicht urteilen und bewerten. Züchte Toleranz in dir und pflege sie wie ein zartes Pflänzchen. Dann fliegen dir Freundschaften zu.

VII. Du solltest nicht den Jüngeren ihre Zeit neiden. Sie ist begrenzt, so wie deine, die du schon hattest. Ehre sie und verbünde dich mit ihnen auf Augenhöhe. Schaue nicht auf sie herab – das Alter ist keine Auszeichnung. Und jung sein ist kein Fehler.

VIII. Du solltest nicht belehren. Sei lieber fürsorglicher Begleiter und lasse jeden seine eigenen Erfahrungen machen. Bilde dir nicht ein, dass du alles weißt, nur weil du älter bist.

IX. Du sollest nicht verzichten. Du bist gut mit deinen Bedürfnissen und Wünschen. Du hast es verdient und musst dich nicht für sie rechtfertigen.

X. Du solltest nicht lügen. Die Wahrheit ist Lebenselixier. Sie ist lebenswichtig. Sie macht gesund und glücklich. Nichts ist so sexy wie Wahrhaftigkeit.

Spiele also nichts vor, sondern sei stattdessen verspielt. Das ist das ultimative Rezept, um sich jung zu halten. Das innere Kind zu stärken und es nicht zu lange zu vernachlässigen ist eines meiner wichtigsten Lebenscredos. Auch wenn der Alltag nicht immer zulässt, das innere Kind mal kurz auf die Spielplätze des Lebens zu begleiten, sollten wir darauf achten, es wenigstens hin und wieder zu tun. Es ist gar nicht so schwer, sich die Flausen im Kopf zu erhalten, die verrückten Ideen nicht zuzuschütten – sondern sie eher freizuschaufeln – und im Geiste auf Bäume zu klettern. Man muss nur damit anfangen.

Wenn ich in den Spiegel sehe, sehe ich mein Alter, auch wenn mir noch so viele Menschen sagen: »Sie sehen ja viel jünger aus.« Es scheint also nicht um glattere Haut zu gehen. Es geht vielmehr um die Wirkung, die man ausstrahlt. Und vielleicht habe ich das Glück – oder Talent –, dass das, was ich ausstrahle, mich jünger wirken lässt, als es mein Pass mit den Zahlen belegt.

Für diese Wirkung kann man aber etwas tun, nämlich seine innere Pflanze mit kindlichen Gedanken, Weisheit, Empathie und Wahrhaftigkeit zu gießen. Das ist das beste Anti-Aging-Konzept. Sonst nützt auch die teuerste Creme nichts.

Du bist, was du isst

Da ich häufig gefragt werde, was ich für meine Gesundheit, mein Aussehen und meinen Körper mache, möchte ich dieses »äußerliche« Thema in diesem Buch nicht ganz außen vor lassen. Es geht für mich allerdings nie nur um das Äußere – ich kümmere mich mit dem »Älter-an-Jahren-Werden« mehr und mehr um mein Inneres.

Den äußerlichen »Verfall« – ne, also das nenne ich jetzt anders, einigen wir uns auf »das Reifen« – müssen wir alle hinnehmen. Ich habe mir deshalb irgendwann vorgenommen, einfach weniger in den Spiegel zu gucken. Die Zeit, die ich vorm Spiegel verplempert hätte, widme ich lieber meinem seelischen, körperlichen und geistigen Zustand. Ich kümmere mich um meine Hülle ebenso wie um mein Herz, das wachsen und glücklich schlagen soll, und mein Hirn, das sich weiterentwickeln soll. Denn Körper, Seele und Geist sind eins. So wird ein Ganzes draus. Hat doch sicher jeder schon mal gehört. Wenn bei einem »dieser drei« der »Haussegen schief hängt«, dann kommen die beiden anderen auch ins Taumeln. Diese drei Säulen stabilisieren das Lebensdach.

Es macht mich oft traurig zu sehen, dass sich so viele Menschen selbst vernachlässigen. Ich beobachte Menschen und erkenne, dass bei vielen die Selbstachtung im Laufe des Lebens auf der Strecke geblieben ist. Irgendwo auf ihrem Weg haben sie aufgehört, sich um sich zu kümmern. Das ist sehr schade – aber vielleicht sogar nachvollziehbar, wenn ich die Gründe dafür kennen würde. Das Leben kann hart sein. Herausforderungen wie Beruf, Familie, Ehe, dazu Schicksalsschläge, Krankheiten sind oft der Grund dafür, dass manche innerlich aufgeben und mit sich selbst nicht mehr liebevoll umgehen, sich sogar selbst nicht mehr »lieb haben«. Dann verliert das Leben seine Form und der Körper eben auch.

Es ist doch irgendwie komisch, dass sich viele Menschen um einen Kratzer am Auto kümmern, um »die Macken« am eigenen Körper aber nicht. Das Auto wird schnurstracks in die Werkstatt bugsiert, während die eigene Hülle kaum beachtet wird.

Ich bin weiß Gott keine Ärztin, aber ich sehe um mich herum die typischen Probleme: Gewichtszunahme durch falsche Ernährung. Das wiederum führt nicht selten zu Arthrose und Gelenkschmerzen. Die berühmt-berüchtigten Zipperlein.

Ich rede hier jetzt nicht von einem unbedingten Schlankheitswahn! Es ist immer nur die eine Frage wichtig: Fühle ich mich noch wohl in meiner Haut?

Auch ich habe mit den Kilos zu kämpfen, und mit den Wechseljahren ist das nicht unbedingt leichter geworden – trotz meines regelmäßigen Laufsports und der häufigen Yoga-Übungen. Doch ich achte auf mich, und das fängt beim Essen an. Es gibt den bekannten Spruch: »Du bist, was du isst.« Das sind diese einfachen Weisheiten, die einem zu den Ohren raushängen – die aber stimmen.

Ich esse wahnsinnig gerne. Und wahnsinnig gerne viel. Ich bin manchmal regelrecht maßlos. Pizza – Pasta – Reis – Kartoffeln. Ich liebe Kohlehydrate und finde es unmenschlich, sie von Käse, Fisch oder sonstigen tierischen Eiweißen zu trennen. Trennkost funktioniert für mich nicht. Soll ich vielleicht eine Scheibe leckeren Gouda essen und das Brot erst drei Stunden später hinterherschieben? Pfff.

Gleichzeitig esse ich ganz viel Gesundes: Gemüse, Obst, lege basische Ernährungstage ein. Das entsäuert den Körper. Informationen über basische Ernährung findet ihr überall im Netz. So kann man sich zwischendurch gerne die Schlemm-Tage gönnen, wo man kulinarisch auch mal über die Stränge schlagen darf.

Fleisch habe ich schon vor Jahrzehnten freiwillig von meinem Speiseplan gestrichen. Nicht, weil ich es nicht mag, sondern weil mir die Tiere leidtun. Keine Sorge, ich halte jetzt keinen Vortrag über Massentierhaltung und die furchterregende böse Fleischindustrie.

Mein Erlebnis mit Ayurveda

Blättern wir doch weiter in meinem Rezeptbuch. Jahrelang hatte ich schon von »Ayurveda-Kuren« in Indien gehört. Freunde hatten immer wieder mal von ihren Erfahrungen berichtet, nachdem sie eine solche Kur gemacht hatten. Angeblich soll man ja nach so einer Kur supergechillt, entgiftet und gertenschlank nach Hause zurückkommen. Mir haben die Beschreibungen aber wenig Lust drauf gemacht.

Da erzählte man mir von flüssiger Butter (Ghee), die man morgens auf nüchternen Magen trinken soll. Und dass bei der sogenannten »Reise ins Innere« und der »Suche nach dem Ich« traumatische Erlebnisse hochkommen können. Ich hörte von Einläufen, die man dort über sich ergehen lassen soll. Von Nasenspülungen, bei denen sich angeblich Teile des Hirns durch die Nase verabschieden. Von therapeutischem Erbrechen wurde berichtet, von schlaflosen Nächten und Gereiztheit durch den Entzug von Kaffee, Zucker und Alkohol, was bei Paaren nicht selten zu Zerwürfnissen führt während eines solchen Aufenthalts in Indien.

Ne, ne, ne – das ist nichts für mich. Ich geh im Urlaub lieber Garnelen futtern in Spanien.

Doch mit der Zeit wuchs meine Neugier – nicht zuletzt deshalb, weil ich mit dem Älterwerden immer gesundheitsbewusster geworden bin. Also bin ich es, die schließlich eines Tages meiner Freundin Ursula erzählt: »Du, ich mach jetzt mal 'ne Ayurveda-Kur auf Sri Lanka. Da soll das ganze Programm etwas geschmeidiger sein als in Indien, hab ich gehört.«

»Wow, du willst das echt mitmachen?«, antwortet sie spontan. »Nimmst du mich mit? Das wäre klasse!«

Ich bin begeistert! Ich scheue mich zwar nicht vorm Alleinreisen, aber zum ersten Mal so eine Kur zu machen und dann auch noch weit weg auf einer Insel in einem fernen Land – da ist es doch schon schöner zu zweit. So haben wir beide eine spontane Urlaubsverabredung.

Ursula ist eine meiner engsten Freundinnen und lebt in Berlin. Aufgeregt und voller Vorfreude tauschen wir uns am Telefon über unsere Bedürfnisse, was die Hotelanlage betrifft, aus, und sofort wirft sich Ursula leidenschaftlich ins Netz, um sich auf die Suche nach dem geeigneten Platz für uns beide zu machen. Da ist Ursula die Allerbeste! Im Internet ist sie ein wahres »Trüffelschwein«. Sie spürt die tollsten Sachen auf, die bezahlbar und trotzdem Rosinen im Hotelgeschäft sind.

Doch nicht nur in Sachen Urlaub – Ursula findet auch für alles andere immer eine Lösung. Was ist der beste Akkustaubsauger? Welcher Kaffeevollautomat macht den besten Cappuccino? Welche Balkonpflanze braucht wenig Wasser und Zuwendung, damit sie bei mir nicht eingeht? Ich frage einfach Ursula. Sie ist meine Ratgeberin in vielen Lebenslagen.

Und nun findet Ursula für uns also ein wundervolles Ayurveda-Resort an der Westküste Sri Lankas. Ein kleines Haus mit nur zehn Zimmern, das die traditionelle indische Heilkunst anbietet. Auf der Homepage finden wir verschiedene Programme, die man dort buchen kann, zum Beispiel die sogenannte Panchakarma-Kur. Puh – das klingt mir verdächtig nach Indien. Wir entscheiden uns kurzerhand für das Ayurveda-Paket »Beauty & Harmonie«. Das klingt so, als würde man da nicht gequält werden. Es ist die geschmeidigere Variante der Panchakarma-Kur – quasi für Anfängerinnen. Wir möchten beide keine Torturen erleben, wie meine Freunde zuvor in Indien. Wir wollen uns einfach nur etwas Gutes tun – unsere vom Kaffee und vielem Essen verwöhnten Körper entgiften, ein paar Kilos als Gastgeschenk in Sri Lanka lassen und dann zurückfliegen. Wenn's geht, ohne dabei hungern zu müssen.

Ein paar Monate später geht es los.

Ich beschreibe euch das hier jetzt mal, weil ich bei vielen Begegnungen wahrnehme, dass sich die Menschen mehr und mehr öffnen für diese Art Urlaub. Viele wollen es unbedingt machen – zögern aber noch.

Nach über zehn Stunden Flug landen Ursula und ich leicht angeschlagen in Colombo, der Hauptstadt Sri Lankas, und fahren weitere zweieinhalb Stunden mit einem Shuttleservice zum Hotel. Es gibt eine klitzekleine Unterbrechung, weil sich Ursula nach dem hektischen Stadtverkehr in der City und dem Alkoholkonsum – am Abend vor unserer Abreise nach Sri Lanka – erst mal auf der Landstraße ein bisschen übergeben muss. Das macht die Anreise nicht besser, doch als wir am Hotel ankommen, sehen wir, dass wir den Hauptgewinn getroffen haben. Das Hotel ist ein kleiner, feiner Traum.

Fünf Minuten nach unserer Ankunft sitzen wir total erschöpft von der langen Reise an der Rezeption unter freiem Himmel und schlürfen eine King Coconut – die Königsklasse unter den Kokosnüssen. Eine wunderschöne Singhalesin im bunten, golddurchwebten Sari, dem traditionellen Kleidungsstück Südasiens, hat uns diese »Nüsse« als Begrüßungscocktail in die Hände gedrückt. Das fängt ja köstlich an! Ursula und ich beschließen, uns hier restlos fallen zu lassen.

Wörtlich übersetzt heißt Ayurveda »Lebensweisheit«. Es soll im Erfolgsfall auch eine Reise ins Innere sein. Eine Reinigungskur des Körpers und gleichzeitig eine geistige Entschlackung sollen zum Seelenfrieden führen.

Eine Reise ins Innere kann möglicherweise die beschwerlichste Reise werden, wenn man innerlich nicht wirklich bereit dafür ist. Diese Reise hebe ich mir für zukünftige Urlaube auf. Ich will bei diesem ersten Aufenthalt einfach nur Ruhe und Erholung nach arbeitsintensiven Monaten und habe mir selbst keine großen Aufgaben gestellt. Man kann auch nur mal sich los- und treiben lassen, ohne große Erwartungen an sich selbst. Einfach nur atmen und gucken, was passiert. Ursula und ich atmen durch.

Das Programm geht zügig los. Kaum sind die Koffer ausgepackt, hat jede von uns ihr erstes Gespräch mit der Ärztin. Und während wir uns gegenübersitzen und uns auf Englisch unterhalten, wird mir bewusst, wie wenig ich eigentlich über die Stellung der Frau auf Sri Lanka weiß. Ist es hier selbstverständlich, dass auch eine Frau Ärztin ist?

Nicht weit entfernt – in Indien – werden Frauen diskriminiert und von politischen und familiären Entscheidungen komplett ausgeschlossen, ihre Rechte sind sehr eingeschränkt. Auf Sri Lanka hat sich, wie ich mit der Zeit erfahre, die Rolle der Frau schon ein wenig zum Positiven verändert. Sie stehen zwar noch am Anfang und sind auch immer noch das schwächste Glied der Gesellschaft, aber immerhin gab es dort schon diverse Male eine Frau im Amt des Premierministers und Regierungschefs – in Indien hatte Indira Gandhi als bisher einzige Frau dieses Amt inne. Die Möglichkeit zu studieren, um Ärztin zu werden, bleibt Frauen aus vermögenden Familien vorbehalten.

Außerdem frage ich mich, was die Frauen in Sri Lanka über uns denken – über die gestressten Touristinnen wie mich, die hier ausgebrannt auf der Matte stehen, um sich zwei Wochen lang für reichlich Geld die »Luxusprobleme« wegkneten zu lassen, während um die Ecke des Hotels die Armut der Einheimischen, die in einfachen Lehmhäusern mit vielen Kindern auf engstem Raum leben müssen, sichtbar ist?

Das beschäftigt mich. Doch ich höre besser mal der Ärztin zu. Sie ist der Typ mütterliches vollschlankes Modell und stellt viele Fragen für ihre medizinische und psychische Anamnese: Ernährung, Lebensweise, Zustand der Seele, Medikamente, Allergien – sie klopft innerhalb kürzester Zeit das komplette Leben ab, um für sich einen Eindruck der Person zu gewinnen, die sich entschieden hat, eine solche Kur zu machen.

Die nette Ärztin nimmt ein uraltes Blutdruckmessgerät zur Hand. Es sieht aus, als wäre es aus der Steinzeit, aber es funktioniert. Sie ist zufrieden mit meinem Blutdruck. Er ist wie üblich etwas niedrig. Anderen Druck mache ich mir ja auch genug in meinem täglichen Leben. Dann fasst sie mein Handgelenk und fühlt offensichtlich den Puls. Dabei schaut sie auf keine Uhr. Sie denkt nach und guckt durch die Luft. Ich tue es ihr gleich und gucke auch durch die Luft. Es dauert mehrere Minuten. Ich beobachte sie still und bin ganz neugierig, was das zu bedeuten hat. Dann überprüft sie noch meine Fingernägel und Zunge und macht sich Notizen auf einem Patientenbogen, auf dem ganz oben mein Name steht. Es ist irgendwie toll, so weit weg von zu Hause in

einem fremden Land von einer singhalesischen Ärztin durchge-
checkt zu werden. Es fühlt sich hier einfach anders an als bei Frau
Doktor in der Nähe vom Kölner Hauptbahnhof. Ich liebe das
Fremde und das Neue.

»*Mrs Isabel, your doshas are Vata and Pitta*«, sagt sie nun mit einem
sehr schönen singhalesischen Akzent. Es klingt wie Musik in meinen Ohren.

In der ayurvedischen Heilkunst spricht man von drei unterschiedlichen Doshas, die jedem Menschen seine einzigartige Konstitution verleihen. Wortwörtlich übersetzt heißt »Dosha« »Fehler«. Eigentlich bin ich ja nicht 8192 Kilometer gereist, um über
meine Fehler zu sprechen. Kleiner Scherz. Man versteht darunter
die unterschiedlichen Lebensenergien in uns menschlichen Wesen.
Die drei Doshas heißen »Vata«, Pitta« und Kapha«, und wir tragen
alle drei in uns – nur in unterschiedlicher Ausprägung. Zwei der
drei Doshas dominieren in jedem Menschen – ausgelöst durch
Stress, gesundheitliche Probleme oder andere Einflüsse. Welche
Doshas das sind und wie man alle drei wieder ins Gleichgewicht
bringt, sagt einem dann eine Ärztin oder ein Arzt.

Was diese drei Lebensenergien ausmachen? Machen wir es ganz
kurz und simpel:

Der Vata-Typ umfasst Eigenschaften der Elemente Wind, Luft
und Licht. Dieser Typ ist rastlos, enthusiastisch, luftig, kreativ,
spontan. Wenn er nicht im Gleichgewicht ist, wird er ängstlich
und nervös und manchmal zu nachdenklich. Ja – das trifft wohl
alles auf mich zu …

Der Pitta-Typ vereint Eigenschaften der Elemente Feuer und
Wasser. Er hat eine Kämpfernatur, will etwas bewirken, kann auf-
brausend sein, ist sportlich oft extrem – zum Beispiel Marathon-
läufer (Volltreffer bei mir!) – und wütend. Na ja, Letzteres passiert
mir nur, wenn ich Hunger habe.

Beim Kapha-Typen treffen Erde und Wasser aufeinander. Bei
diesem Typ Mensch ist die stoische Ruhe besonders ausgeprägt. Er

ist langsam, stetig, weich, zäh. Es scheint ihn nichts aus dem Gleichgewicht zu bringen. Er ist geduldig, verständnisvoll, neigt zu ausschweifendem Essen und mangelnder Bewegung.

Die Ärztin erklärt mir nun, dass die beiden Lebensenergien Vata und Pitta bei mir dominieren. Die Ernährung und die Anwendungen werden in den nächsten zwei Wochen auf diesen Typus abgestimmt, damit das Gleichgewicht zwischen den Doshas wiederhergestellt werden kann.

Empfohlene Lebensmittel bei »Pitta« sind zum Beispiel Blumenkohl, Erbsen, Kartoffeln und Pilze. Na, damit kann ich leben. Bei »Vata« werden Rote Bete, Karotten, Zucchini, Sellerie und Knoblauch – juhu! – nahegelegt. Klingt doch ganz einfach, oder? Mal sehen, was das hier mit mir macht.

Außerdem bekomme ich ein auf meine persönliche Konstellation der Doshas abgestimmtes Öl, mit dem ich täglich bei vier bis fünf Anwendungen massiert werde. Kopf-, Fuß-, Ganzkörpermassagen, Synchronmassagen – dabei massieren dich zwei Singhalesinnen gleichzeitig synchron. Wundervoll.

Dieses Öl hat einen ziemlich intensiven Geruch. Nach ein paar Tagen hat man das Gefühl, dass alles nur noch danach riecht – man selbst, die Wäsche, die Handtücher, einfach alles. Aus jeder Pore dunstet das Öl raus. Das muss man mögen – oder sich ständig einreden, dass es ja gut für einen ist. Durch das Einmassieren dieses Öls wird der Körper entgiftet. Das führt zur gesundheitlichen Balance. Mir macht der Geruch des Öls seltsamerweise nichts aus, obwohl ich sehr geruchsempfindlich bin. Stattdessen bin ich gespannt. Der »tiefen-gechillte« Mensch bin ich ja nun nicht gerade. Das weiß jeder, der mich persönlich kennt. Man könnte mich als hibbelig beschreiben. Ob ich wohl als Schlaftablette zurückkomme?

Ich gestehe, ich nehme das Ganze hier nicht allzu ernst – eher leicht und locker. Hauptsache, ich kriege was Leckeres zu essen und erhole mich. Wenn ich dabei noch ein paar Kilos verliere, bin ich sehr zufrieden.

Ursula wird von der Ärztin als Vata-Kapha-Typ eingeschätzt. Meine Freundin hat einige Kilos zu viel auf der Waage und will unbedingt Gewicht reduzieren. Sie ist eine Genießerin, und Sport ist zum damaligen Zeitpunkt ein Fremdwort für sie. Das hat sich inzwischen geändert.

Es gibt drei feste Mahlzeiten am Tag. Das ist für mich – gerade im Urlaub – zunächst etwas befremdlich. Ich liebe die Freiheit zu planen, wie ich möchte. Wenn schon – berufsbedingt – nicht im Alltag, dann wenigstens im Urlaub. Doch ich werde hier eines Besseren belehrt. Es dauert keine zwei Tage, und Ursula und ich lieben es, wenn die Küchenglocke bimmelt. Das bedeutet: Essen ist fertig. Immer pünktlich.

Ich muss heute sagen, dass das ein ganz wichtiger Punkt auf dem Weg zur inneren Ruhe ist: regelmäßige Mahlzeiten. Es tut wahnsinnig gut. Oft habe ich im Alltag sehr unregelmäßig gegessen. Auch unkontrolliert, was die Portionen betrifft. Hier werden pünktlich wundervolle Gänge serviert – mit ausreichenden Pausen dazwischen für die Verdauung. Ich fühle mich schon nach wenigen Tagen, als könnte ich Bäume ausreißen.

Das Essen ist fantastisch auf dieser Seite der Weltkugel. Dort »fällt« alles, was bunt und lecker ist, direkt von den Bäumen auf den Teller: Papayas, Mangos, Babybananen – wie man sie bei uns nie geschmeckt hat. Auch die Gewürze und die Vielfalt der Kräuter sind überwältigend. Das Essen wird warm serviert. Die ayurvedische Idee ist, außer Obst nichts Ungekochtes zu essen. Das kommt mir sehr entgegen. Ich bin Warmduscher und Warmesser.

Zum Frühstück gibt es grüne Suppe. Köstlich. Ich könnte morgens sogar schon Pizza Margherita essen. Die gibt's hier definitiv nicht. Aber ich bin auch nicht um die halbe Welt geflogen, um das Übliche zu mir zu nehmen. Darauf folgt ein gigantischer Obstteller. Passionsfrüchte, Melone, Sternfrüchte, Drachenfrucht. Alles reif und regional von der Insel. Dieser Teller macht glücklich.

Ursula und ich gewöhnen uns an, sehr langsam zu essen. Wir genießen jede einzelne Gabel.

Am ersten Tag haben wir noch tierische Angst, wir bekämen womöglich zu wenig zu essen. Das Gegenteil ist der Fall. Wir sind immer pappsatt und fragen uns, wie man so Gewicht reduzieren soll, wenn man – gefühlt kugelrund – vom Esstisch zur Sonnenliege zurückrollt. Es funktioniert dennoch, wie wir mit jedem neuen Tag merken. Die Pfunde purzeln.

Ein lieb gewonnenes Ritual

Beim Essen gibt es eine weitere Besonderheit. Das Konzept des Resorts ist: Alle Gäste sitzen an einem gemeinsamen Tisch. Puh, denke ich zunächst. Was blüht einem denn jetzt hier? Die Hotelgäste sind alle aus Deutschland …

Ich bin es gewohnt, dass mich viele Menschen erkennen und ansprechen. Das sind durchweg fast immer schöne Momente in meinem Alltag. Ist ja logisch, dass man sich darüber freut, von den Menschen erkannt und gemocht zu werden. Ich gebe aber zu, im Urlaub ist es mir nicht so recht, mal eben Selfies zu machen, wenn ich »schlunzig« – oder vielleicht sogar halb nackt im Bikini – rumrenne. Hier möchte ich nicht die Frau aus dem Fernsehen sein, sondern einfach nur Isabel. Aber wir haben beschlossen, uns auf alles einzulassen. Auch auf diesen langen Tisch. Wer weiß – vielleicht wird es ja nett.

Die Atmosphäre in dieser kleinen Anlage ist atemberaubend schön. Palmen, wunderschöne Blumen – weiße Häuser. Vom Haupthaus mit offenem Essbereich sieht man auf einen kleinen Pool. Der Blick aufs Meer rundet das Paradies ab. Es ist, als säßen wir in einer Postkarte. Mein Gott, bin ich dankbar, so etwas zu erleben!

Wir setzen uns an den langen Holztisch. Mitgehangen, mitgefangen, denke ich mir. Man grüßt sich freundlich und beschnuppert sich. Beim Essen soll nicht so viel geredet werden. Eine schöne Idee, wie ich finde. Manche Kurgäste brauchen Ruhe und/oder haben einiges zu verarbeiten, deshalb sind sie ja schließlich hier.

Aber wie wir alle wissen: Ein oder zwei Pappnasen schummeln sich an jeden langen Tisch. Wäre ja auch zu schön gewesen, wenn nicht. Da macht man innerlich schon mal – vor lauter Freude – »ein Fass auf«, wenn die abreisen.

Es ist in einem solchen Resort ein ständiges Kommen und Gehen. Es ist immer spannend, wer als Nächstes hier eintrudelt. Hoffentlich kein Vollhonk – oder Vollhonkin.

Da ist zum Beispiel ein alleinreisender, ziemlich arroganter Geschäftsmann, dem die Portionen fast immer zu klein sind. Unfreundlich fordert er mehr und verkündet lautstark am großen Tisch, man müsse »die Singhalesen streng ansprechen, sonst würden sie nicht spuren«. Spinnt der? Der hat wohl zu oft »Vom Winde verweht« geguckt und nicht gepeilt, dass die Zeit der Sklaverei vorbei ist. Ein anderes Mal beklagt er sich, das Meer rausche so laut, dass er nachts nicht schlafen könne. Für dieses gravierende Problem wird Apple hoffentlich auch bald eine Lösung erfinden. Dann kann der blöde Geschäftsmann seiner Smartwatch befehlen: »Alexa, mach das Meer aus.«

Ein weiteres Beispiel aus der Reihe »Das braucht kein Mensch am Tisch« ist ein Ehepaar. Die beiden sind hergekommen, weil er ein Schmerzpatient ist und sich durch die ayurvedische Kur Linderung verspricht. Sie sitzen am Tisch nebeneinander. So bekommt er nicht mit, wie sie immer wieder in unsere Richtung mit den Augen rollt, während er von seinen Leiden erzählt. Wie furchtbar, denke ich. Ich kann zwar nachvollziehen, dass das Leben mit einem Schmerzpatienten, der dauernd über sein Leid spricht, nicht einfach ist. Aber dieses genervte Augenrollen ist unter aller Kanone. Der Mann tut mir richtig leid. Ein Leben mit so einer Frau trägt sicherlich nicht zur eigenen Heilung bei.

Doch der Mann ist nicht der einzige Kranke am Tisch. Eine Frau hier hat Neurodermitis, eine andere unerträgliches Rheuma. Auch Essstörungen sind ein Problem, das hier behandelt werden kann. Eine Frau zum Beispiel hat schon Angst vor einer kleinen Babybanane. Sie ist so panisch bei Kohlehydraten, dass sie denkt, sie würde schon zunehmen, wenn eine Banane vor ihr nur auf dem Teller liegt. Ich merke sehr schnell, dass die meisten hier wirkliche »Patienten« sind. Ich gehöre zu den Glücklichen, die nichts haben und nur Entspannung suchen und die Gesundheit erhalten wollen.

David Frawley, ein zeitgenössischer amerikanischer Ayurveda-Experte und Autor, schreibt: »Die Grundregel lautet: Was immer wir selbst tun können, um unsere eigene Gesundheit zu stärken, wirkt besser als das, was andere für uns tun.«

Es sind übrigens zu 80 Prozent Frauen, die wir auf Sri Lanka im Ayurveda-Resort antreffen – für mich kein Zufall. Auf sich zu achten und auch im Alter attraktiv bleiben zu wollen ist anscheinend ein eher weibliches Anliegen. Wir erinnern uns: »Frauen werden älter – Männer interessanter.« Diese dämliche, aber leider weitverbreitete »Weisheit« erspart dem männlichen Geschlecht nicht nur schlaflose Nächte, sondern auch eine Menge Geld – denn umsonst ist diese Reise nicht.

Die ersten zwei Tage sind kein Spaziergang. Meine Reaktion auf den Entzug von koffeinhaltigen Getränken ist eine Überraschung für mich. Die Empfehlung des Hotels, schon vor der Anreise zu entgiften, habe ich ignoriert. Schließlich trinke ich nur um die zwei Tassen Kaffee am Tag, der eine oder andere grüne Tee kommt auch noch dazu. Eigentlich alles im grünen Bereich, dachte ich. Doch jetzt treffen mich die Auswirkungen des Kaffeeentzuges wie ein Vorschlaghammer: Kopfschmerzen, Müdigkeit und Schwäche. Ich dachte zunächst, es würde mir wegen des langen Fluges so elend gehen. Doch es liegt am Kaffee, wie die Ärztin mir erklärt. Erst am dritten oder vierten Tag geht es mir wieder gut. Ab dann ist es enorm, welchen Energieschub ich bekomme. Die Ruhe, die langen Massagen und das wundervolle Essen geben mir nach kurzer Zeit das Gefühl, Berge versetzen zu können.

Eine wichtige Anwendung der ayurvedischen Heilkunst ist – neben den zahlreichen Massagen – der Stirnguss, genannt »Shirodhara«. Dabei fließt in einem kontinuierlichen Strahl ein mit Kräutern vermischtes warmes Öl auf die Stirn. Es soll eine beruhigende Wirkung haben und bei neurovegetativen Störungen und Stressfolgen sowie chronischen Kopfschmerzen, Schlaflosigkeit und Depressionen helfen. Drei Tage in Folge wird diese Anwendung praktiziert. Man trägt danach eine Kopfbedeckung aus Stoff und soll, wenn möglich, die Haare drei Tage nicht waschen.

Oje, das halte ich nicht durch.

Schon der Gedanke, mit meinem öligen Schädel samt meinen öligen Haaren auf meinem Kopfkissen zu liegen, löst bei mir Schlafstörungen aus. Als ich beim Abendessen mit frisch gewaschenen Haaren auftauche, nimmt mir das keiner vom Gesundheitsteam krumm. In Indien wäre das wahrscheinlich anders.

Die Gäste am Tisch, die bereits regelmäßig hier waren, erzählen uns, dass der Stirnguss bei vielen zunächst alles andere als beruhigend wirken kann. Vielmehr kann er traumatische Erlebnisse wieder an die Oberfläche holen. Bei mir löst der Stirnguss Gott sei Dank nur tiefe Entspannung aus. Ich empfinde ihn als sehr angenehm und wohltuend.

Eine andere wichtige und leider unvermeidliche Anwendung ist das Abführen. Wenn man sich hier »reinigen« will, kommt man nicht daran vorbei, sich auch mal den Darm vorzuknöpfen. Wir wissen alle, dass das Organ Darm eine der wichtigsten »Räumlichkeiten« in unserem Körperhochhaus ist. Er ist ein langer Gang mit Treppe rauf und Treppe runter, und man möchte sich eigentlich nicht vorstellen, wie es da in so manchen Ecken aussieht. Wahrscheinlich schlimmer, als in so manchen verwahrlosten Plattenbauten. Und all das tragen wir mit uns rum – tagein, tagaus.

Nur mal so zur Info: Der Darm ist beim erwachsenen Menschen zwischen fünfeinhalb und siebeneinhalb Meter lang und besitzt wegen der Darmzotten eine Oberfläche von etwa 32 Quadratmetern. Das ist ungefähr so groß wie eine Studentenbude.

Ursula und ich bekommen nun am gleichen Morgen ein ekelhaftes Getränk verabreicht, quasi die »Putzkolonne«, die diesen meterlangen Darmweg antritt, um aufzuräumen. Es ist eine durchfallfördernde Kräutermischung – alles auf Naturbasis selbstverständlich, ähnlich wie Glaubersalz. Es fällt mir nicht so leicht wie Ursula, das Getränk herunterzustürzen – aber die Aussicht auf einen »sauberen« Körper gibt mir den nötigen Schwung.

»Nicht lang schnacken – Kopp in den Nacken«, prosten wir uns zu. Bah! Ein Fernet Branca ist ja schon fies, aber der wäre mir jetzt lieber gewesen.

Eine halbe Stunde später geht es los. Der flüssige Stuhl bahnt sich seinen Weg durch Zwölffingerdarm, Leerdarm, Krummdarm, Blinddarm mit Wurmfortsatz, Grimmdarm, Mastdarm bis zum After, wo er für Hundertstelsekunden das Tageslicht erblickt, um dann in der Kanalisation zu verschwinden. Jeden Gang zum Klo sollen wir auf einem Zettel in einer Tabelle dokumentieren. Uhrzeiten und Konsistenz. Brav tragen wir alles ein wie für die Steuerberaterin. Wenn schon, denn schon.

Ich mach's kurz: Ich war 13 Mal auf dem Klo. Ich erspare euch die Details. Zur Belohnung gibt es danach für jede von uns eine King Coconut. So gereinigt man sich fühlt, die Darmentleerung schwächt ein wenig – da hilft die Kokosnuss einem schnell wieder auf die Beine. Die King Coconut gilt hier als »Medizin«.

Wir genießen unsere Zeit in Sri Lanka. Während der zwei Wochen, die wir vor allem rumliegend verbringen, liest Ursula insgesamt 15 dicke Bücher, die sie sich im Zweitagerhythmus im WLAN-Bereich der Rezeption herunterlädt. Ich selbst schraube an diversen Textideen für meine Lieder. Wir nehmen sechs Kilo ab – jede drei –, lachen über uns und unsere öligen Körper, finden Ruhe und freuen uns über jeden Tag. Wenn ich Ursula zwischendurch mal ein wenig zu hibbelig bin, schießt sie kurzerhand den Satz »Hast du schon wieder Pitta?« aus der Hüfte, und wir beide kringeln uns wieder vor Freude.

Voller Saft und Kraft durch diesen Jungbrunnen fliegen wir zurück nach Hause nach Deutschland.

Inzwischen ist diese andere Art, Urlaub zu machen, für mich zu einem festen Ritual geworden. Spätestens alle zwei Jahre ermögliche ich mir eine solche Auszeit. Das heißt für mich absolute Erholung und gleichzeitig den Körper »erneuern« beziehungsweise entgiften. Dann bringe ich mich selbst zum TÜV.

Es ist jedes Mal ein Erlebnis. Viermal war ich schon dort, und mir sind Land und Leute ans Herz gewachsen. Es gibt so viel zu entdecken. Das nächste Mal möchte ich zusätzlich eine Rundreise machen. Historisch ist dieses Fleckchen Erde unglaublich interessant. Allein die Tempel zu besuchen ist ergreifend. Die Menschen brauchen und wollen den Tourismus. Nach einem jahrzehntelangen Bürgerkrieg und der verheerenden Tsunami-Katastrophe von 2004 freuen die Bewohner Sri Lankas sich über den Frieden und die Reisenden, die sie dringend brauchen.

Und trotz der Armut im Land führen die Einheimischen ein relativ gutes Leben. Die Menschen sind zufrieden mit ihrem Glauben und der Natur mit ihren Nahrungsschätzen, die die Insel hervorbringt und sie und ihre Familien satt macht.

Ich kann nur jedem Menschen sagen, dass es sich lohnt, auf so eine Reise zu sparen. Es ist ein Traum. Auch wenn man, wie ich später immer wieder mal, allein reist. Es macht mir überhaupt nichts aus – im Gegenteil. Ich erlebe jedes Mal inspirierende Begegnungen und genieße meine Auszeiten dort. Natürlich habe ich, wie wir alle, die typischen Unsicherheiten in mir, die Sorge, schräg angeguckt zu werden. Es kommen Fragen hoch: Was denken die Leute von mir? Glauben sie, ich hätte keinen Mann oder keine Freunde gefunden, die mit mir reisen? Mir sind solche Gedanken nicht fremd, aber ich schiebe sie entschieden weg. Schon seit 40 Jahren reise ich allein – vor allem beruflich. Ich bin immer mutterseelenallein getingelt, musste mich am Auftrittsort allein und analog durchwurschteln. Es gab weder Handys noch Navis im Auto. Nach der Probe und dem Soundcheck mit der Band bin ich immer alleine zum Italiener. Ein Urlaub allein ist für mich also nichts Neues. Und als allein reisender Urlaubsmensch lernt man schnell, sich mit diesen eigenen Gefühlen und Bedenken auseinanderzusetzen.

Es ist eine wundervolle Erfahrung, die ich nur jedem empfehlen kann. Es ist großartig!

Finger weg von Skalpell und Spritze

Kommen wir zum nächsten Rezept aus meinem »Wie halte ich mich jung«-Labor.

Für mich persönlich sind Botox und sonstige medizinische Eingriffe auf keinen Fall eine gute Zutat! Von vielen Frauen in meinem Umfeld weiß ich, dass man sich mittlerweile an fast jeder Ecke – ob im Kosmetikstudio, beim Hautarzt oder sogar in mancher Zahnarztpraxis – die entsprechenden Spritzen ins Gesicht donnern lassen kann. Muskelstränge werden lahmgelegt. Ausgeleierte Gesichtspartien werden plötzlich wieder zum straffen Pfirsich. Nur doof, dass bei zu vielen Wiederholungen die »Pfirsichstellen« irgendwann verrutschen und das Gesicht eine wundersame Entwicklung durchläuft, die man kaum mit Worten beschreiben kann.

Ich blicke auf den roten Teppichen in so manches Gesicht, das seine Natürlichkeit verloren hat. Diese Gesichter sind glatter – sehen aber nicht jünger aus. Es sind manipulierte Gesichter, die an Faszination verloren haben. Es ist ein wortwörtlicher Gesichtsverlust.

Und auch wenn es zweifelsohne ein paar wenige gelungene Exemplare unter den Frauen und Männern gibt, die das gemacht haben, kommt es für mich nicht infrage. Ich möchte mein Leben nicht vor dem Spiegel verbringen und ständig auf der Lauer liegen, ob sich etwas verändert hat, um dann – zack – wieder zur nächsten Botoxbehandlung zu rennen. Ich habe leider viel zu viele Schrecklichkeiten zu Gesicht bekommen.

Auch was Kosmetikbehandlungen angeht, bin ich sehr zurückhaltend. Ich habe eine unkomplizierte Haut und reinige sie mit Wasser und Seife. Ich möchte keine dieser aufwendigen Behandlungen für viel Geld, die anschließend ein feineres Hautbild und weniger Falten versprechen, weil ich einfach nicht daran glaube. Null.

Was man alles machen kann, ist erstaunlich. Für Hunderte von Euro kann man sich ultraschallen, boosten, needeln lassen, und schon ist man »roter-Teppich-fertig«. Nein, danke! Ich komme auch ohne Microdermabrasion durchs Leben, bei der einem die oberste Hautschicht weggepeelt wird. Danach ist man wohl knallrot im Gesicht. Aber jünger? Keine Ahnung.

Einige meiner Kolleginnen haben sich mit Hyaluron unterspritzen lassen. Dadurch wirkt das Gesicht sehr aufgedunsen, und die Haut unter den Augen ist wie Pergamentpapier. Das macht mich immer traurig, wenn ich sehe, wie schlecht manche meiner Kolleginnen offensichtlich mit dem Älterwerden klarkommen. Ich wünschte, sie könnten sehen, wie schön sie sind – oder vor den Eingriffen waren.

Das Neueste aus Hollywood: Vampirlifting. Das Unterspritzen mit eigenem Blutplasma verzögert angeblich die Alterung im Gesicht, am Hals, an den Handrücken und am Dekolleté. Geht's noch? Dabei will ich mich gar nicht lustig machen über all diese Methoden! Für viele Menschen mit ernsthaften Hautproblemen ist so etwas sicher auch ein Segen – aber wie viele Menschen, die sich für so eine Behandlung entscheiden, haben wirklich medizinische Gründe dafür?

Über operative Eingriffe müssen wir hier, glaube ich, gar nicht erst reden. Wie ich darüber denke, dürfte klar geworden sein. Ausgenommen sind auch hier wieder die Menschen, für die aus psychischen – und für mich sehr nachvollziehbaren – Gründen operative Eingriffe der Schönheitschirurgie eine lebensrettende Maßnahme darstellen können. Zu viel oder viel zu wenig Brust zu haben kann für Frauen eine immense psychische und auch körperliche Belastung sein. Wie wunderbar, dass ihnen geholfen werden kann – sogar von den Krankenkassen unterstützt.

Aber was passiert, wenn extreme Beispiele der Schönheitschirurgie wie die Influencerinnen Shirin David oder die Kardashians, die die meisten von uns wahrscheinlich eher erschreckend finden, in meinem Alter sind? Ich wusste im Alter von 30 oder 40 noch nicht, wie es ist mit 60. Der Körper wird weich. Das Bindegewebe verliert an Straffheit. Das kann ich selbst mit regelmäßigem Joggen nicht aufhalten. Ich stelle mir mal kurz vor, wie es sich jetzt in meiner Haut anfühlen würde, wenn ich mir vor 20 oder 30 Jahren den Po hätte aufspritzen lassen – so wie einige dieser Frauen, die mit ihren extremen, von Chirurgen gestalteten Rundungen aussehen wie Zeichentrickfiguren.

Ich erschrecke, wenn ich diese Frauen in Videos sehe, und schlage innerlich die Hände über dem Kopf zusammen. Die werden sich noch umgucken. Wenn diese Frauen 60 und älter sind, wird das wahrscheinlich alles schief an ihnen rumhängen und wabern. Doch dafür gibt es dann hoffentlich auch wieder profitgeile Chirurgen mit den neuesten Methoden aus Amerika, die das Ganze wieder richten können.

Aber die Narben bleiben, und ich bezweifele sehr, dass man bei ihnen einen annähernd natürlichen Zustand wiederherstellen kann. Was ist dann mit der Psyche dieser Frauen? Das muss schrecklich sein. Da nutzt es nichts mehr, wenn man in der Liste der Reichsten der Welt ganz oben steht.

Trotz meiner Kritik möchte ich das Lebenswerk dieser prominenten Beispiele, die ich hier verwendet habe, nicht abwerten. Gerade diese Frauen haben ja auch Großes geleistet und setzen ihre Popularität für viel Gutes ein. Mir geht es in diesen Beispielen nur um die Extreme und welche Folgen es für sie eines Tages haben könnte und welchen Einfluss sie womöglich auf ihre noch jüngeren Follower*innen ausüben.

Doch es sind nicht nur diese extremen Veränderungen, die ich kritisch betrachte – auch kleine Eingriffe können schiefgehen. Ich kann nur davor warnen und jedem Menschen wünschen, dass sie oder er es schafft, sich selbst so zu akzeptieren, wie sie oder er ist. Das ist bei vielen ein Lernprozess, der sich durchs komplette Leben zieht und hat nichts mit Schönheit zu tun. Gerade jene, die besonders schön sind, haben oft die größten Probleme, sich selbst anzunehmen, wie sie sind. Das ist meine Erkenntnis aus circa 85 Semestern an der Lebensuniversität, an der ich als Langzeitstudentin auf Lebenszeit immatrikuliert bin.

Laufen und genießen

Mein Lebenselixier ist und bleibt eine Mischung aus gesunder Ernährung und dem Laufsport. Vor Jahren kam noch Yoga dazu. Ausdauersport macht kräftig und glücklich. Er macht im Vorfeld NIE Spaß – immer muss ich über den Schweinehund klettern, der sich penetrant vor die Wohnungstür legt. Aber wenn ich ihn überwunden habe und ich dann in meinen Laufschuhen am Rhein, oder wo ich gerade bin, loslaufe, bin ich ein glücklicher Mensch. Ich bin in solchen Momenten stolz auf mich, dass ich mich überwunden habe.

Dabei ist meine Konstitution nicht immer die gleiche. Mal fühle ich mich auf der Laufstrecke leicht wie eine Feder. Am nächsten Tag habe ich plötzlich das Gefühl, ich hätte schwere Eisenketten an meinen Schuhen. Aber das kenne ich schon, und das lässt mich mittlerweile kalt. Ich beiße mich durch, oder ich drehe um und laufe ohne Umwege zum Bäcker. Ich habe meine Erwartungshaltung an mich stark zurückgefahren, sonst bin ich zu oft von mir selbst enttäuscht. Heute sage ich mir: Auch kleine Trainingseinheiten zählen. Die schlechteste Trainingseinheit ist nur die, die KEINE ist.

Vor allem aber erfüllt mich heute das Feedback mit Freude, das ich nach meinem ersten Buch »Mittlere Reife« – vor allem von Frauen – bekomme habe. Frauen, die durch mein Kapitel über den Laufsport mit meinen Marathonerlebnissen selbst mit dem Laufsport angefangen haben. Meine Beschreibungen haben ihnen ganz offensichtlich Lust aufs Laufen gemacht. Was gibt es Schöneres? Darüber habe ich mich unglaublich gefreut – und diese Freude gibt mir wiederum Kraft, wenn auch meine Beine sich einmal wieder bleischwer anfühlen.

Und last but not least in meinem Rezeptbuch: Ich bin eine Genießerin. Auch das ist wichtig für die Wirkung, die ein Mensch ausstrahlt. Da können die Mediziner und Gesundheitswissenschaftler*innen noch so viel berichten, was alles ungesund sein soll. Wenn ich Lust habe auf ein schönes Glas Rotwein, dann trinke ich es. Es schmeckt und tut mir gut und trägt sicher auch dazu bei, dass dieser schöne Moment mit einem Glas Wein meine Zufriedenheit fördert. Und wenn ich jeden Abend Lust habe auf ein schönes Glas Rotwein, dann trinke ich es eben jeden Abend.

Ich rauche auch hin und wieder mal eine kleine »Selbstgedrehte«. Gelegenheitsraucher nennt man das. Besonders freue ich mich auf ein »Flüppchen«, wenn ich mich mit meiner Freundin Hannelore treffe. Sie hat immer Tabak dabei. Bei ihr darf ich schnorren. Meine Freunde, die mit dem Rauchen aufgehört haben, beneiden mich um diese Gabe, gelegentlich rauchen zu können, ohne Gefahr zu laufen, wieder damit anzufangen. Früher habe ich eine Schachtel am Tag geraucht. Das ist aber lange her. Mit Mitte zwanzig habe ich aufgehört. Und um die vierzig wurde ich Gelegenheitsschnorrerin.

Und da wären wir auch schon am Ende meines Rezeptbuchs. Sonst mache ich nichts.

Fazit: Mach dir das Leben schön und angenehm. Verwöhne dich und gehe achtsam mit dir um. Versuche, dich gelegentlich zu resetten. Eine kleine Reise wirkt Wunder. Es muss nicht das Luxushotel sein.

Ändere konsequent, was negativ und dauerhaft belastend ist. Das ist schwer. Aber möglich. Es ist definitiv IMMER möglich.

Jeder kann es.

Aber nicht jeder macht es.

8

Freundschaft – Die Musik meines Lebens

Ich kann gar nicht in Worte fassen, was mir Freundschaft bedeutet.

Ich könnte ja sagen: alles. Aber das ist zu wenig.

Also: Ich versuch's mal …

Freundschaft ist … eine Herausforderung

Für mich geht es bei Freundschaften um die elementarste Ebene meines Seins und Fühlens: die Ebene der tiefen Verbindungen. Ich habe langjährige und innige Freundschaften für mich immer mit dem Begriff »freiwillige Familie« definiert.

Familie ist ein Wort mit Gewicht. Sie ist für die meisten Menschen – oder für fast alle – das Zentrum des Lebens. Das, worum sich alles dreht. Familie ist der Hafen, die Herkunft, die Erinnerung, die Festung, der Anker, die Tankstelle, der Schatz. Vielleicht bezeichne ich meine Freundschaften deshalb so gern als Familie, weil ich im Stillen hoffe, mir die »heile Familie«, die ich nie hatte, nachträglich basteln zu können. In der »heilen Familie« wird ge-

231

redet und reflektiert. Das kenne ich nicht aus meiner Vergangenheit. Familie kann aber auch Segen und Fluch zugleich sein – sagt die Gesellschaft nicht schon immer augenzwinkernd: »Die Familie kann man sich nicht aussuchen. Freunde schon«?

Da ist was dran. Freunde kann man sich aussuchen. Oder man wird von Freunden ausgesucht. Man findet sich irgendwo auf diesem Planeten und entscheidet freiwillig: Diesen Menschen möchte ich begleiten. Und von diesem Menschen möchte ich mich begleiten lassen. Da ist zunächst erst mal ein Draht, eine Sympathie, eine Humorebene, man entdeckt ähnliche Interessen. Und mit den Jahren wächst man zusammen. Es vertieft sich ein Gefühl. Irgendwann fühlt man sich wie Geschwister – inniglich vertraut. Es entsteht auch dieses – im positiven Sinne verpflichtende – Empfinden, den anderen über alles zu informieren. Ich möchte, dass die/der Freund*in ALLES von mir weiß, es miterlebt.

Damit wächst aber auch die Erwartung bei mir, dass es ihr genauso geht.

Eigentlich heißt es ja immer: »Man sollte keine Erwartungen haben.« Das ist einer dieser intellektuellen Eso-Sätze – und da ist ja auch was dran. Ich bin allerdings zu dem Schluss gekommen: Doch, ich habe Erwartungen. Und das ist auch gut so!

Ja, ich weiß, wenn man Erwartungen hat, dann kann man auch enttäuscht werden. Egal, für mich sind Erwartungen menschlich. Ich kann das 100-prozentige Vertrauen in mir zu jemandem nur auf- und ausbauen und in mir erhalten, wenn dieses Vertrauen auch zurückkommt, sich quasi spiegelt. Sonst kann ich mich auch einer Stehlampe anvertrauen. Die plaudert zwar nichts aus, hört geduldig zu, aber es kommt nichts zurück. Wenn es zu einseitig ist, bleibt eine Freundschaft ein »One-Way-Ticket«.

Echte Freundschaft funktioniert außerdem nur dann und macht auch nur dann Spaß, wenn man nicht nur mit gemächlichem Tempo nebeneinanderher fährt, sondern auch mal den kritischen »Gegenverkehr« aushält. Aufmerksam durch die Straßen der

Freundschaft fahren, die Augen und Ohren sensibel offen halten, um dem anderen Platz zu machen, aber auch mal klar auf seine eigene Vorfahrt hinweisen, ohne dabei zu egoistisch zu sein. Beizeiten innehalten, die roten und grünen Ampeln beim Gegenüber beachten und bei Gefühlsstau auch mal eine Runde geduldig sein. Das ist für mich Freundschaft.

Ich habe derart enge freundschaftliche Verbindungen, dass ich mit dem einen oder der anderen phasenweise täglich am Telefon hänge. Jeder Schritt wird durchgekakelt. So war es für mich schon, als mein Leben noch analog war. Einige meiner Freundschaften reichen zurück bis in die Siebziger und Achtziger. Dieses Zusammenwachsen, diese Innigkeit ist für mich Lebenselixier. Freund*innen sind Lebensfreude pur. Sich immer wieder treffen, wissen, dass der andere sich genauso freut wie du. Reden können, so sein können, wie man ist, voller Vertrauen. Freundschaften sind ein unverzichtbarer Halt. Eine Anlaufstelle.

Meine langjährigsten Verbindungen wie Birgit (die mir das schöne Vorwort geschenkt hat), Hape, Hannelore und Jenny sind so wichtige Säulen. Wir teilen unsere Stimmungen, feiern miteinander unsere Glücksmomente – und halten uns fest, wenn bei einem von uns das Schicksal zuschlägt und uns den Boden unter den Füßen wegreißt. Aber auch die weiteren Freund*innen, die mir das Leben geschenkt hat, sind auf dieser gleichen Ebene. Ja, ich glaube, ich kann sagen: Ich wurde mit Freundschaften reich beschenkt.

Ich bin kein Einzelgänger. Ich brauche Gesellschaft, Nähe, Menschen, die ehrlich zu mir sind. Und ich brauche die Perspektive, später im Winter des Lebens zusammen mit Freunden am Feuer Zeit verbringen zu können, ohne mich erklären zu müssen. Ich möchte erkannt und dafür geliebt werden. Und ich will zurücklieben können!

Doch in den letzten Jahren hat sich in meiner Wahrnehmung etwas verändert, worunter ich teilweise sehr leide. Freundschaften können im Lauf des Lebens auch zu einer Herausforderung werden. Das hätte ich niemals für möglich gehalten. Ich habe früher immer gedacht: So wie es ist, wird es für immer bleiben. Wie in der größten Verliebtheitsphase. Da denkst du ja auch immer: Der oder die ist es! Für immer! Nichts kann uns mehr trennen.

Platonische Freundschaftsbeziehungen sind vergleichbar mit einer Liebesbeziehung – nur ohne Sex. Das Gefühl, das ich empfinde für eine Freundin oder einen Kumpelfreund, ist Liebe. Man könnte es auch flacher formulieren: ein »Sichliebhaben«. Da mir aber gelegentlich die Worte »Ich hab dich lieb« nicht ausreichen, um zu zeigen, was ich fühle, nenne ich es durchaus auch in Kumpelfreundschaften »Liebe«. Und ich spreche es auch aus. Ich kann einer Freundin sagen: »Ich liebe dich.« Warum auch nicht? Früher hätte ich mich das nicht getraut. Heute traue ich mich und ernte für meine Gefühlsausbrüche wunderschöne Momente und vor allem Liebeserwiderung.

Doch auch die innigste Freundschaft wird irgendwann vor Prüfungen gestellt. Freundschaften sind schließlich auch »Beziehungen«. Und Beziehungen verändern sich. In langjährigsten Freundschaften nahm ich erstmals vor Jahren – scheinbar ganz plötzlich – veränderte Schwingungen wahr, die mich teilweise sogar sehr aus der Bahn geworfen haben. Schon früher habe ich erstaunt Sätze bei reiferen Menschen aufgeschnappt wie: »Ich habe bei mir mal Tabula rasa gemacht und mich von einigen Freunden getrennt. Wege gehen auseinander, und das war's dann halt.«

Unvorstellbar! Sich von Freunden trennen? Eine Freundschaft beenden? Doch nicht bei mir! Das dachte ich mir damals zumindest. Heute bin ich selbst eine reife Frau und weiß: Freundschaften sind nicht – wie selbstverständlich – für ein ganzes Leben bestimmt. Freundschaften auf die Dauer zu bewahren ist echte Beziehungsarbeit. In den letzten Jahren habe ich diese Art Arbeit kennenlernen müssen, um eine Freundschaft nicht zu verlieren.

Es beginnt schleichend, fast unmerklich, dass zwei Freunde –

ganz ohne Konflikte – die gemeinsame Ebene verlieren. Menschen verändern sich. Oder man entwickelt sich in unterschiedliche Richtungen. Das passiert ja nicht von heute auf morgen – sondern ganz langsam. Man hält treu fest an der früheren Vision, dass man für immer eng verbunden bleibt.

Wenn sich aber etwas immer befremdlicher anfühlte, habe ich mich gefragt: Vielleicht liegt es ja an mir? Stimmt möglicherweise mit mir selbst irgendetwas nicht? Vielleicht habe ich ja selbst einen Sprung in der Schüssel, und die andere ist völlig okay. Dieses hin- und hergerissen Sein – zwischen diesem sich selbst infrage Stellen und der scheinbaren Veränderung einer der liebsten Lebensmenschen – machte mir lange Zeit sehr zu schaffen.

Ich habe keine Ahnung, woran es liegt. Ob es die Wechseljahre sind, in die wir alle reinrasseln – egal ob Männlein oder Weiblein –, oder das Abklingen von bestimmten Interessen bei uns Menschen? Oder ist es einfach das Nachlassen der Kräfte? Ein langsames Schwinden der eigenen Resilienz. Es sind die unterschiedlichsten Ursachen, die plötzlich die eine oder andere der geliebten vertrauten Verbindungen zu großen Herausforderungen machen.

Der eine guckt zu tief ins Glas und wird auf sympathische Art albern oder auf sehr unangenehme Art sarkastisch und aggressiv. Die andere bleibt irgendwie stehen und interessiert sich für immer weniger. Dann gibt es die Fraktion, die bereitwillig entscheidet, man sei ab jetzt eben alt. »Na ja, wir sind halt auch nicht mehr die Jüngsten« oder »Wir sind halt jetzt älter …« – solche Sätze fallen dann in jedem Gespräch. Gut, womöglich sind wir alt, aber: Na und?

Festgefahrene Meinungen, ein unbeweglicher Geist, radikale Einstellungen. Puh – und dann stehst du da, und nichts ist mehr leicht und unbeschwert. Dämonen nisten sich ein und setzen sich mit an die gemütliche Tafel. Die langjährige Freundin oder der ewige Kumpel steht plötzlich im Gegenlicht und wirft große Schatten in die sonst so helle Zweisamkeit. Meine Toleranz und meine Geduld werden plötzlich gefordert. Eine harte Prüfung.

Die Flüchtlingskrise zum Beispiel. Sie hat unser aller Leben im Jahr 2015 und in den darauffolgenden Jahren sehr beeinflusst. Bei diesem gravierenden Thema bewegten sich die Haltungen sehr weit auseinander. Selbst zwischen engsten Freunden taten sich plötzlich tiefe Gräben auf. So habe auch ich es erlebt.

Selbst auf die Gefahr, dass ihr anders darüber denkt, möchte ich mich dazu äußern, um die Auswirkungen auf Freundschaften deutlich zu machen. In diesem Punkt habe ich keine Angst anzuecken. Meine Haltung zu diesem Thema ist mir sehr wichtig, und ich möchte sie nicht verschweigen, nur um möglichst bei jedem gut anzukommen. Diese Zeit, in der wir gerade leben, ist eine Zeit der Bekenntnisse. Und es ist mir wichtig, hier meine klare Linie zu zeigen.

Es fing zunächst harmlos an ...

Die Sorge einer meiner Freundinnen war zunächst nicht so deutlich zu spüren. Sie köchelte erst mit den Wochen und Monaten parallel zur medialen Berichterstattung immer mehr hoch. Bei ihr wuchsen spürbar Angst und Ablehnung. Aber vor was und gegen wen? Sätze, die so anfangen wie: »Ich hab ja nichts gegen Ausländer, aber ...«, überschatteten mit einem Mal unsere Freundschaft – fast täglich!

Ich merkte plötzlich, wie meine Freundin versuchte, mich zu beeinflussen. Sie wollte mich mit ihrer Einstellung auf ihre Seite ziehen. Das waren keine Gespräche mehr wie üblich unter Freunden. Ich wurde mehr und mehr abgeklopft nach meiner Meinung, wurde von ihr mit E-Mails und Links überschüttet mit Begleitzeilen wie zum Beispiel: »Lies dir das bitte durch. Der Journalist XY ist auch meiner Meinung!«

Eingriffe in mein Leben, wie ich sie nie kennengelernt habe, gehörten über fast drei Jahre zu meinem Alltag. Es grenzte an Psychoterror. Ich rutschte in eine Art Lähmung und wusste nicht, wie ich mich wehren sollte. Das, was da passierte, machte meine liebe Freundin, die gleiche, mit der ich über Jahre hinweg immer einer

Meinung gewesen war – über alles und jeden Scheiß. Bei einer flüchtigen Bekannten wäre das Ganze in null Komma nix gegessen gewesen. Ich hätte einfach gesagt: »Unsere Meinungen passen nicht zueinander. Punkt.« Aber es war meine FREUNDIN!

Ihre Meinung: Angela Merkel habe einen Riesenfehler gemacht mit ihrer »Herzensentscheidung«, die Grenzen zu öffnen. Falls ihr auch so denkt, wird es mit dem Weiterlesen ab jetzt kritisch, denn ich finde nämlich, dass Angela Merkel wunderbar gehandelt hat. Wie hätte sie denn sonst reagieren sollen? Ich bin froh, in einem Land zu leben, das Menschen nicht an den Grenzen durch Maschendrahtzäune beim Sterben zuguckt!

Meine Versuche, mich gegen meine Freundin zu wehren, die mir ihre Meinung überstülpen wollte, waren anfänglich zaghaft. Zum einen konnte ich diese Haltung gar nicht fassen, erschwerend kam hinzu, dass ich sie so nicht kannte. Heißblütig über Politik zu diskutieren war nie ihr Ding gewesen. Und diskutieren wollte ich nicht. Meine Meinung sagen schon, aber eben ohne Kampf.

Es eskalierte, und ich fand mich in abendlichen Runden bei meiner Freundin wieder, bei denen ich als dümmlich hingestellt wurde. Es gebe ja schließlich das »Dubliner Abkommen«. Tja, da hatte ich nun den Salat. Ich war natürlich die Lachnummer am Tisch, weil ich nicht sofort wusste, was das Dubliner Abkommen ist. Heute weiß ich: Das Dubliner Abkommen sieht vor, dass Geflüchtete dort ihren Asylantrag stellen, wo sie die EU betreten. Aha, nee, schon klar. Es sollen also alle, alle, alle immer genau da bleiben, wo sie nach ihrer lebensgefährlichen Mittelmeerüberquerung ihren Fuß das erste Mal an Land gesetzt haben – zum Beispiel auf Malta oder in Italien –, und zwar Millionen von Menschen. Ist das nicht ein bisschen überholt? Kann es sein, dass dieses Dubliner Abkommen in einer Zeit geschlossen wurde, in der die Welt noch etwas heiler war? Als es diesen entsetzlich ausufernden Syrienkrieg noch nicht gab? Als es diese perspektivlose, unfassbare

Arbeitslosigkeit in Marokko noch nicht gab? Als wir die Klimakatastrophe, die weite Teile Afrikas unbewohnbar macht, noch nicht so richtig auf dem Schirm hatten? Das Dubliner Abkommen wird heute aus genau diesen Gründen von weiten Teilen der EU – und nicht etwa nur von den Mittelmeeranrainerstaaten – als ungerecht und überholt betrachtet. So dumm war ich mit meiner grundsätzlichen Haltung – trotz meiner Unwissenheit – also doch nicht.

Es wurde laut und verletzend am Tisch. Nach dem Satz, »Du hast von alldem keine Ahnung und kannst doch gar nicht mitreden«, ging ich, ausgelaugt wie eine Pusteblume, der man den Kopf weggepustet hat, nach Hause und konnte nicht fassen, was da gerade passierte.

Und es ging weiter. Immer neue E-Mails. Manchmal bis zu 20 Stück am Tag, bis in die Nacht hinein. Artikel aus angeblich hochintellektuellen Zeitungen Deutschlands und Österreichs. Ich brauchte diese Artikel nicht zu lesen. Ich weiß, dass es richtig ist, dass jeder Mensch, egal woher er kommt, die Chance bekommt, ein besseres Leben zu führen.

Mir gehört dieses Land nicht. Ich bin durch Zufall in Kempen am Niederrhein auf die Welt gekommen. Einfach Schwein gehabt. Und nun soll ich dieses 357 582 Quadratkilometer große Deutschland für mich alleine beanspruchen?

Wir haben unseren Anteil daran, dass durch unseren Wohlstand und die Digitalisierung auf der anderen Seite der Welt Menschen ins Unglück stürzen. Unter ihren Füßen Wasser und Nahrung versiegen. Jeder – absolut jeder Mensch hat das Recht, während seines Lebenslaufs seinen Standort zu verändern.

Komischerweise schimpfen meistens diejenigen am lautesten, die eine Immobilie in Italien oder Spanien haben, wo sie selbst Ausländer sind und dort – ohne in Not geraten zu sein – den Lebensraum der Einheimischen reduzieren. Ich gebe zu, wenn ich es mir leisten könnte, hätte ich auch gerne eine nette Finca irgendwo am Meer – aber ich schimpfe ja auch nicht auf Flüchtlinge. Das passt also für mich nicht zusammen.

Stattdessen fiebern wir Menschen mit den Protagonisten dramatischer Filme mit, die in schwierigen Lebenssituationen ihre Siebensachen zusammenpacken, waghalsige Reisen auf sich nehmen, um irgendwo ein neues Leben zu beginnen. Da sind wir alle berührt und voller Mitgefühl. Aber wenn es vor der eigenen Haustür passiert, dann ist plötzlich alles zappenduster.

Irgendwann sehe ich in den Nachrichten die frisch gebackene EU-Kommissionspräsidentin Ursula von der Leyen. Sie sagt (Zitat): »Ich habe nie wirklich verstanden, warum Dublin [also das Dubliner Abkommen] mit der einfachen Gleichung begann: Wo ein Migrant zuerst europäischen Boden betritt, muss er oder sie bleiben […] Wir müssen Dublin reformieren, um mehr Fairness und Lastenverteilung zu erreichen.« Ich wäre am liebsten auf den nächsten Zug nach Brüssel gesprungen, um ihr um den Hals zu fallen.

Die Luft zwischen meiner Freundin und mir brannte. Sie bombardierte mich weiter. Sie warnte mich vor gewissen Plätzen in meinem Wohnort Köln. Sie habe gehört, es gebe dort No-go-Areas – Bereiche, wo man als Frau angeblich nicht mehr sicher sei. Dort gebe es viele dieser nordafrikanischen Männer, die deutsche Frauen als »Huren« ansähen. Ich solle vorsichtig sein. Ich habe bis heute in Köln keinen Platz gesehen, den man als Frau nicht sorglos überqueren könnte.

Irgendwann wurde ich von ihr mit einem ganz neuen Wort tituliert: Du »Gutmensch«. Das neueste Schimpfwort damals in Deutschland: Gutmensch. Nicht zu verwechseln mit der Bezeichnung »guter Mensch«. »Gutmensch« ist nämlich was Schlechtes. Jemand, der nur so tut, als sei er ein guter Mensch? So ein »Gutmensch« bin ich nicht. Ich will einfach nur eine gute Menschin sein – offen, fair und gerecht. Mehr nicht.

Das Verhältnis zwischen meiner Freundin und mir war also

massiv gestört. Wenn wir uns trafen, war es auf einmal fremd. Wir versuchten beide, normal zu sein, aber es funktionierte nicht mehr.

Ich bat meine Freundin, mir keine Mails mehr zu schicken. Mich in Ruhe zu lassen. Dennoch hielten wir beide aneinander fest. Der Gedanke, dass die Freundschaft zerbrechen würde, stand wie der sprichwörtliche Elefant im Raum. Was dann wäre? Undenkbar! Jahrzehnte verbinden uns. Wir wissen alles voneinander, kennen uns durch und durch. Wie würden wir das überleben? Kann man das überleben?

Zwischen uns wehte ein kühler Wind. Wir sahen uns nur noch selten in die Augen – selbst wenn wir uns gegenübersaßen. Unsere Blicke schweiften. Sie schweiften in der unwichtigen Gegend herum. Was war bloß geschehen? Es fühlte sich an, als würden wir fallen. Für mich fühlte es sich so an. Ich weinte viel um uns in dieser Zeit. Ich hätte niemals gedacht, dass man so leiden kann, ohne dass ein Mann im Spiel ist. Liebeskummer, Enttäuschung über eine zerbrochene Liebe – das ist ganz, ganz furchtbar und schmerzt. Aber das hier mit meiner Freundin war schlimmer. Auf einer Leidensskala von null bis zehn war ich bei zwölf. Ich hielt es gar nicht mehr aus.

Wir verabredeten uns, und ich sprach es schließlich aus: »Ich spüre, du hast keine Lust mehr auf mich. Du brauchst Gleichgesinnte, mit denen du gemeinsam auf deiner Meinungshüpfburg immer höher und höher springen kannst. Mit mir sitzt du fest. Ich möchte eine Pause. Keine Mails mehr – keine Anrufe – keine Treffen. Lass mich bitte mal ein halbes Jahr in Ruhe. Vielleicht begegnen wir uns dann neu.« Die Tränen liefen und liefen.

Gott, war das schwer. Warum fühlte ich mich so unterlegen? So klein?

Ich saß dort mit diesem »Kleinkindgefühl«, bei dem man nicht über die Tischkante hinausgucken kann – als wäre ich geschrumpft.

Sie saß dort scheinbar übermächtig. Warum nur ließ ich mich so schwächen? Ich rannte weg. Atmete durch. Egal, wie es irgendwann vielleicht weitergehen würde oder nicht – ich musste erst mal weg. Weg aus diesen Runden, die ihr aus meiner Sicht nach dem Mund redeten. Sie hat genügend Claqueure um sich. Sie braucht mich nicht.

PAUSENTASTE.

Freundschaft ist … es wert, darum zu kämpfen

Die Pause fühlte sich gut an. Verschaffte mir Erleichterung. Mit einem gewissen Abstand gelang es mir, zu dem Gefühl zurückzufinden, das ich schon immer zu meiner Freundin hatte. Ich malte mir das Bild von uns von früher wieder aus und glaubte fest daran, dass das nicht unser Ende war, sondern dass es bald einen Neuanfang geben würde. Eine neue Etage in unserem imaginären Freundschaftshochhaus.

Wir hatten durch unsere gemeinsamen Jahre schon ein wundervolles Hochhaus mit über 30 Stockwerken erschaffen – einen richtigen Wolkenkratzer. Jede Etage steht für ein Jahr unserer Freundschaft. Unser gemeinsames Treppenhaus ist voller Entscheidungen, Erfahrungen und Erinnerungen: Beruf, Beziehungen, Trennungen, Glück, Trauer, Abschiede. Wir sind viele Stufen zusammen gegangen. Mal haben wir zwei Stufen auf einmal genommen, manchmal sind wir getrennt gelaufen. Kinder kamen zur Welt, es gab Scheidungen, andere, neue Städte – doch wir kehrten immer wieder zurück in unser Hochhaus.

Und nun diese Pause.

Der Fahrstuhl war stecken geblieben. Wir brauchten eine Wartung. Nein, mehr – einen Statiker. Unser Hochhaus wackelte. Aber wir würden wieder zusammenkommen, das wusste ich. Und dann würde vielleicht unser Penthouse entstehen – schöner und größer als die anderen Stockwerke zuvor. Von da oben können wir dann auf unsere vielen Stockwerke schauen. Wir haben es hoch hinaus geschafft. Und uns verbinden für immer die Geschichten unseres Lebens. So viele, wie wir sie jemand Neuem im Leben gar nicht erzählen könnten. Das ist so wertvoll und lässt mich fest an uns glauben.

Heute gehört die Pause der Vergangenheit an. Die Konflikte auch. Wir haben uns wieder berappelt. Sind aufeinander zugegangen und haben uns ausgesprochen. Den ersten Schritt haben wir fast gleichzeitig aufeinander zugemacht. Vielleicht hat auch das Universum ein bisschen mitgeholfen, weil es weiß, dass wir beide zusammengehören. Ja, die ersten Treffen waren nicht leicht. Wir waren beide unsicher, ängstlich, unsere Worte standen auf wackeligen Beinen. Aber wir haben uns beide ins Zeug gelegt, und das Eis ist gebrochen. Die Gegenwart ist aufgeräumt und von sämtlichen Störungen befreit. Sichtweisen haben sich von selbst wieder zurechtgerückt. Verhärtungen hatten sich verselbstständigt in einer Zeit, die vielen Angst gemacht hat. Es hat gescheppert, und ich habe rückblickend den Eindruck, dass dieses Flüchtlingsthema bei ihr nur ein Funke war, der anderes zum Explodieren gebracht hat, das schon vorher irgendwie unterschwellig bei jedem von uns gebrodelt hatte – Stress im Beruf, die Schwingungen dieser Zeit, das alles hat ganz viel mit uns gemacht. Aber aufgeben ist nicht unser Ding. Auch diese Zeit gehört nun zu unserer gemeinsamen Geschichte.

Ich bin heute sehr glücklich, dass wir sogar über diese Zeit miteinander reden können, ohne dass sich eine von uns beiden schlecht fühlen muss. Wir haben beide unsere Herzen weit geöffnet. Es gibt nichts Unausgesprochenes mehr. Wir haben durchgehalten – wir haben füreinander Verständnis entwickelt und wissen, dass wir es nie wieder so weit kommen lassen werden.

Und doch gibt es für Freundschaften immer wieder belastende Zeiten. Ich muss zugeben, dass es für manche Freund*innen schwierig ist, dass ich durch meinen Beruf über weite Strecken wie weggebeamt von der Welt bin. Durch Telenovelas und Theaterengagements war ich in den letzten zwölf Jahren über Monate – sogar Jahre – nicht greifbar.

Geburtstagspartys fanden fast immer ohne mich statt. Ich habe in meinem Job nicht die Möglichkeit, meine Arbeitgeberin zu fragen: »Darf ich mir ein Wochenende ›Urlaub‹ nehmen? Meine Freundin wird 50.« In festen Engagements bist du wie auf einem anderen Planeten. Fast vergleichbar mit einem Auslandseinsatz beim Militär. Du bist weg von der normalen Welt. Du bist irgendwo auf irgendeiner Bühne, hast den schönsten Job der Welt und leidest dennoch manchmal wie ein Hund, weil deine Liebsten weit weg das Leben feiern, zu dem du eigentlich gehörst. Sie feiern ohne dich die so wichtigen Momente, von denen man sich ein Leben lang erzählen wird mit den Worten: »Weißt du noch …?«

Leider nein, denn da war ich nicht dabei.

Ich will mich nicht beschweren – nur erzählen. Selbst das größte Glück hat seine Schattenseiten. So ist das künstlerische Leben in der Kreativität. Es ist für mich ein erfüllendes Geschenk – aber es schwingt parallel brutal der Fluch der Einsamkeit mit. Genauso wie ich nach dem pulsierenden Leben und der Geselligkeit lechze, brauche ich die Isolation, um die leeren Seiten meiner Songs und Bücher mit dem Erlebten zu füttern.

Und so ist es nur logisch, dass ich dann irgendwann nicht mehr diejenige bin, die man anruft, wenn es brennt. Isabel ist doch sowieso nicht da … Die dreht oder tourt. Ich will nicht sagen, dass ich mir dann Freunde »zurückerobern« musste – aber in gewisser Weise war ich nach solchen Zeiten an der Reihe zu signalisieren: Ich bin wieder da!

Denn es ist ein Fehler, die Flinte zu früh ins Korn zu werfen. Eine neue Freundin, mit der man so viel teilen kann, fliegt nicht so schnell zum Fenster herein. Das ist etwas Einzigartiges. Es lohnt sich, harte Zeiten zu überstehen, zu kämpfen und zu warten, bis die Wogen sich glätten – ohne sich dabei selbst untreu zu werden.

Meine Toleranz und meine Vorstellungskraft, dass alles immer wieder gut werden wird, gieße ich wie ein Pflänzchen. Dieses Pflänzchen darf auf keinen Fall austrocknen, und ich werde es hegen und pflegen und düngen. Die immer schneller vergehende Zeit macht die Sache nicht einfacher. Ich bemühe mich wirklich sehr darum, diese wichtigen Ebenen meines Lebens nicht zu vernachlässigen.

»Stolz« spielt dabei keine Rolle. Überhaupt keine! Ich handele nicht danach: »Wer ist eigentlich dran mit Sich-Melden?« Ich mag sowieso dieses doofe »Dran-Sein« nicht. So nach dem Motto: Wenn man eingeladen hat, dann sind das nächste Mal die anderen am Zug. Alles Quatsch. Von mir aus lade ich zehnmal hintereinander die gleichen Leute ein. Ich nehme mir doch nicht selbst schöne Lebenszeit weg – mit dem Warten auf eine »Gegeneinladung«.

Jeder kennt doch sicher auch folgende Situation: Es gibt Menschen, die man als »Freunde« im Herzen hat, die man trotzdem im Laufe seines Lebens aus den Augen verliert – ohne dass etwas vorgefallen wäre. Die Ursachen können geografischer Natur sein, oder der Alltag, die mangelnde Zeit, neue Herausforderungen schieben sich gnadenlos in den Lebenslauf, Ehe und Familie… Man schafft es einfach nicht mehr, sich zu melden. Die Freundschaften kleckern aus. Immer wieder denken wir: Ach, ich müsste mich unbedingt mal melden… Und schon tropft ein neues Anliegen in den Tag.

Wenn die Zeit der Funkstille zu lang wird, überschreitet man gefühlt irgendwann den *Point of no return*. Wie ein Flugzeug auf dem Weg von Europa nach Amerika. An einem bestimmten Punkt reicht der Treibstoff nicht mehr aus, um zum Ausgangspunkt umzukehren. Doch wir Menschen sind eben kein Flugzeug. Es bleiben die Gedanken an den Menschen, gleichzeitig schafft man es nicht mehr, den Anfang zu machen. Oder einfach den Hörer in die

Hand zu nehmen, um zu fragen: »Hey, lange nichts gehört. Wie geht's dir eigentlich?« Ich schaffe es inzwischen, den *Point of no return* in meinem Kopf geflissentlich zu ignorieren. Ich greife tatsächlich einfach zum Hörer und merke: Es ist gar nicht so schwer. Sich einfach einen Ruck geben und durchrufen. Einmal Draht – immer Draht. Sympathie und Liebe kennen keine Zeit und keinen Raum. Ich möchte hiermit jeden Menschen animieren, zum Handy oder Adressbuch zu greifen und frühere Verbindungen zu reaktivieren.

Gerade in meiner Lebensdekade ist es umso bedeutender.

Freundschaft ist ... ein gemeinsamer Horizont

Ich muss zugeben, dass ich mich für einige meiner Freundinnen und Freunde zu einer etwas unbequemeren Kumpanin entwickelt habe – und zwar nicht nur in Sachen Flüchtlingsthema. Natürlich möchte ich hundertprozentige Toleranz leben. Allerdings fällt es mir bei gewissen Themen immer schwerer, die Augen zuzudrücken oder die Ohren zu verschließen. Wie reagiere ich, wenn sich mit Freunden am Tisch – bei ethischen Themen – himmelweite Unterschiede bemerkbar machen? Es beeinträchtigt meine Gefühle ihnen gegenüber, ohne dass ich es will.

Ein simples Beispiel: Früher war mir egal, was auf dem Teller meiner Freunde liegt. Ob Spaghetti oder Schweinshaxe – sollen sie es sich doch schmecken lassen. Puh, das geht heute nicht mehr so einfach. Menschen müssen zusammenpassen. Nicht unbedingt kulinarisch – aber ethisch und moralisch. Was in den Achtzigern gepasst hat, muss nicht unbedingt im neuen Jahrhundert noch okay sein.

Eine Haxe auf dem Teller haben und genüsslich reinbeißen ist für mich natürlich immer noch vollkommen in Ordnung. Wenn diesem geliebten Gegenüber aber egal ist, wo die Haxe herkommt,

Hauptsache billig, dann hab ich ein ausgewachsenes Problem. Mit der Haxe – aber auch mit dem Verzehrer.

Ich höre jetzt fast den Aufschrei: Ja, wer soll sich das teure Fleisch denn leisten? Hier erlaubt mir meine Freundin Hannelore sicherlich auszuplaudern, dass sie als Arzthelferin die Freundin mit dem engsten Budget in der Haushaltskasse in meiner Freundesfamilie ist. Sie reduziert ihren Fleischkonsum, damit sie Wertvolleres kaufen kann. Wie wunderbar! Man muss ja nicht wie ich seit Jahrzehnten komplett auf Fleischkonsum verzichten – ein rein vegetarisches Leben würde ich niemals predigen –, aber wie man heute völlig gedankenlos ins Fleischregal greifen und sich kiloweise entsetzliches Tierleid zum Mittagessen einkaufen kann, das kann ich nicht mehr nachvollziehen. Es kann doch nicht im Ernst heute noch jemand behaupten: Davon wusste ich nichts.

Was das mit Freundschaft zu tun hat? Ganz viel. Ich stelle fest, dass sich parallel zu meinen eigenen Interessen und Wertvorstellungen auch meine Ansprüche ändern – an meine Mitmenschen. Wie die Trendlinien der Aktien an der Börse sehe ich vor meinem inneren Auge die Linien meiner eigenen Entwicklung vor mir: meine Alterslinie, meine Wissenslinie, meine Interessenslinie, meine Meinungs-, Anspruchs- und Toleranzlinie. Und dann geschieht es einfach. Gleichgesinnte finden sich. Und sie verlieren einander wieder, wenn die Linien in unterschiedliche Ebenen führen.

Bei mir besteht die Gefahr, dass ich im Alter bei gewissen Themen – wie zum Beispiel dem Wohl der Tiere – ein ziemlich zickiger Dickschädel werde. Ich frage mich: Wenn ich heute einen Menschen kennenlernen würde, der Pelze spazieren trägt, könnte ich mich mit diesem Menschen anfreunden, wenn dieser Mensch ansonsten sympathisch wirkt?

Ich weiß es ehrlich gesagt nicht.

Wobei, das konnte ich im Grunde schon in den Achtzigerjahren nicht. Damals stolzierten Frauen – nein, »Damen« – zuhauf über die Düsseldorfer Königsallee mit teuren Fellen, die früher mal die Tiere gewärmt hatten – inklusive meine Mutter. Ich fand das damals schon schlimm und frage mich – damals wie heute: Was geht in einem Menschen vor, der sich diesen Mantel kauft? Ist ihm bewusst, dass das mal ein echtes Tier war? Mir hat mal eine »Dame« zugeflötet: »Die Nerze wurden doch extra dafür gezüchtet!« Ach so! »Gezüchtete Tiere« haben also keine Gefühle … Die laufen sich nur ein paar Jahre die Füßchen auf Gittern blutig, damit ihr Fell glänzt. Und dann ab ins Pelzgeschäft.

Hand aufs Herz! Trägt nicht jeder von uns leidenschaftliche Themen in sich, Meinungen, von denen wir selbst für den besten Freund nicht abrücken würden? Und beste Freunde teilen diese Ansichten mit uns, denn uns Menschen verbinden Energien. Wir haben neben unseren Organen kleine Seelenmagnete unter der Haut. So stelle ich es mir zumindest manchmal vor. Diese geistigen Energien, diese Anziehungskräfte sorgen dafür, dass wir uns zu Menschen hingezogen fühlen. Und die Menschen, die mir ganz nah kommen, können eigentlich nur noch diejenigen sein, die so wie ich die Welt nicht als selbstverständlich betrachten. Es können nur die Menschen sein, die nicht alles hinnehmen. Denen nicht alles egal ist. Eben Gleichgesinnte. Oder Seelenverwandte.

Freundschaft ist … auch mal abzustauben

Freundschaften sind eine Bereicherung des Lebens. Und ich bin – ich hatte es schon erwähnt – sehr reich an Freundschaften. Mein Freundeskonto – um bei diesem nüchternen Bild zu bleiben – ist immer im Plus.

Auch Pit gehört dazu. Wir sind verheiratet – aber eben auch oder trotzdem Freunde. Ja, man könnte auch sagen: Pit ist mein bester Freund. Wobei ich die Bezeichnung »beste/r Freund*in« für mich nicht mehr verwende. Ich habe keine »Hitliste« mit Platzierung. Es sind meine Freunde. Punkt.

Doch auch in dieser »Freundschaft« mit Pit gibt es Entwicklungen, Veränderungen und Prozesse. Wir haben uns nicht davor gescheut, Veränderungen des Älterwerdens anzunehmen, und leben heute – glücklich – in zwei Wohnungen. Es fühlte sich anfänglich komisch an, als wir es uns gegenseitig eingestanden haben, dass uns die Luft und der Raum um uns herum, mit unseren Unterschiedlichkeiten und unseren vielen Aufgaben und Bedürfnissen, zu eng wurden. Was meine Finger hier in wenigen Sätzen in die Tastatur hauen, war allerdings ein längerer Prozess. Und dieser Prozess war nicht konfliktfrei.

Pit ist so anders als ich, und ich bin so anders als Pit. Und trotzdem sage ich: Pit ist gut so, wie er ist, und ich bin gut so, wie ich bin. Ich will reinrennen in einen Menschenpulk, Pit macht lieber einen großen Bogen drum herum. Er plant gerne die Dinge im Voraus und will wissen, was auf ihn zukommt, während ich Überraschungen liebe. Mich kann man in ein Flugzeug packen, ohne mir zu verraten, wo es hinfliegt. Undenkbar für Pit.

Pit ist ein sehr früher Vogel – er findet die Welt morgens toll. Abends bekommt seine Begeisterung Risse, und mit der Sonne geht auch ein wenig seine Geduld mit der Menschheit unter. Meine Lebensenergie ist morgens ganz unten im Keller – im Laufe des Tages verliebe ich mich täglich neu ins Leben. Unsere inneren Energieuhren laufen also nicht immer synchron, sondern häufig entgegengesetzt.

Jetzt könnte man sagen: Macht doch nichts. Wenn es aber ans tagtägliche Zusammenleben geht, machen sich diese Unterschiedlichkeiten immer mehr bemerkbar. Wie Staub auf einem Flatscreen. Das Bild wird mit der Zeit immer verschwommener.

Das kann man hinnehmen, oder man staubt ab. Wir waren beide mutig und haben den Staubwedel in die Hand genommen. Die Vorfreude, dass nun jeder von uns sein »eigenes Reich« haben sollte, wurde immer wieder überfallen von Zweifeln, ob wir uns dann nicht doch voneinander entfernen könnten. Wie geht so ein Leben dann? Wir mussten und wollten es ausprobieren.

500 Meter liegen heute zwischen unseren zwei Höhlen. Unser Respekt und unsere Schlüsselbunde sind größer geworden. Der Liebe tut es gut. Ich bin so gerne bei mir und bei uns. Pit auch.

Ab und zu haben wir uns gefragt, was die Leute jetzt wohl denken? Aber mit der Zeit hat uns das immer weniger interessiert. Unsere gemeinsame Grundeinstellung lautet: Jeder soll so leben, wie er oder sie möchte. Es sind neue Wege entstanden, neue Wege zueinander. Wir sind glücklich und auch stolz auf uns. Stolz darauf, dass wir erkannt haben, dass man manchmal Dinge verändern muss, wenn man sich selbst treu bleiben will.

Wenn wir romantischen Säugetiere uns in die Liebe hineinfallen lassen, denken wir immer, dass dieser Lebensmensch für die Zukunft komplett alles abdeckt, für jede Lebenssituation der richtige Gesprächspartner ist. Wir gehen davon aus, dass er immer für alles Verständnis hat, jede Zuckung von uns nachvollziehen kann und immer, zu jeder Tages- und Nachtzeit, hinter uns steht. An dieser Stelle sind die Erwartungen weiß Gott zu hochgesteckt. Das kann nur zu Enttäuschungen führen. Erwartungen haben – ja, sehr gerne! Aber nicht der komplette Erwartungskatalog rund um die Uhr.

Die Liebe geht nicht ohne Enttäuschungen, Reibungen, Verzweiflung und Konflikte. Das trifft auch auf die Kumpelfreundschaften zu. Keine Freundin oder Freund kann es leisten oder auch bieten, auf jeder Ebene das Nonplusultra zu sein. Das ist weder schlimm noch erforderlich. Stattdessen bringt jeder Mensch einen anderen Klang in dein Leben. Und mein nahes Umfeld ist ein wundervolles großes Orchester und schenkt mir alle Klänge dieser Welt.

Pit ist das Piano. Ich liebe seine tiefen Töne.

Wenn es fetzig sein soll, brauche ich allerdings Vera, die ich vor 15 Jahren durch die Aidshilfe Bonn bei einem Wohltätigkeitslauf kennen- und ratzfatz lieben gelernt habe. Sie ist meine E-Gitarre.

Su, ihre Frau, ist die zärtliche Harfe.

Birgit, meine Lebensfreundin seit Anfang der Achtziger, ist für mich fröhlicher Schlager. Von ihr kann man lernen zu feiern und loszulassen.

Ursula ist meine Klassik mit großem Streicherquartett.

Hannelore ist mal Ballade, mal Rock.

Simone, meine Schwester (wir beiden Scheidungskinder haben uns viel zu spät kennengelernt), ist der Discofox.

Hape ist das Akkordeon – bei ihm kann ich mich anlehnen und wundervoll mit ihm schunkeln.

Jenny (Jürgens – ihr kennt sie sicher als Schauspielerin) ist für mich der Bass – sie hat die Tiefe und die Wärme.

Kasi ist irgendwas zwischen Pauke und Trompete.

Mein Teenagerfreund Willi ist die Posaune.

Angela Roy ist die temperamentvolle Bongo-Trommel. Sie hat einfach den Rhythmus im Blut, und ich liebe ihren direkten Takt.

Und Hans Christian, den ich genauso lange kenne, ist die sorglose, tiefenentspannte Flöte. Das soll jetzt nicht unsexy klingen, doch er haucht Leichtigkeit in unsere Begegnungen.

Meine liebe »Live nach neun«-Freundin Alina ist für mich wie eine lebhafte Querflöte. Sie betritt einen Raum und macht gute Laune. Sogar wenn sie selbst mal schlechte Laune hat. Wie macht sie das bloß?

Ach, ich könnte jetzt noch einige meiner liebsten Freunde aufzählen, aber bevor ich noch Ärger bekomme, höre ich an dieser Stelle doch besser auf.

Das Wertvollste, was es gibt, sind die Freundschaft und die so entstehenden Klänge unseres Lebens. Freundschaft muss einiges aushalten können. Sie muss Kondition haben. Sie darf aber auch empfindlich sein. Sie darf infrage gestellt werden. Nur aufgeben sollte man sie nicht zu schnell. Einen Schritt auf den anderen zuzugehen kann der schwerste, aber auch der bereicherndste Schritt sein.

Denn wenn man sie aufgibt, verstummt die Musik des Lebens.

Liebe Isabel,

man schrieb das Jahr 1990. Weißt du noch? Die Uhr zeigte Mitternacht,
und es war Zeit, eine kleine Runde mit meiner Schäferhündin Jasmin zu
drehen. Morgen ausschlafen!
An der Pipiwiese nahm ich – etwas entfernt – eine Gestalt mit einem
blonden Hund wahr. Nach etwas Gezicke von meiner Jasmin verstanden die
Hunde sich gut und freuten sich offensichtlich über ein nächtliches Raufen.
Die Gestalt, die zu der blonden Hündin gehörte, fuchtelte von Weitem mit
den Armen und rief über die Wiese: »Darf ich Sie mal etwas fragen?«
Aber sicher doch!
Eine nicht allzu große, schlanke junge Frau kam quer über die Wiese auf
mich zugelaufen. Hilfe, die Häufchen-Tretminen, dachte ich, aber es ging
gut, die Schuhe blieben sauber.
»Ich suche jemanden, der ab und zu auf meine Hündin Nora aufpassen
kann. Bin beruflich viel unterwegs.«
So, so, dachte ich, aber da die Hunde sich verstanden: »Klar, warum nicht.«
»Mein Name ist Isabel Wehrmann.«
So, so, kannte ich nicht. »Ich heiße Hannelore Ulbrich.«
In dieser Nacht begann eine Freundschaft fürs Leben.
Die Hunde sind schon lange von uns gegangen, sitzen irgendwo und
schauen uns zu. Meine liebe Isabel, wir gehen viele Stücke auf unseren
Wegen gemeinsam. Wir sind völlig unterschiedlich, aber lernen voneinan-
der, lachen, weinen, streiten, verstehen und achten uns sehr. Du bist
ausgeflippt, oft mit dem Kopf durch die Wand, was du willst, jetzt oder nie.
Du bist total liebevoll, zu allem bereit und immer für mich da. Ich danke
Gott und den Hunden, dass ich so eine Freundin habe.
Ich bin so stolz auf dich und dein zweites Buch! Ich hab dich so lieb!

Deine Hannelore

Warum ich dieses Buch geschrieben habe – Die guten alten Zeiten sind JETZT!

Warum habe ich dieses Buch geschrieben? Warum jetzt?

Ich bin jetzt eine reife Frau oder sagen wir ein älterer Mensch. Oder wie nennt man das Ding, was ich jetzt bin?

Egal.

Ich möchte keine Zeit verlieren, Geschichten zu teilen, die Mut und Hoffnung erzählen. Das ist das Wertvollste was es gibt – aus meiner Sicht. Ich bin jedem Menschen dankbar, der seine persönliche Geschichte in mein Leben trägt.

Deshalb habe ich hier meine Hosen runtergelassen. Der Blick zurück in die Vergangenheit ist wichtig für uns alle. Verstehen, wer oder wie man ist oder war – dann macht der Blick nach vorne viel mehr Sinn.

Und immer wieder aufs Neue bin ich verblüfft, was in diesem meinem Leben alles so passiert ist. Ängste, Unsicherheiten, Scham und Scheitern sind zwar schreckliche Dinge – doch sie sind auch ein wichtiger Teil unseres Lebens. All das trägt mehr zu unserem persönlichen Wachstum bei als Lob und Applaus. Es sind die tiefen Täler und nicht die Höhen, in denen wir an Kondition gewinnen – an seelischer Kondition, die wir für das Leben brauchen wie die Luft zum Atmen. Quasi Muskelausbau in Herz und Hirn, während der Popo schlaffer wird …

Ich möchte das Leben abfeiern! Ich möchte das Scheitern wertschätzen. Ich möchte das Vorsichtigwerden bekämpfen, das in uns Menschen anschwillt wie ein Schwamm, den man ins Putzwasser wirft. Ich mache das Licht in mir an und fordere meinen Erfindergeist heraus, das Leben – MEIN Leben – jeden Tag mit frischen

Gedanken zu füttern. Mut und Hoffnung bekommen keine Arthrose, sondern sollten nach den Sternen greifen – gerade im Älterwerden! Sie sind die Belohnung für den bereits zurückgelegten Lebensweg.

Denn die guten alten Zeiten sind JETZT!

Dankeschön

Danke an das Piper-Team!

Danke an die Wörterpolizei: Anja Hänsel, Dr. Carina Heer

Danke an Pit – immer mein erster Leser, Schulterklopfer, Mutmacher, Kritiker.

Danke Elke Krüger, meine Managerin mit großen Visionen und offenen Ohren.

Danke für die Fotos an Annemone Taake – die beste Momente-Einfängerin.

Danke an meinen alten Laptop, auf dem ich schon vor einigen Jahren »Mittlere Reife« geschrieben habe. Wir werden zwar beide etwas langsamer – aber wir haben es gemeinsam geschafft. Bücher schreiben macht reich … an Glücksmomenten ;o).

… und ein Dankeschön an mich selbst. Wie heißt doch gleich mein I. Gebot für ein glückliches Älterwerden: »Sei stolz auf dich.« Das Schreiben dieses Buches war ein einsamer Ritt durch Lockdowns. Das Schreiben an sich isoliert ja schon – und dann noch Corona … Die Einzigen, die in dieser Zeit nicht genügend Abstand gehalten haben, waren mal wieder die Zweifel – meine ständigen Begleiterinnen. Liebe Zweifel, jetzt könnt ihr mal staunen: mein Buch ist fertig.

http://isabel-varell.de/
https://www.facebook.com/isabelvarell
https://www.instagram.com/isabel.varell/

Textnachweis

Seite 110: Songtext zu »Die Qualität des Glücklichseins« von Isabel Varell, veröffentlicht 2011 auf dem Album »Alles Neu« ℗ 2011 Isabel Varell © 2011 EMI Music Germany GmbH & Co. KG